普通高等教育"十三五"规划教材

DAXUESHENG XINLI JIANKANG
SHIYONG JIAOCHENG

大学生心理健康实用教程

主 编 王慧芳

中国林业出版社
CFPH

内容提要

本书是依据普通高等学校学生心理健康教育课程教学基本要求，以解决大学生目前存在的主要心理问题为目标，围绕心理学的原理和方法，结合大学生身心发展的特点，通过深入浅出的通俗阐释，引导大学生用科学的心理理论对出现的各类心理问题加以理解、解释和自我指导。帮助大学生树立心理健康意识，优化心理品质，增强心理调适能力，预防和缓解心理问题，促进大学生素质的全面提高。

本书在设计上，以能引起情感共鸣的诗词名句为标题，以一针见血、直接明快的"心理定律"为起篇，辅之以"心灵故事""心理小贴士""破译心灵密码""案例分析"板块，更深入细致地让读者走进自己的心灵深处。最后，再以"心理训练营"与"心理小测验"结束，强化读者解决心理问题的实践能力，提升学习实效性。

图书在版编目（CIP）数据

大学生心理健康实用教程/王慧芳主编．—北京：中国林业出版社，2019.5（2022.7重印）
ISBN 978-7-5219-0092-7

Ⅰ．①大…　Ⅱ．①王…　Ⅲ．①大学生—心理健康—健康教育—高等学校—教材　Ⅳ．①G444

中国版本图书馆CIP数据核字（2019）第109247号

中国林业出版社

策划编辑：尤高峰
责任编辑：张　佳　孙源璞
电　　话：（010）83143561

出版发行　中国林业出版社（100009　北京市西城区德内大街刘海胡同7号）
E-mail：books@theways.cn　　电话：（010）83143500
经　　销　新华书店
印　　刷　河北京平诚乾印刷有限公司
版　　次　2020年7月第1版
印　　次　2022年7月第3次印刷
开　　本　787mm×1092mm　1/16
印　　张　16.5
字　　数　378千字
定　　价　45.60元

序

蓦然回首，不知不觉地，自己已经在咨询师这个岗位上工作13个年头了，感慨万千，收获颇多。13年来，从陕西科技大学大学生心理健康教育课程设立至今，从第一次备课到讲课、从专题讲座到咨询，有太多的记忆值得我去珍藏。课堂上的精彩片段、团辅活动中的小感动、个案咨询中无法帮助来访者解除痛苦时的无助……如今回顾经历的每件事，它们贯穿了我学习、适应生活的整个过程，是我多年来工作经验不断积累的基础，更是我与学生共同成长的经历。

有一次出差，与同事在车上聊起我的工作，讲了很多故事。同事惊讶地说："你这些东西真是可以写一本书了。"细细想来，确实如此。

在十几年的工作当中，我从风华正茂到而立、不惑之年，我一直希望能够将自己十几年来的教学积累转化为文字，希望能够有那么一本书可以将心理健康知识更有效地传递给学生。带着这样的憧憬，经过三年的摸索，秉承求真务实的态度，我对当代大学生的心理发展特征进行细致认真的分析，编写了这本《大学生心理健康实用教程》。

我希望这本书既可以为负责心理学教学工作的教师提供素材和教学思路，又希望同学们在读了之后，能够有益于他们解决学习、生活中遇到的各种心理困惑。为此，本书在设计的时候以学生问题为导向进行设计，设置了自我意识、挫折与压力、人际关系、恋爱与性、生命教育、网络和手机依赖等主题。在形式上力求达到"以文化人"的作用。本教程在内容的讲解中力求通过通俗易懂的方式将心理学知识传递给大家，同时通过案例增加心理问题的可操作性，解决学生的实际问题。

本教程是在借鉴、参考和引用大量文献资料和网上资料的基础上完成的。限于篇幅，只列出了主要的参考资料，对相关的论文和著作未能一一列出，谨此向有关作者表示衷心的感谢！

在编写的过程中，虽力求做到最好，但由于水平有限，尚存在一些遗漏和缺陷，恳请广大读者和同仁多提宝贵意见，以便于我不断修订和完善！

编　者

2018年12月于陕西科技大学

目　录
CONTENTS

第一章　若无闲事挂心头，便是人间好时节
——心理健康概述

春雨好不好？
悲观者说：不好，野草会因此长得更疯！
乐观者说：好，百花会因此开得更艳！
如果给你一座荒山，你会怎么样？
悲观者说：修一座坟茔。
乐观者说：不！种满绿树。

同样的事物，对于不同的人来说，他们的感觉是不一样的，因为他们的心理活动不一样。

心理学与我们的日常生活是紧密相连的，心理学隐藏在生活的表象之下，支配着人们的行动。要知道，每个人的行为背后都有深层次的心理奥秘。

在人们的认识领域里，心理学总是被蒙上一层神秘的面纱，认为心理学深不可测，认为心理学离我们的生活很遥远。实际上，心理学就在我们身边，只是由于我们没有停下来思考和总结生活中的心理现象，才使得我们对心理学感到很陌生。

心理定律

蘑菇定律——每个人必须要经历的

初入世者常常会被置于阴暗的角落，不受重视或打杂跑腿，就像蘑菇培育一样还要被浇上大粪，接受各种无端的批评、指责，甚至代人受过，得不到必要的指导和提携，处于自生自灭过程中。蘑菇生长必须经历这样一个过程，人的成长也会经历这样一个过程。

蘑菇仔长大之前，要经历不公平的待遇和不被重视的痛苦。一个人的成长也会经历这样的过程。蘑菇定律被提出的时候，正处在电脑行业的开端，所以从事电脑程序研发的人员并不被人们理解和重视，甚至被其他行业的人质疑他们工作的认真程度。于是，这些年轻的电脑程序员这样激励自己：要像蘑菇一样生活。言外之意，即是对自己的工作充满信心，他们相信自己终究有一天会像蘑菇一样，出人头地，拥有鲜花和掌声。充满自嘲意味的蘑菇定律，其实是任何一个行走在人生这条大路上的人必须具备的品质。

端正自己的心态，明白任何人在成长过程中都注定会经历不同的苦难、荆棘。被苦难、荆棘击倒的人，就必须忍受生活的平庸；战胜苦难、荆棘的人，则能突出重围，拥抱卓越。

第一节　掀起心理的盖头

一千个读者眼中有一千个哈姆雷特，不同的人有不同的看法，那么你对心理学有什么看法呢？一提到心理学你想到了什么呢？

心理学是一门容易让人误解的学科。每个学心理学专业的人常常会被问到三个问题，第一个通常是："你知道我在想什么吗？"第二个可能是："那你会催眠吗？"第三个问题是："我有心理问题，你能给我治一下吗？"这些问题看似普通，却总让人哭笑不得。

那什么是心理学呢？人的心理现象是自然界最复杂、奇妙的现象。

"心理学"源于古希腊语的"Psyche"和"Logos"两个词，意思是关于灵魂的科学。灵魂在希腊文中也有气体或呼吸的意思，因为古代人们认为生命依赖于呼吸，呼吸停止，生命就完结了。随着科学的发展，心理学的对象由灵魂改为心灵。19世纪初，德国哲学家赫尔巴特首次提出了心理学是一门科学的说法。1879年，德国著名心理学家冯特在德国莱比锡大学创建了世界上第一个心理学实验室，心理学正式成为一门科学。然而随着心理学的发展，它已不再是研究灵魂的学科，而是研究人的心理现象及其规律的学科。

破译心灵密码

灵魂的故事

在古代，人类就已经开始对心理学有了很多关注和探索，但是所有研究一直处于没有系统方法，也没有明确的研究目的，甚至没有明确的研究思想的状态下。心理学有时候跟着哲学的脚步走，有时候又被神学所左右，有时候又需要用医学来作为有关证据。总之，它还没能独立。

如果将"psychology"拆开来看，就会发觉它是由两个希腊词语构成的，一个叫作心灵，一个叫作理性。心灵这个词在希腊语中最初的意思是呼吸，发展到后来有了灵魂之意。古希腊人认为，当一个人还能够呼吸，就说明他的灵魂还存在于他的躯体内。

在古希腊传说中，灵魂是一个非常美丽的姑娘，有一次，爱神不小心见到了她，便彻底被她迷住了，于是爱神便娶了灵魂为妻。可是婚后的爱神却很神秘，从来不让妻子见到他的真实面目。每次他来看妻子都是晚上，并且用面纱将自己的面容挡得严严实实。

灵魂感到迷惑不解，终于有一天晚上，再也抑制不住自己强烈的好奇心，端着油灯轻轻走近熟睡中的丈夫，揭开了他的面纱。眼前真是一个绝顶美男子，她瞬间就爱上了自己的丈夫。正当她看着爱神的面貌出神的时候，灯里的热油滴到了爱神的手臂上。

爱神被惊醒了，他发现自己一心要掩藏的面容被灵魂看到了，于是便抛弃了灵魂。

已经陷入爱情之中的灵魂非常伤心，她想要重新赢得丈夫的爱。为此，她历经磨难，最终修成正果，变成了神，与自己的丈夫永远地生活在一起。

这个故事展现了一场心灵的蜕变。在人们对心理学最初的研究中认为，只有心灵经历过应有的磨难以后，才可能进去更高的境界。

一、走进心理学

清晨醒来，看到光照进屋子，听到窗外树上的鸟儿正在吱吱地叫个不停。她打开窗户，一阵微风吹来，使她感到凉爽极了。她尽情地吸了几口清新的空气，似乎嗅到了一股花香，便猜想这花香大概是从不远处的花园里吹来的。她还记得，花园里有许多花，现在也许已经开花儿了。今天休息，她很高兴，便在脑子里盘算着今天如果去花园玩儿，该多么惬意啊！她很喜欢花，已有好多天没有去花园了，应该去一下。忽然她又想起，今天还有很多作业要做，下周又要考试，必须忍耐一下，坚持做完。想到这里，她很快收拾了一下，吃过早饭就开始做作业了……在这个小小的生活片断里，就有一系列的心理活动。这里的“看到、听到、感到、嗅到”就是心理学中讲的“感觉”和“知觉”，这里的“记得、想起”就是心理学中讲的“记忆”，“猜想、盘算”就是“思维”问题，“高兴、惬意、喜欢”属于“情感”，“忍耐、坚持”属于“意志”。这些心理活动或心理现象都是人们所熟悉的。

心理学是研究心理现象的科学，亦称“心理科学”。心理现象是心理学的研究对象。心理学研究心理现象，就是要揭示心理现象发生、发展的客观规律，用以指导人们的实践活动。

人有心理，动物亦有心理，所以心理学既研究人的心理又研究动物的心理。人们通常所说的心理学，是指研究人的心理发生、发展的规律的科学，如图1–1所示。

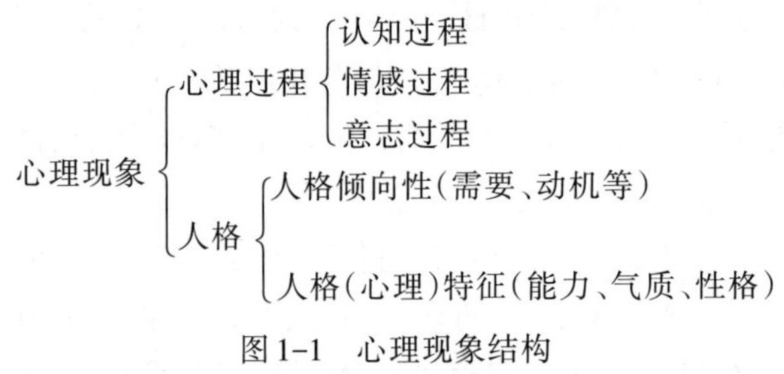

图1–1　心理现象结构

对人的心理的探讨与研究，自人类文明史产生以来就已经开始了。中国古代哲学、医学、教育和文艺理论等许多著作中，有着丰富的心理学思想。但心理学成为一门独立的科学还是19世纪的事。今天，心理学已是具有100多个分支学科的庞大学科体系了，诸如普通心理学、社会心理学、教育心理学、法律心理学、管理心理学、商业心理学、经济心理学、消费心理学、咨询心理学……都是心理学庞大学科体系中的成员，而且随着人类社会实践活动的发展，心理学的分支学科还会继续增加。

二、为心理健康把脉

心灵故事

荣格“逃学”记

初夏的一天，一位少年走在放学的路上，突然另一个少年上前推了他一下。他摔倒了，脑袋磕在路边的石头上，瞬间，他的脑海中闪过了一个念头：“现在你可以不必去学校上学了。”

在地上躺了很长时间，他才站起来回家。他没有受什么严重外伤，但是从那以后的一段时间内，他常常昏厥。在连续多次昏厥后，他被允许回家休息六个月。医生找不出他的病因，他的父母几乎绝望了。而他自己却很高兴能从学校里逃出来。一次他偶然听到父亲与一位朋友的谈话：“孩子的病要是治不好的话，就太可怜了。我已经花光了所有的钱，而他以后都不能学习了。这可怎么办？”这个十二岁的少年被父亲的话震惊了。他得出结论：自己必须要学习了。他拿起书，想开始学习，但强烈的昏厥发作了。他坚持着，过了几分钟，他的情绪开始稳定下来，在克服了三次昏厥发作的侵袭后，他感觉到他终于完全战胜了自己的昏厥症。他的努力成功了。几星期后，他返回学校，并对学习更加自觉了，而且他的昏厥症再也没有发作过。

这一事件发生在20世纪最伟大的一位心理学家荣格的身上。后来他透露说，正是这一段经历，第一次教他了解到什么是心理健康问题。

心理健康的定义在目前的心理学理论中，特别是在人格心理学和临床心理学中，以美国心理学家杰哈塔（M. Jahoda）的“心理健康”定义最为著名，他提倡一种“积极的精神健康”（positive mental health），对于现代社会中的人们来说很有教益。主要包括六个方面：①自我认知的态度。心理健康的人能对自我做出客观的分析，对自己的体验、感情、能力和欲求等做出正确的判断和认知。②自我成长、发展和自我实现的能力。心理健康的人的心态绝对不会是消极的、厌世的或万念俱灰的，他会努力去实现自己内在的潜能，自强不息，即使遇到挫折，也会成长起来，去追求真正的人生价值。③统一、安定的人格。心理健康的人能有效地处理内心的各种能量，使之不产生矛盾和对立情况，保持均衡心态。他对于人生有一种统一的认知态度，当产生心理压力和欲求不满时，有较高的抗压力和坚韧的忍耐力。④自我调控能力。对于环境的压力和刺激，能保持相对的稳定，并具有自我判断和决定的能力。不依附或盲从于他人，善于调节自我的情绪和能力，果断地决定自己的发展方向。⑤对现实的感知能力。心理健康的人在现实生活中不会迷失方向，他能正确地认知现实世界、判断现实。⑥积极改善环境的能力。心理健康的人不会受环境的支配、控制，而是顺应环境、适应环境，并积极地发问、变革环境，使之更适合人生存。在这样的环境中，他可以适当地工作和游戏，保持良好的人际关系，并有效率地解决问题。

由此可见，心理健康是指人的内心世界与客观环境的一种平衡关系，是自我与他人之间维持的一种良好的人际关系，即不仅能获得自我安定感和安心感，还能自我实现，具有为他人的健康贡献力量、提供服务的能力。

我国学者把"心理健康"的定义，又做了一个概括：①有幸福感和安定感；②身心的各种机能健康；③符合社会生活的规范，自我的行为和情绪适当；④具有自我实现的理想和能力；⑤人格统一；⑥对环境能积极地适应，具有现实志向；⑦有处理、调节人际关系的能力；⑧具有应变、应急及从疾病或危机中恢复的能力。

以上有关心理健康的定义，是与心理障碍和疾患相对而言的。随着国际、国内社会的飞速发展，人类对心理健康的概念也有一个不断修正、完善的过程。

三、心理健康的衡量尺度

对于心理健康，心理学家们依据自己的临床经验提出了不同的判断标准。我们认为大学生心理健康应从8个方面把握。

1. 智力正常且充分发挥

智力是指一个人认识问题、解决问题的能力，包括人的观察力、注意力、记忆力、想象力、创造力、思维能力和实践活动能力等，是人在经验中学习或理解的能力、获得和保持知识的能力，迅速而又成功的对新情景做出反应的能力，运用推理有效地解决问题的能力等。智力正常是大学生学习、生活、工作的最基本的心理条件，是大学生胜任学习任务、适应周围环境变化需要的心理保证。因此，智力是衡量大学生心理健康的首要标准。一般来说，大学生的智力是正常的，因而衡量大学生的智力，关键在于大学生的智力是否正常地、充分地发挥了效能。

大学生智力正常且充分发挥的标准是：有强烈的求知欲和浓厚的探索兴趣，智力结构中各要素在其认识活动和实践活动中都能积极协调地参与并能正常地发挥作用，乐于学习。

此外，一些非智力因素，包括理想、兴趣、爱好等也是构成心理健康的重要标准。

2. 情绪健康

情绪健康的主要标志是情绪稳定和心理愉快，这也是大学生心理健康的一个重要指标。因为情绪在心理变态中起着核心的作用，情绪异常往往是心理疾病的先兆。大学生的情绪健康应包括以下内容：

（1）愉快情绪多于不愉快情绪，一般表现为：乐观开朗、充满热情、富有朝气、满怀信心、善于自得其乐、对生活充满希望。

（2）情绪稳定性好，善于控制和调节自己的情绪。既能克制约束，又能适度宣泄；不过分压抑，使情绪的表达既符合社会的需求，也符合自身的需要，在不同的时间和场合有恰如其分的情绪表达。

(3)情绪反应是由适当的原因引起的,且反应的强度和引起这种情绪的情境相符合。

3. 意志健全

意志是人在完成一种有目标的活动时所进行的选择、决定与执行的心理过程。意志健全者在行动的自觉性、果断性和自制力等方面都表现出较高的水平。

意志健全的大学生在各种活动中都有自觉的目的性,能适时地做出决定并运用切实有效的方法解决所遇到的各种问题,在困难和挫折面前能采取合理的反应,能在行动中控制情绪和言行,而不是顽固执拗、言行冲动、行动盲目、轻率鲁莽,或是害怕困难、意志薄弱、优柔寡断。

4. 人格完整

人格在心理学上是指个体比较稳定的心理特征的总和。人格完整就是指有健全统一的人格,即个人的所想、所说、所做都是协调一致的。大学生人格完整的主要标志有三点。

(1)人格结构的各要素完整统一。

(2)具有正确的自我意识,不产生自我同一性混乱。

(3)以积极进取的人生观作为人格的核心,并以此为中心把自己的需要、愿望、目标和行为统一起来。

5. 自我评价正确

正确的自我评价乃是大学生心理健康的重要条件。大学生是在与现实环境和他人的相互关系中以及在自己的实践活动中认识自己的。一个心理健康的大学生对自己的认识应接近现实,有“自知之明”,即对自己的优点感到欣慰,但又不至于狂妄自大;对自己的弱点既不回避,也不自暴自弃,而是善于正确的“自我接受”。

6. 人际关系和谐

社会上的人总是处在一定的社会关系中,大学生也同样离不开与人打交道。和谐的人际关系既是大学生心理健康不可缺少的条件,也是大学生获得心理健康的重要途径。大学生人际关系的和谐表现为:

(1)乐于与人交往,既有稳定而广泛的人际关系,又有知心朋友。

(2)在交往中保持独立而完整的人格,有自知之明,不卑不亢。

(3)能客观评价别人和自己,善取他人之长补己之短。

(4)宽以待人,乐于助人。

(5)积极的交往态度多于消极态度。

(6)交往动机端正。

7. 适应能力强

较强的适应能力是心理健康的重要特征,不能有效地处理与周围现实环境的关系是导致心理障碍的重要原因。

心理健康的大学生,应能和社会保持良好的接触,对社会现状有较清晰正确的认识,思想和行动都能跟得上时代的发展步伐,与社会的发展要求相符合。当发现自己的需要与社会需要发生矛盾时,能迅速进行自我调节,以求和社会协调一致,而不是逃避现实,更不是妄自尊大、一意孤行,与社会需要背道而驰。

8. 心理行为符合大学生的年龄特征

在人们生命发展的不同年龄阶段,都有相对应的不同的心理行为表现,从而形成不同年龄阶段的心理行为模式。大学生应具有与年龄和角色相应的心理行为特征。心理健康的大学生精力充沛、思维敏捷、情感活跃,与之相适应,行为上应该表现出朝气蓬勃、热情洋溢、生龙活虎、反应敏捷、勇于探索、勤学好问。如果出现那种所谓的少年老成、萎靡不振、喜怒无常,或过于幼稚、过于依赖等现象,都是心理不健康的表现。总之,若经常严重的偏离这些心理行为特征,则有可能是心理异常的表现。

心灵故事

第三代心理学的开创者——马斯洛

亚伯拉罕·哈罗德·马斯洛(Abraham Harold Maslow,1908—1970),美国社会心理学家、人格理论家和比较心理学家,人本主义心理学的主要发起者和理论家,心理学第三势力的领导人。

1908年,马斯洛出生于纽约市布鲁克林区的一个犹太家庭。父母是从苏联移民到美国的犹太人,他是家里七个孩子中的老大。父亲酗酒,对孩子们的要求十分苛刻;母亲极度迷信,而且性格冷漠、残酷暴躁,马斯洛儿时曾带两只小猫回家,被母亲当面活活打死。马斯洛童年生活痛苦,从未得到过母亲的关爱。母亲去世时,他拒绝参加葬礼,可见其母子关系之恶劣。他童年时体验了许多的孤独和痛苦。不仅如此,作为犹太人,他们住在一个非犹太人的街区,而且他还是学校少有的几个犹太人之一,这一切使马斯洛成为一个害羞、敏感并且神经质的孩子,为了寻求安慰,他把书籍当成避难所。后来当他回忆童年时,他说道:“我十分孤独、不幸。我是在图书馆的书籍中长大的,几乎没有任何朋友。”

马斯洛从五岁起就是一个读书迷,他经常到街区图书馆浏览书籍。当他在低年级学习美国历史时,托马斯·杰斐逊和亚伯拉罕·林肯就成了他心中的英雄。几十年以后,当他开始发展自我实现理论时,这些人则成了他所研究的自我实现者的基本范例。青少年时期,他曾因体弱貌丑(鼻子太大)而极度自卑,借锻炼身体冀求得到补偿。进入大学后,从阿德勒著作里有关自卑与超越的概念中得到启示,从此改变了他的一生。马斯洛的早年经历不仅影响了儿时的马斯洛,而且使成年甚至成名后的马斯洛仍然害怕当众发言,以至于每一次演说之前他都会经历极为强烈的焦虑。

马斯洛于1926年入康奈尔大学,三年后转至威斯康星大学攻读心理学,1930年获学士学位,次年获得心理学硕士学位,1934年获心理学哲学博士学位。

在威斯康星大学,他选修了美国灵长目动物研究的主导研究者,在知名的心理学家哈洛的指导下,1934年获得博士学位。期间,另一位著名格式塔心理学家魏特海默也曾任马斯洛的老师。至此,他渐渐对猿猴产生了兴趣,并找到了自己的研究领域。在对猿猴的支配权和性行为的研究中,马斯洛闯入了一个几乎完全未知的领域。1932年2月至1933年5月,在不惊扰动物的情况下,马斯洛每天花数小时对不同种类的35个灵长目动物进行观察,并做详细的笔记,并且完成了题为《支配驱力在类人猿灵长目动物社会行为中的决定作用》的博士论文。这篇论文证明了不仅在猿猴,而且在其他哺乳动物及鸟类的社会行为和组织中,支配驱力都是一个关键的决定因素。

他注意到支配似乎源自一种"内在的自信心"或"优越感",而不是通过肉体攻击取得的。在某种意义上,他正在构思一个建立在支配驱力之上的初步理论,用来解释高级动物中的许多社会行为。由于他的论文非常出色,他给行为主义心理学家桑代克留下了深刻印象。桑代克在哥伦比亚大学给马斯洛提供了一份博士后奖学金,并邀请马斯洛在其所在的教育研究学院协助自己进行新的课题研究。1935年,马斯洛在哥伦比亚大学任桑代克学习心理研究工作的助理。由此可见,马斯洛虽反对行为主义,但受的却是行为主义教育。直到1937年到纽约市布鲁克林学院担任心理学副教授时,他才在思想上放弃了行为主义,改走人本主义。

1951年,马斯洛应马萨诸塞州新成立的布兰代斯大学之聘担任心理学系主任和心理学教授,开始对健康人格或自我实现者的心理特征进行研究。1954年,他首次提出人本主义心理学的概念,只因当时行为主义思想正盛,而未受重视,连他的文章都无法在心理学刊物上发表。直到1961年,他结合志同道合者创办《人本主义心理学》,第二年正式成立美国人本主义心理学会,后成为美国心理学会第32分会。至此,人本主义心理学思想才在心理学市场上获得一席之地,他也因此在1967年当选为美国心理学会主席,并任《人本主义心理学》和《超个人心理学》两个杂志的首任编辑。

1970年8月,国际人本主义心理学会成立,并在荷兰首都阿姆斯特丹举行首届国际人本主义心理学会议;1971年,美国心理学会通过设置人本主义心理学专业委员会。这两件事标志了人本主义心理学思想获得美国及国际心理学界的正式承认。遗憾的是,马斯洛本人未能亲眼看到。

著名哲学家尼采有一句警世格言——成为你自己!马斯洛在自己漫长的生命历程中,不仅将毕生精力致力于此,更以独特的人格魅力证明了这一思想,成功地树立了一个具有开创性的形象。《纽约时报》评论说:"马斯洛心理学是人类了解自己的过程中的一块里程碑。"还有人这样评价他:"正是由于马斯洛的存在,做人才被看成是一件有希望的好事情。在这个纷乱动荡的世界里,他看到了光明与前途,他把这一切与我们一起分享。"的确,弗洛伊德为我们提供了心理学病态的一半,而马斯洛则将健康的那一半补充完整。

人生在世,不可能一帆风顺,总会遇到这样、那样的问题,而我们在遇到问题时该怎样处理,该保持怎样的心态,将决定我们会有怎样的生活。马斯洛从小是一个忧郁、压抑甚至有些神经质的人,但是马斯洛却创造了世界上最积极向上的学说——人本主义心理学。

心灵故事

小猫逃开影子的招数

“影子真讨厌！”小猫汤姆和托比都这样想，“我们一定要摆脱它。”

然而，无论走到哪里，汤姆和托比发现，只要一出现阳光，它们就会看到令它们抓狂的自己的影子。

不过，汤姆和托比最后终于都找到了各自的解决办法。汤姆的方法是永远闭着眼睛，托比的办法则是永远待在其他东西的阴影里。

可以说，一切心理问题都源自对事实的扭曲。什么样的事实呢？主要就是那些令我们痛苦的负性事件。

因为痛苦的体验，我们不愿意去面对这个负性事件。但是，一旦发生过，这样的负性事件就注定要伴随我们一生，我们能做的，最多不过是将它们压抑到潜意识中去，这就是所谓的忘记。

但是，它们在潜意识中仍然会一如既往地发挥作用。并且，哪怕我们对事实遗忘得再厉害，这些事实所伴随的痛苦仍然会袭击我们，让我们莫名其妙地伤心难过，而且无法抑制。

发展到最后，解决办法通常就是两个：要么，我们像小猫汤姆一样，彻底扭曲自己的体验，对生命中所有重要的负性事实都视而不见；要么，我们像小猫托比一样，干脆投靠痛苦，把自己的所有事情都搞得非常糟糕，当一切都那么糟糕时，那个让自己最伤心的原初事件就不是那么疼了。除了这些看得见的错误方法外，我们人类还发明了无数种方法去逃避痛苦，弗洛伊德将这些方式称为心理防御机制。太痛苦的时候，这些防御机制是必要的，但糟糕的是，如果心理防御机制对事实扭曲得太厉害，它会带出更多的心理问题，譬如强迫症、社交焦虑症、多重人格，甚至精神分裂症等。

真正抵达健康的方法只有一个：直面痛苦。直面痛苦的人会从痛苦中得到许多意想不到的收获，它们最终会变成当事人的生命财富。规划和利用好现有的能力远比挖掘所谓的潜能更重要。切记：阴影和光明一样，都是人生的财富。一个最重要的心理规律是，无论多么痛苦的事情，你都是逃不掉的。你只能去勇敢地面对它、化解它、超越它，最后与它达成和解。马斯洛直面自己的经历，挑战自己，便创造了人本主义心理学。在心理学史上还有很多这样的人，比如：美国心理学家罗杰斯曾是最孤独的人，但当他面对这个事实并将其化解后，他成了真正的人际关系大师；美国心理学家弗兰克有一个暴虐而酗酒的继父和一个糟糕的母亲，但当他挑战这个事实并最终从心中原谅了父母后，他成了治疗这方面问题的专家；日本心理学家森田正马曾是严重的神经症患者，但他通过挑战这个事实并最终发明了森田疗法……他们生命中最痛苦的事实最后都变成了他们最重要的财富，你一样也可以做到。

美国心理学家马斯洛和密特尔曼曾提出人的心理健康的10条标准。

(1)充分的安全感。

(2)充分了解自己，并对自己的能力做适当的估价。

(3)生活的目标切合实际。

(4)与现实环境保持接触。

(5)能保持人格的完整与和谐。

(6)具有从经验中学习的能力。

(7)能保持良好的人际关系。

(8)适度的情绪表达与控制。

(9)在不违背社会规范的条件下,对个人的基本需要做恰当的满足。

(10)在集体要求的前提下,较好地发挥自己的个性。

心理小贴士

新的健康观

理论研究与实践证明,人是生理、心理与社会层面的统一。人不仅仅是一个生物体,而且是有复杂的心理活动,生活在一定的社会环境中的完整的人。世界卫生组织(WHO)提出,健康是一种生理、心理与社会适应都臻于完满的状态,而不仅是没有疾病和虚弱的状态。并进一步指出健康的新概念:一是有充沛的精力,能从容不迫地担负日常工作和生活,而不感到疲劳和紧张;二是积极乐观,勇于承担责任,心胸开阔;三是精神饱满,情绪稳定,善于休息,睡眠良好;四是自我控制能力强,善于排除干扰;五是应变能力强,能适应外界环境的各种变化;六是体重得当,身材匀称;七是眼睛炯炯有神,善于观察;八是牙齿清洁,无空洞,无痛感,无出血现象;九是头发有光泽,无头屑;十是肌肉和皮肤富有弹性,步伐轻松自如。

因此,健康是生理健康与心理健康的统一,两者是相互联系,密不可分的。当生理产生疾病时,其心理也必然受到影响,会产生情绪低落、烦躁不安、容易发怒的现象,从而导致心理不适;同样那些长期心情抑郁、精神负担重、焦虑的人易产生身体不适。因此,健全的心理有赖于健康的身体,而健康的身体有赖于健全的心理。

四、心理健康尺度的把握

心理健康的标准为我们指明了努力的方向,然而人的心理状态是复杂的和过程性的,在使用心理健康标准的过程中需注意以下4个方面。

(1)心理健康是一个过程而不是结果。人的心理状态如同一部精密的机器,需要精心的呵护和持续的保养。个体心理往往经历着“平衡—不平衡—再平衡”的循环过程。心理健康的标准是每个人努力保健,无限靠近的目标。

(2)在心理健康与不健康之间,不存在泾渭分明的差异,而是一个连续的状态。从良好的心理状态到严重的心理疾病之间有一个广阔的“过渡带”,大多数人都分布在这个“过渡带”当中。

(3)心理健康不代表没有烦恼。人生不如意之事十之八九,困难与烦恼往往伴随人生的各个阶段。心理健康的人不代表他时时刻刻都是开心愉快、没有压力、没有烦恼的。恰恰相反,挫折和烦恼是心理韧性的试金石,能够与烦恼共存,能够积极应对挫折才是心理健康的真实表现,也是一个健康完善的心理免疫系统形成的基础。

(4)心理健康的标准也是不断发展的。由于时代的变化和文化的差异，人们对于心理健康的理解与认识也在不断地变化与更新，因此标准也是一个不断发展的过程。

第二节　大学之大

“大学之道，在明明德，在亲民，在止于至善。”其意为大学的道理，在于彰显人人本有，自身所具的光明品德，再推己及人，使人人都能去除污染而自新，而且精益求精，做到最完善的地步并且保持不变。那么，如何才能做到呢？

大学生正处于青年心理发展的关键时期，心理学上称之为“自我统合期”或“第二个自我确立期”，这一时期的心理发展过程称为自我统合过程，如图1–2所示。在这一时期，个人开始对自我状况、生理特征、社会期待、以往经验、现实环境、未来希望等方面进行综合分析，进而去思考关于“自我”的问题：“我是谁？”“我将走向何方？”“我的一生应该如何度过？”“我应当成为一个什么样的人？”这些问题从大学生各自所学的专业知识中很难找到现成的答案，一般的思想道德教育也很难解答这些人生困惑。

图1–2　自我统合过程

大学生涯对每一位大学生来说，都是一个无法割舍的人生体验。在这里，不管他们愿意与否，他们都要开始独立地面对真实的生活，都要自主地解决自己的人生难题。但是，当他们以极大的热情去直面生活、实现自己的理想时，就会发现生活之舟是那么的复杂，那么的难于驾驭。在痛苦的反思之后，有人开始调整目标、重塑生活，以积极的心态去迎接新的生活；有的人则选择了逃避与自暴自弃，以消极的心理与行为去对抗生活。积极的接纳与奋进是美好人生的起点，而消极的对抗则有可能一事无成。因此，在大学阶段，如何引导大学生树立良好的心理健康观，关系着每一位学子的成长，这也为我们的大学教育提出了更高的要求。

破译心灵密码

著名心理学家乔治斯蒂芬：保持心理健康的方法

当苦恼时，找你所信任的，谈得来的，同时头脑也比较冷静的知心朋友倾心交谈，将心中的忧闷及时发泄出来，以免积压成疾。

遇到较大的刺激，或遭到挫折、失败而陷入自我烦闷状态时，最好暂时离开你所面临的情境，转移一下注意力，暂时回避以便恢复心理上的平静，将心灵上的创伤抚平。

当情感遭到激烈震荡时，宜将情感转移到其他活动上去，忘我地去干一件你喜欢干的事，如写字、打球等，从而将你心中的苦闷、烦恼、愤怒、忧愁、焦虑等情感转移、替换掉。

对人谦让，自我表现要适度，有时要学会当配角和后台工作人员。

多替别人着想，多做好事，可使你心安理得，心满意足。

做一件事要善始善终。当面临很多难题时，宜从最容易解决的问题入手，逐个解决，以便信心十足地完成自己的任务。

性格急躁的人不要做力不从心的事，并避免超乎常态的行为，以免紧张、焦躁、心理压力过大。

对别人要宽宏大量，不强求别人按你的想法去办事，能原谅别人的过错，给别人改过的机会。

保持人际关系的和谐。

自己多动手，破除依赖心理，不要老是停留在观望阶段。

制订一份既能使你愉快，又切实可行的修养心身的计划，给自己以盼头。

一、大学生心理发展

18岁是法律赋予一个人公民权利的年龄，大学生虽然已脱离孩子的群体，但由于其学生身份，常被排斥于成人行列之外，然而大学生却自以为已经成人，言谈处事力求带有成人味道，这容易使大学生出现内心矛盾、抱负水平不确定和易采取极端立场等典型的心理表现。

1. 接近成熟

从心理发展看，大学生正处于青年中期，心理发展基本成熟但尚未成熟。随着生理发育的成熟，社会环境的影响，特别是大学生特有的学习和活动方式，大学生的心理迅速走向成熟。

(1)两面性。心理的两面性是青年期的一般特征。大学生心理尚未完全成熟，容易表现出急于求成的蛮干、有勇无谋的傻干、受挫后的情绪失控、以自我为中心等消极的一面。但是，随着自我意识的发展、自我同一性的确立，大学生的心理也在迅速走向成熟，并且表现出积极的一面，比如他们情感丰富、精力充沛、敢想敢干、勇往直前、善于思考、敢于创新等。

(2)矛盾性。大学生的心理不仅有两面性，而且发展不平衡，容易引起矛盾冲突。主要有：理想的我与现实的我的矛盾；独立与依赖的矛盾；交往需要与封闭孤独的矛盾；自尊自信与怯懦自卑的矛盾；强烈求知欲与识别力低的矛盾；情感与理智之间的矛盾；积极勇敢与消极退缩的矛盾；强烈的性欲望与正确处理异性关系的矛盾等。这些冲突虽然会使大学生感到焦虑苦恼、痛苦不安，但也会促使他们设法解决矛盾、促进自我发展，使心理发展更加趋于成熟。

(3)统一性。无论内心有怎样不同的心理、它们之间有怎样激烈的矛盾冲突，大学生在某一时间、地点的外在表现总是尽量统一的。绝大多数大学生所做的都是消除矛盾冲突，使自己趋近社会评价高、体现个体成熟的一面。比如努力改善现实自我，让现实趋近理想；修正不切实际的、过高的标准，使理想趋近现实。

2. 阶段发展

大学生活可以分为入学之初、中期、临近毕业三个阶段，不同阶段的心理状况有所不同。

（1）入学之初。入学适应是迈进大学校门的新生都要经历的一道关。在这一阶段，大学生面临从中学生活到大学生活的急剧变化，不仅生活环境、人际关系、生活方式和学习方法不同了，而且从家庭到学校、再从学校到社会，社会角色也不同了，大学生原有的心理平衡被打破了，但是又必须面对家长、老师、社会的期望和要求。新生只有积极适应，顺利穿越“过渡期”，才能享受大学生活，到达希望的彼岸。

（2）中期。这是大学生活最主要、最长久的稳定发展阶段。多数大学生的专业兴趣渐浓、求知欲强烈、兴趣广泛、思维活跃、人际交往能力增强。也有大学生遇到许多困难和问题，出现某种程度的心理障碍，但总能在自己和他人的帮助下，解决这些问题或障碍，并不断发展和完善自我。

（3）临近毕业。毕业在即，大学生大多面临毕业考试、毕业设计、论文答辩、求职择业等棘手问题，这既是大学生的毕业准备阶段，也是就业准备阶段，更是从学生生活向职业生活的过渡时期，在此过程中，其心理压力和冲突将会不断出现。绝大多数的大学生经过专业学习和心理发展，具备比较稳定的人生观、丰富的知识、良好的心理调控能力，但也有部分学生因在学业或求职中遇到挫折，产生种种心理问题，或悲观失望、无所适从，或做出发泄行为。

二、大学生的心理发展特点

1. 思维

（1）思维的独立性增强。大学生思维的独立性体现在他们不仅善于理解知识，而且善于获取知识。由于旺盛的求知欲、强烈的成才需要和心理渴求，他们希望能够最大限度地了解未知领域，想尽一切办法获取自己感兴趣的知识。

（2）辩证逻辑思维开始发展。辩证逻辑思维是对客观现实本质联系的对立统一的反映，其主要特点是既反映事物之间的相互区别，也反映相互联系；既反映事物的相对静止，也反映相对运动；是一种以辩证法为核心的科学思维方式。大学生用辩证逻辑思维的方式去认识事物，对事物进行分析就能因时而异、因人而异，从不同角度、不同侧面、不同层面把握事物的因果关系，深刻地认识事物的本质及其发展规律。

（3）创造性思维逐渐确立。创造性思维是一种极为复杂的心理过程，是一个人发挥发散思维、复合思维和远距离联想能力，用新颖的方法解决问题，从而产生具有首创性、发现性和突破性的成果的思维方式。大学生的思维具有敢于求新、富有创造的特点。创造性思维的渐渐确立是大学生发现、认识、利用规律的一条重要渠道，有意识地培养和锻炼大学生思维的独立性、变通性和流畅性，对其创造性思维的发展、完善具有重要作用，而且对之后一段时间内创造性思维的表现都大有裨益。

2. 情绪情感

随着年龄的增加，大学生对自我形象、事业前途、经济能力、人际关系、恋爱婚姻等的关注越来越多。一般来说，大学生对来自这些方面的情感体验是丰富而强烈的，但由于他们有一定的调节和克制自己情绪的能力，所以表现得相当复杂。比如有的人因觉得社会不能满足他们的需要而担忧，有的人因某一次经历自感能力不足而焦虑，有的人因焦虑而变得紧张不安，要么对什么事都过度敏感，要么对什么事都淡漠处之。较之成人还显得动荡多变，具有不稳定性，尤其面对意外突发事件或对自己意义重大的事情的时候，容易表现出既想控制、隐藏自己的情绪又很难控制高昂情绪时的无措。

3. 自我意识

（1）自我认识更加深刻。在大学生的心里，总在思考一些问题，比如“我为什么是这样一个人”“我应该成为怎样的人”“我的前途究竟如何”，为了得到一个满意的答案，他们大大扩展了自我认识的广度和深度，也比以前更加主动地认识自己，不仅关注自己的外表、举止，而且关注自己的能力、性格，更加关注自己的社会角色、社会归属、社会地位、人生价值等，反复地审视自己的整体形象。通过一定的思考、实践和学习，大学生逐渐学会了多角度、多层次地认识自己、接纳自己，而且逐渐力图将社会的期望内化为自我的品质，能够自觉地按照社会要求，参照老师和同学进行自我评价，设想自己的发展或进行自我设计。

（2）自我评价日趋完善。大学生在进行自我评价时会选择对手，因此自我评价与现实自我会存在一定的差距。然而，总的来说，大学生在多角度、多层次认识自己、接纳自己的基础上，对自我进行评价的能力已明显提高，变得比较全面、客观和主动。他们善于根据社会、学校、群体和同学对自己的要求，不断地评价自己的思想和行为，自我评价与他人评价没有太大的差异，自我评价的结果也更符合实际。

（3）自控能力显著增强。自我控制就是主我根据情境对客我在思想、言语、行为的或发动或制止的控制。在这方面，大学生已经逐渐开始综合社会标准、社会期望和社会条件，按照自己的意志，明确规划自己和设计自己的行动目标和行动计划，根据目标计划和反馈信息，使外界的要求转化为主我的需要，从而推动客我的态度转变，改变不符合目标的动机和行动，调整原来的行动目标与方法，决定新的行动，使自己的心理机能处于积极活跃的状态，提高效率。

4. 需要丰富

需要是情绪与情感产生的基础，大学生的自我体验丰富，必定与大学生丰富的需要有关。实际上，大学生的需要远比马斯洛需要层次理论中的五类需要更丰富，将大学生的需要剖析见表1-1。

表1-1　大学生的基本需要

类　别		内　容
个体需要	生理性需要	生存、安全、性、享受
	心理性需要	爱、赞赏、理解、尊重、自我实现、理想
	社会性需要	归属、娱乐、学习、劳动

（续表）

类别		内容
人类需要	文化类需要	教育、科学、艺术、道德
	经济类需要	物质生产、发展生产力、国富民强、资源环境、和平发展、理想社会
	政治类需要	阶级、民族、国家、民主法制

破译心灵密码

“马斯洛”欲望需求层次的详解

马斯洛需求层次理论是行为科学的理论之一，由美国心理学家亚伯拉罕·马斯洛在1943年在《人类激励理论》中所提出。书中将人类需求像阶梯一样从低到高按层次分为五种，分别是生理需求、安全需求、社交需求、尊重需求和自我实现需求，如图1-3所示。

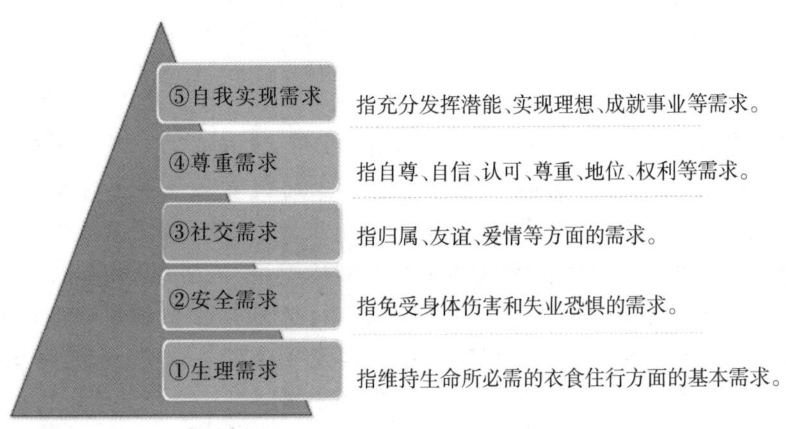

图1-3　马斯洛需求层次理论

1. 第一层次：生理需求

生理需求也称级别最低、最具优势的需求，如食物、水、空气、性欲、健康、睡眠、呼吸。如果这些需要（除性以外）任何一项得不到满足，人类个人的生理机能就无法正常运转。换而言之，人类的生命就会因此受到威胁。在这个意义上说，生理需求是推动人们行动最首要的动力。马斯洛认为，只有这些最基本的需要满足到维持生存所必需的程度后，其他的需要才能成为新的激励因素，而到了此时，这些已相对满足的需要也就不再成为激励因素了。

未满足生理需求的特征：什么都不想，只想让自己活下去，思考能力、道德观明显变得脆弱。例如，当一个人极需要食物时，会不择手段地抢夺食物。人们在战乱时，是不会排队领面包的。

激励措施：增加工资、改善劳动条件、给予更多的业余时间和工间休息、提高福利待遇。

2. 第二层次:安全需求

安全需求同样属于低级别的需求,其中包括对人身安全、家庭安全、财产所有权、生活稳定、工作职位保障、健康保障以及免遭痛苦、威胁或疾病等。

马斯洛认为,整个有机体是一个追求安全的机制,人的感受器官、效应器官、智能和其他能量主要是寻求安全的工具,甚至可以把科学和人生观都看成是满足安全需要的一部分。当然,当这种需要一旦相对满足后,也就不再成为激励因素了。

缺乏安全感的特征:感到自己对身边的事物受到威胁,觉得这世界是不公平或是危险的;认为一切事物都是危险的,从而变得紧张、彷徨不安、认为一切事物都是“恶”的。例如,一个孩子,在学校被同学欺负或受到老师不公平的对待,而开始变得不相信这社会,变得不敢表现自己、不敢拥有社交生活(因为他认为社交是危险的),借此来保护自身安全。一个成人,工作不顺利,薪水微薄,养不起家人,而变得自暴自弃,每天利用喝酒、吸烟来寻找短暂的安逸感。

激励措施:强调规章制度、职业保障、福利待遇,并保护员工不致失业,提供医疗保险、失业保险和退休福利,避免员工因收到双重的指令而混乱。

3. 第三层次:社交需求

社交需求属于较高层次的需求,如对友谊、爱情、隶属关系以及性亲密的需求。

人人都希望得到相互的关心和照顾。感情上的需要比生理上的需要来得细致,它和一个人的生理特性、经历、教育、宗教信仰都有关系。

缺乏社交需求的特征:因为没有感受到身边人的关怀,而认为自己没有价值活在这世界上。例如,一个没有受到父母关怀的青少年,认为自己在家庭中没有价值,所以在学校交朋友,无视道德观和理性,盲目地寻找朋友或是同类。譬如说:青少年为了让自己融入社交圈中,帮别人做牛做马,甚至吸烟、恶作剧等。

激励措施:提供同事间社交往来的机会,支持与赞许员工寻找及建立和谐温馨的人际关系,开展有组织的体育比赛和集体聚会。

4. 第四层次:尊重需求

尊重需求属于较高层次的需求,如成就、信心、名声、地位、被他人尊重和晋升机会等。尊重需求既包括对成就或自我价值的个人感觉,也包括他人对自己的认可与尊重。

人人都希望自己有稳定的社会地位,要求个人的能力和成就得到社会的承认。尊重的需要又可分为内部尊重和外部尊重。内部尊重是指一个人希望在各种不同情境中有实力、充满信心、能独立自主。总之,内部尊重就是人的自尊。外部尊重是指一个人希望有地位、有威信,以及受到别人的尊重、信赖和高度评价。马斯洛认为,尊重需要得到满足,能使人对自己充满信心,对社会满腔热情,体验到自己活着的价值。

无法满足尊重需求的特征:变得很爱面子,或是很积极地用行动来让别人认同自己,也很容易被虚荣所吸引。例如,利用暴力来证明自己的强悍,或努力读书让自己成为医生、律师来证明自己在这社会的存在和价值。

激励措施:公开奖励和表扬,强调工作任务的艰巨性以及成功所需要的高超技巧,颁发荣誉奖章、在公司刊物发表文章表扬、设立优秀员工光荣榜。

5. 第五层次：自我实现需求

自我实现需求是最高层次的需求，包括针对真、善、美等至高人生境界获得的需求，因此前面四项需求都能满足，最高层次的需求方能相继产生，这是一种衍生性需求，如道德、公正度、接受现实能力、问题解决能力、自我实现、创造力、发挥潜能等。

自我实现的需要是最高层次的需要，是指实现个人理想、抱负，最大限度地发挥个人能力。达到自我实现境界的人，接受自己也接受他人，解决问题能力增强，自觉性提高，善于独立处事，要求不受打扰地独处，完成与自己的能力相称的一切事情的需要。也就是说，人必须干称职的工作，这样才会使他们感到最大的快乐。马斯洛提出，为满足自我实现需要所采取的途径是因人而异的。自我实现的需要是努力发掘自己的潜力，使自己越来越成为自己所期望的人。

缺乏自我实现需求的特征：觉得自己的生活被空虚感推动着，要自己去做一些身为一个"人"应该在这世上做的事；极其需要有让他能更充实自己的事物，尤其是让一个人深刻地体验到自己没有白活在这世界上的事物。也开始认为，价值观、道德观胜过金钱、爱人、尊重和社会的偏见。例如，一个真心为了帮助他人而捐款的人。一位武术家、运动家把自己的体能练到极致，让自己成为世界一流或是单纯只为了超越自己。一位企业家，真心认为自己所经营的事业能为这社会带来价值，而为了比昨天更好而工作。

激励措施：设计工作时运用复杂情况的适应策略，给有特长的人委派特别任务，在设计工作和执行计划时为下级留有余地。

更高需求：自我超越是马斯洛在晚期时所提出的一个理论。这是当一个人的心理状态充分地满足了自我实现的需求时，所出现的短暂的"高峰经验"，通常都是在执行一件事情时，或是完成一件事情时，才能深刻体验到的这种感觉，通常都是出现在艺术家或是音乐家身上。例如，一位音乐家，在演奏音乐时，所感受到的一股"忘我"的体验。一位艺术家在画图时，感受不到时间的消逝，他在画图的每一分钟，对他来说跟一秒一样快，但每一秒却活得比一个礼拜还充实。

在马斯洛一生当中并没有提到超自我实现这一层次，只有自我超越需求，而且经常被合并至自我实现需求层次中。超自我实现也许是传播和翻译过程中出现的失误。

理论解析：

(1)五种需要像阶梯一样从低到高，按层次逐级递升，但这个次序不是完全固定的，可以变化，也有种种例外情况。

(2)需求层次理论有两个基本出发点：一是人人都有需要，某层需要获得满足后，另一层需要才出现；二是在多种需要未获满足前，首先满足迫切需要，该需要满足后，后面的需要才显示出其激励作用。

(3)一般来说，某一层次的需要得到相对满足了，就会向高一层次发展，追求更高一层次的需要就成为驱使行为的动力。相应的，获得基本满足的需要就不再是一股激励力量。

(4)五种需要可以分为两级，其中生理上的需要、安全上的需要和感情上的需要都属于低一级的需要，这些需要通过外部条件就可以满足；而尊重的需要和自我实现的需要属于高级需要,他们是通过内部因素才能满足的,而且一个人对尊重和自我实现的需要是无止境的。同一时期,一个人可能有几种需要,但每一时期总有一种需要占支配地位,对行为起决定作用。任何一种需要都不会因为更高层次需要的发展而消失。各层次的需要相互依赖和重叠,高层次的需要发展后,低层次的需要仍然存在,只是对行为影响的程度大大减小而已。

(5)一个国家多数人的需要层次结构是同这个国家的经济发展水平、科技发展水平、文化和人民受教育程度直接相关的。在发展中国家,生理需求和安全需求占主导的人数比例较大,而高级需要占主导的人数比例较小;在发达国家,则刚好相反。

(6)从低阶到高阶是穿越,穿越产生能量提升,人生快乐就是同频共振。

5. 思维有弱点

尽管大学生的思维水平较高,但他们有时考虑的只是感觉到的东西,缺乏深层分析认识,把事物片面化、单纯化;思维活跃,求新求异,有时又急于自我表现,对事物不加分析,不予判断,就从另一个方面下结论,使思维走弯路;思维创新但脱离现实——大学生对生活充满幻想,不考虑客观情况、脱离现实的幻想只能是一种上不着天、下不着地的胡思乱想;喜欢对事物置疑,又有一定的创造性思维能力,甚至有人说"我什么都不相信,只信我自己",这种目空一切的极端思维方式,容易导致自我恶性膨胀,一旦产生并形成习惯,是十分有害的。

三、当代大学生心理的新特点

"00后"大学生由于其不同的成长环境而具有鲜明的时代特点,同时又与"90后"有着某些共性。

1. 生理上

(1)很难不近视。
(2)体质下降。

2. 认知上

(1)聪明。
(2)有一技之长。
(3)有强烈的反叛意识。
(4)繁重的课业负担使他们对学习兴趣不浓甚至厌学。

3. 情感上

(1)以自我为中心。
(2)嫉妒心强。
(3)物质富足,快乐匮乏。

4. 意志上

(1)忍耐力差,吃不了苦。

(2)有“我就这样了，你看着办吧！”的想法。

5. 行为上

(1)喝可乐，吃快餐。

(2)极力表现与众不同。一部分学生在学业上无法做到出类拔萃时，会选择其他各种方式获得心理满足。

(3)崇拜明星，以歌星、影星、体育明星、网络明星等为主。

(4)对网络十分依赖。

(5)喜欢使用火星文及各种符号。火星文就是由符号、日文、韩文、生僻字等非正规化文字符组合而成。

(6)爱看动漫不爱读书。

(7)行为过激甚至出格。

第三节　大学生心理健康教育中存在的主要问题

大学生的生活适应问题、学业问题、情绪问题、人际关系问题、情感问题是目前大学生中普遍存在的心理健康问题。

一、生活适应问题

适应大学生活，完成大学生作为“文化人”与“社会人”的培养任务，帮助大学生完成社会化，是大学生活的重要内容。

1. 生活能力弱、自立能力弱的情况普遍存在

尽管高校都在倡导大学生“自我教育、自我管理、自我服务”，但作为社会一员，学生普遍不能很好地处理自己的事务，这不仅表现在独生子女身上，也同样表现在困难学生身上，学生连简单的劳动都不愿从事，衣服找人洗、被子请人洗，有的学生宿舍集体请“钟点工”，帮助收拾内务、清洗衣物。困难学生家长因不能为孩子提供足够的经济支持已经觉得很对不起孩子，作为一种补偿，他们不让孩子干更多的活，导致孩子的生活能力很弱。部分毕业生面对日益激烈的人才市场，思想准备和心理准备不足，不知所措，等待家里想办法。丢失毕业证书、学位证等的事件每年都有发生，这从一个侧面反映出大学生处理日常事务的能力不足。

2. 大学生对挫折的心理承受力弱

目前的在校大学生，基本都是成长于国家经济高速发展之日，物质条件充足，精神需求不断提高，可以说“一路高歌到大学”，在学校有“老师宠着”，在家庭有“父母捧着”。面临学业、生活、感情方面的挫折时，学生显得无所适从，感到失去了生活的意义，甚至怀疑人生。多数学生只能听顺耳话，听不进不同意见，更不用说老师和同学的

批评了。困难学生在独立性、未来感、自由感、自信心等方面更容易受挫折。面对就业制度改革带来的机遇与挑战，学生没有足够的心理准备，担心受挫。

二、学业问题

学习压力大、学习动力不足、学习目的不明确、学习成绩不理想、学习困难等学业问题始终困扰着大学生。主要表现在以下方面：

1.学习动力不足

在一项大学生生活事件量表中，列在第一位的是学习压力大。调查结果表明：有69.6%的新生和54%的老生感到“学习难度加大，非常困难”；在座谈中问到学生为什么学习时，学生淡淡地说：“为学习而学习。”一位大二学生也写道：“学习始终不能进入状态，总感到是在巨大的考试压力下被动地学，而静下来想为什么学习时，会感到很苦恼。”特别是在大一学生中，认为“学习负担重，难以应付”的占70.4%。

2. 学习目的不明确

自习路上永远有匆匆的身影，但仔细考虑学生的学习目的却不能得到令人满意的答案。很多同学为了应付不得不参加的考试、不得不做的事而学习。有的学生甚至直截了当地回答：为了能够考试过关，至于为什么学心中没有底。一位学生这样写道：“在中学时代，各方面表现都很出色，进入大学后，沿着中学的惯性学习，尽管成绩还算理想，但学习虽然努力却常常感到心力交瘁，学而无所获。”更多的学生是懒得精益求精，但求蒙混过关。面对人才市场的巨大压力，很多学生也感到内心的危机感，但真正要努力学习时，却提不起精神来。

三、情绪问题

稳定的情绪、积极良好的情绪反映是学生成才很重要的因素，也是学生心理健康中值得重视的问题。

1. 抑郁

抑郁是指个体心中以持久的情绪低落为主，常伴有身体不适、睡眠不足等，心情压抑、沮丧、无精打采、懒得参加任何活动，什么事也提不起精神来，逃避参与各项活动。陕西科技大学连续三年对新生进行心理健康测试结果表明：列在第一位的心理不适是抑郁，家庭经济状况差、家庭亲和感差、连续的考试失败、失去亲人、失恋、同学感情失和等都是抑郁的直接诱因。

2. 情绪失衡

大学生的社会情感丰富而强烈，具有一定的不稳定性与内隐性，表现为情绪波动大，高低不定，喜怒无定。会因一点小小的胜利而沾沾自喜，也易为一次考试失败、情感受挫而一蹶不振，甚至无法控制自己的情绪反映。特别是对负性情绪的控制相对较弱，个体负性情绪表现为情绪高低不定、易怒，难以驾驭自己的情感，不能保持一种常态的情绪，如一次考试失败，有的学生很难从失利的阴影中走出；群体负性情绪又是校园事端的直接制造者。如某大学十年里的71例违纪处分中，打架的占到45%，起因多数因为生活中很小的摩擦。学生的群体情绪一旦激发，很难受到理性与校纪校规的约束，为“朋友而战”，为“义气而战”，情绪稳定下来后又多是后悔不及。学生对大学生活的评价认为“充实”的仅占14.2%，负性情绪明显高于正向情绪。

3. 焦虑问题

学生的焦虑具有一定的代表性，其来源并非现实的威胁，而是内心无明确的客观对象和具体内容，主要表现在自我焦虑与考试焦虑。

（1）自我焦虑。青年时期比任何年龄更关注自己在他人尤其是异性心目中的形象，学生受到诸如长相、胖瘦、高矮、能力、魄力、魅力等因素的影响，会产生各种各样的焦虑，有的学生担心自己长得不够漂亮，不能获得异性的好感，甚至部分女生因没有男生追求而苦恼；有的学生总感到自己的先天条件不够理想，因而非常自卑，不能建立自己的社交形象与公众形象。

（2）考试焦虑。尽管所有的大学生都经过了黑色七月的严峻考验，大学考试对学生尤其是基础较差或第一学期考试失败的学生的考验尤其突出，他们无端担心考试失败甚至产生了厌倦考试的心理状态。访谈中，某宿舍7名女大学生学习努力，但成绩都不很理想，三学期下来，有8门次不及格，考试成为她们沉重的话题，她们坦率地承认，考试前基本都睡不好觉，一想到考试心理就非常紧张，总担心下一门依旧会失败，不能自我调节。

四、人际关系问题

良好的人际关系是学生成长与社会化过程中的重要组成部分，也是保持良好心理状态的必备条件。

1. 人际关系不适

进入大学，远离原来熟悉的生活与学习环境，面对新的人际群体，学生多少有些不适。部分学生对大学的师生关系、同学关系、异性之间的关系显得很不适应。一位新生感叹说：“在大学，没有一个可以谈得来的朋友，心里真的感觉好孤独。”有的学生从未离开过家庭，在父母的呵护下成长，对于如何关心别人、如何得到朋友的关心想得较少；而另一方面，学生又希望得到别人的认可。“心里话儿对谁说？”成为学生普遍的困惑。在“目前，你感到最苦恼的事”的调查中，有80%的学生涉及人际关系。

2. 社交不良

大学生活在一定程度上给学生创造了一个小社会的环境，使他们可以充分地展示自我，展示大学生的风采。部分学生缺乏在公众场合表达自己思想的能力与勇气，对各种各样的活动充满了兴趣，却又担心失败，只是羡慕而积极参与者不多，久而久之，他们开始回避参与，感叹“外面的世界很精彩，外面的世界很无奈”，特别是到周末，学生普遍感到无处可去，甚至出现了“周末恐惧症”，“盼周末，又怕过周末，那种孤寂的感觉真难受”，直接影响了学生潜力的充分发挥。

3. 个体心灵闭锁

学生从高中到大学，缺乏人际交往经验，而自身在人际交往中的不自信又不利于自身人际魅力的增加，妨碍了其良好的人际交往圈的形成。据调查，30%的新生认为“没有朋友”，23%的学生感到孤独、寂寞；在与人主动交往方面，45%的学生更希望自己成为交流的对象而不是交流的直接发起者。与此同时，由于个体间的正常交往不够，又易引发猜疑、妒忌等，不利于学生的健康成长。

五、情感问题

爱情、友情、亲情是学生情感问题的三个重要内容。

1. 爱情的困扰

爱情虽然在大学并非一门必修课，学生仍然从各个方面开始自己的情感之旅，正确处理爱情与学业的关系是学生的一门必修课。恋爱，被当作是大学生活中重要的一章而被书写着，甚至有人发出了“围墙”已变成“爱情走廊”，“专业恋爱、业余学习”的情况并不是个别现象。有的学生说“爱是情感，不是规范”。主要问题有两点：一是情感的迷茫；二是不正确的恋爱观。面对爱情，学生更多的想到的是“不在乎天长地久，只在乎曾经拥有”，甚至“预约失恋”，爱情与婚姻分离是一种较为普遍的现象。

2. 友情的困扰

友情是人生路上的重要内容之一，也是我们前进的动力之一。进入大学后，老同学、伙伴的渐行渐远与心中对友情的渴望相矛盾，很多同学习惯性地将童年时期、少年时期的同学与大学生同学进行对比，造成矛盾时有发生，同学关系紧张、友情淡漠、大学生之间的友情没有中学时的友情纯洁等冲突强烈地冲击着内心。

3. 亲情问题

近年来，反映大学生家书越写越短的文章不再鲜见。很多学生反映，他们与家长没有太多的话讲，写信基本是缘于实质性问题，如经济供给、物质补充等，而非情感沟通，尽管自己也认识到不应该这样，但懒得提笔却是一种普遍心态，而且从心理上也并无歉疚感，即使通电话，也仅仅是“我一切都好，不用牵挂”之类的客套话。与此相反，恋人之间的信件越来越厚，电话越来越频繁。一位学生在发出数十张贺卡后，人们并没有从这些贺卡中发现父母的痕迹。很多家长也感到亲情受到空前的挑战，发出了“难道与孩子之间的联系仅是经济上的？”的感慨，对父母给予的关心、爱护，学生认为是理所当然的，感动于字里行间而非躬身践约中。这次对家庭教养方式的调查结果也表明，学生对父、母持满意和比较满意态度的分别占78.2%和86.0%，说不清楚的分别占9.8%和4.0%，不满意的占6.9%和3.8%。从整体上看，学生对家长是基本满意的，也是肯定亲情的，但回报较少并理直气壮地认定父母并不求回报。

心理小贴士

岳晓东的心理灰色区理论

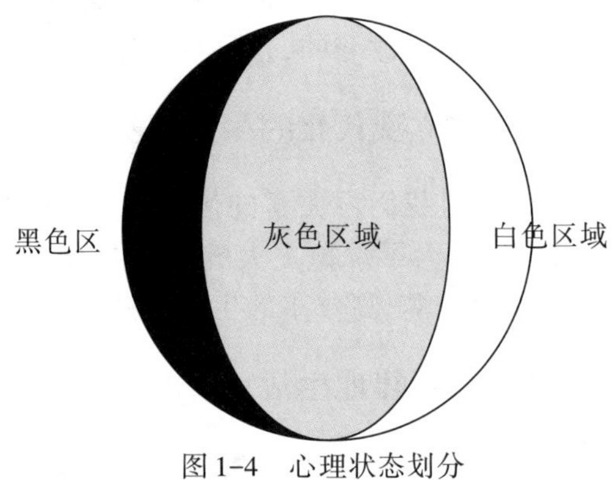

图 1-4 心理状态划分

人的心理健康上存在着一个广泛的灰色区域。如图 1-4 所示，如果将人的精神健康比作白色，精神不正常比作黑色，那么，在白色与黑色之间存在着一个巨大的缓冲区域——灰色区，世间大多数人的精神状况都散落在这一灰色区域内。换言之，灰色区可谓是人非器质性精神痛苦的总和，其中包括了人的心理不平衡、情绪障碍及变态人格。这些问题不同程度地干扰了人们的正常生活与情绪状态。灰色区又可以进一步划分为浅灰色与深灰色两区域。浅灰色区的人只有心理冲突而无人格变态，其突出表现为由诸如失恋、丧亲、夫妻纠纷、家庭不和、工作不顺心、人际关系不佳等生活矛盾而带来的心理不平衡与精神压抑。深灰色区的人则患有种种异常人格和神经症，如强迫症、恐人症、癔症、性倒错等症状。浅灰色区与深灰色区之间无明确界限，后者往往包含了前者。

第四节 让阳光温暖你的心灵

保持健康的心理不仅有利于自身的生理健康，还有利于提高学习效率，而且有利于促进心理健康发展。那么应如何维护自己的心理健康呢？

一、建立正确的价值观

人们对各种事物都各自存在好坏与主次之分，这就是价值观。价值观反映人们对事物的是非与重要性的评价，有人追求地位，有人看重工作成就，有人着意享受，有人重视经济实惠。价值观对人的心理健康有相当大的影响，正确的价值观能促进人们的心理健康，如追求工作成就的人，他们热爱劳动、热爱工作，在劳动和工作中获得乐趣，有益于身体健康。而追求享受的人，他们往往不顾自己的经济条件，不切实际地追求吃穿玩乐，在这种错误价值观的支配下，经常遭受挫折，造成心情闷闷不乐，或者牢骚满腹，这些都有害于心理健康。

二、培养良好的心理特征

人的心理特征与人的心理健康有着密切的关系。积极良好的心理特征能促进心理健康。情绪稳定、乐观、坚强、勤劳、与人为善、助人为乐等良好的心理品质都有利于心理健康，暴躁、任性、贪图安逸、心胸狭窄、虚荣心、嫉妒心等不良心理品质都有害于心理健康。人的心理特征是在生活与实践中发展的。人的心理特征具有一定的惰性，即一经形成就很难改变，但并不意味着不可改变。有的人了解自己的不良心理特征，但却认为这是不可改变的，这种认识既是错误的，也是有害的。

三、建立现代化的生活节奏感

改革对我们习惯了的慢节奏、低效率的生活方式是一个严重的冲击。为了适应改革的需要，为了承担更大的心理负荷，就必须主动改变慢节奏、低效率的生活方式，逐步建立快节奏、高效率的生活方式。在错综复杂的环境中，保持心理平衡。

四、有规律地生活

人们要根据自己生活、工作的实际情况，制定切实可行的生活时间表，把工作和休息安排好。有规律地生活，在学习和工作的时候埋头苦干；在休息的时候愉快地休息。使人产生生理上与心理上的节奏感，消除忙乱，有利于心理健康。

五、健康的身体

身体健康是心理健康的基础。坚持锻炼身体，保持身体健康是维持和增强心理健康的重要保证，也是心理健康的基本原则之一。应该指出，目前不少人不重视身体锻炼，在一定程度上影响了身体健康水平。有些青少年为了应付考试，埋头做作业，忽视体育锻炼。不少人吃完晚饭不去散步或走动，就坐下来看电视，天长日久身体发胖，影响身体健康。

六、良好的自我意识

良好的自我意识就是正确认识自己、评价自己、监控自己。一个人只有能正确地认识自己，知道自己的长处和短处，知道自己的优势和劣势，才能充分发挥自己的长处和优势，才能在工作、学习与生活中获得满意感，有助于心理健康。一个人不能正确认识自己，就不能正确评价自己，就难以在生活、学习与工作中发挥自己的优势，因而可能经常遭受挫折，致使情绪低落，心理失衡。人贵有自知之明，人可以通过自我体验来了解和评价自己，并采取有效的方法改造有害于心理健康的心理特点。另外，经常用心理健康标准来衡量自己的行为，促进心理健康。办事要根据自己的智力等情况量力而行，切不可设置经过努力而无法达到的目标，否则容易受到挫折，产生心理冲突、情绪不安，影响心理健康。一个人看到自己的同事工作取得了突出成绩，对此一定会有情绪反应。如果心里为他高兴，这就是一种羡慕的心情，是一种积极、健康的情绪体验，应该自己肯定自己。如果对同事取得的突出成绩不高兴，这是一种嫉妒心理，也是一种消极的情绪体验，自己要认识到自己的这种不利于心理健康的情绪反应，并努力改正。人们用自我观察方法正确了解自己、正确认识和评价自己，有效地调控自己，对心理健康非常重要。

七、树立正确的人生观

从少年时期起，人的自我意识就开始觉醒并逐渐成熟起来，能够进行自我估价、自我检查与自我督促，也能够基本正确地评价他人的行为。一个人树立了良好的世界观就能对社会、人生有正确的认识，就能科学地分析周围发生的事情，保证心理反应的适度，防止心理反应失常。

八、防止与克服心理冲突

主观的要求与客观的限制可引起强烈或持续的心理冲突。在一定的条件下，能够造成心理疾病。人在生活、学习与工作中，不可避免地会经常产生心理矛盾，但是要控制其强度不让它过于猛烈，持续的时间也不要过长。有了心理冲突要设法正确解决，不能消极对待。

九、参加有益的集体活动

一个人如果经常与集体隔离，不与周围的人交往，容易养成孤独的情绪，造成心情抑郁或孤芳自赏，影响心理健康。一个人经常参加有益的集体活动，并进行正常而友好的交往，可使人消除忧愁，心胸宽畅，心情振奋，精神愉快。

综上所述，在日常生活中，如果你能做到上述几条，就一定能保持良好的心理状态，促进心理健康。

心理小贴士

心理训练与心理咨询的区别是什么？

从广义上讲，心理训练就是有意识、有目的地对人们的心理施加影响的过程。从狭义上讲，心理训练就是采用一定的方法和手段使人们形成良好心理状态的过程。

心理咨询最初是由一群精神科医生创立的，知识基础来源于医学，操作模式来源于医疗模式。心理训练的知识基础来源于心理学，操作模式接近于体育。

由于这两个不同的理论出发点，前者着眼于提高普通人的心理机能，使其变得更强大，更具有竞争力，后者只着眼于将“低常”的人提升到“正常”的水平。举个例子，杨利伟等宇航员都接受过心理训练，其效果并非是治疗心理疾病，而是让他们的心理素质比普通人更强大，以便适应宇航员这种尖端工作。

心理咨询业者总是将人们的心理问题归结于心理疾病，将有心理问题的人视为病人，并试图加以“治疗”。而心理训练的前提是将人视为正常人，将出现心理问题的原因归结于某些心理机能不足，训练目标是强化人的各项心理机能。

既然心理咨询是要“治病”，那么其服务对象只能是整个人群中的一小部分，并且只是在这些人一生中的短暂时期提供服务。而心理训练则服务于每个人的一生，因为人的心理机能会在特定情况下发生衰退，比如在患病或者疲劳时意志力会下降、进入老年后记忆力下降等，这些都可以通过心理训练来改善。

人们寻求心理咨询和心理训练的出发点是一致的，那就是体验到强烈的负面情绪。但是对抑郁、焦虑、恐惧这些负面情绪的态度，心理咨询与心理训练完全不同。前者认为这就是需要解决的问题，必须采用各种方式让人们消除这些负面情绪；而后者认为这是一个人开始人格整合，进而在心灵上得到升华的契机。

心理咨询尽管有五花八门的流派，但总是逃脱不了“话疗”的色彩，即以谈话为主要手段。而语言主要是作用于抽象思维，通过抽象思维的改变间接影响其他心理机能，远远不及直接作用于那些心理机能来得有效。心理咨询进行到一定阶段，咨询师往往会对当事人说：“你需要改变自己，只有改变自己才能解决问题。”从这句话里我们能够看到心理咨询的边界。是的，当事人肯定需要改变自己，但不用咨询师来说，他自己都知道。心理训练不是用语言去提醒人们要改变自己，而是用实际操作帮助人们改变自己。

由于无法摆脱医疗模式的影响，心理咨询不管什么门派，主要是在一间咨询室里，由咨询师一对一地进行，这就决定了它的服务环境十分单调，对人们各种心理机能的实际影响十分有限。心理训练可以在任何情境下进行——教室、操场、专门修建的场所或者公共场所，甚至名山大川、旅游景点；既可以通过阅读、找咨询师面对面这种方式进行，也可以通过在线自助心理训练的形式进行。前者“关门”，后者“开门”。心理训练尤其强调要在当事人自己熟悉的环境里进行，因为人在那样的环境里，会暴露出更多自我。

人类自古以来就有各种提高心理机能、调整心理状态的方法——人文教育、道德修养、宗教、音乐、美术、体育、民俗、书法、武术，乃至各种健康的娱乐休闲。五花八门，形形色色，博大精深。心理咨询业者由于要强调自己的专业背景，总是试图把自己的工作内容和这些传统人格陶冶方式区别开来，试图另起炉灶，结果便是脱离现实。而心理训练则承认所有上述方法的效果，只是要运用心理学知识，对它们进行总结和提高，去粗取精，去伪存真。从这个抽象意义上来讲，心理咨询也是“关门”的，心理咨询师总戴着厚厚的面纱，做一些在公众看来很神秘的事。而心理训练则是“开门”的，它对整个人类文化成果打开大门，把基础建立在整个人类文明之上。

思考与学习

（1）大学生心理健康的标准是什么？

（2）如何增进大学生自身的心理健康？

（3）大学生心理健康教育中主要面临哪些问题？应如何调适？

（4）如何看自身心理健康中出现的问题？

心理训练营

心理团体辅导——相聚是缘

1. 活动准备

（1）准备多种颜色的卡纸，并剪裁成不同形状，剪裁好的数量与成员人数相等。

（2）室内、室外均可。

2. 活动流程

(1)所有成员抽取一张彩色卡片。

(2)寻找与自己卡片颜色相同的同学，并拼组成原来的形状。

(3)小组内互相讨论成员间是否有共同点。

(4)分享活动感受。

心理小测试

心理健康状况自测

中国科学院心理研究所王极盛副教授编制的《心理健康量表》，用于对自我心理健康状况进行测验。根据自己的实际情况，按无、轻、中、重、很重5个维度进行判断。

(1)身体衰弱。
(2)身体刺痛感。
(3)怕痛。
(4)皮肤破了不易好。
(5)动作迟钝。
(6)注意力难集中。
(7)记忆不好。
(8)丧失兴趣。
(9)难摆脱苦恼。
(10)为自己的病情苦恼。
(11)常为一些小事着急。
(12)平时情绪易紧张。
(13)过度关心身体健康。
(14)遇到紧急的事出汗或心跳加速。
(15)情绪易波动。
(16)思维迟钝。
(17)想象力贫乏。
(18)容易发怒。
(19)很难控制自己的情绪。
(20)精神不能放松。
(21)难入睡。
(22)为自己的病情焦虑。

测验标准：

基本无：心理健康水平高；2/3无，其余轻：心理健康水平一般；有半数无：心理健康水平较低；基本重或较重：心理不健康。

第二章　三尺龙泉万卷书，上天生我意何如——自我意识

我能感知自己，且只能感知自己。
我是一个小宇宙，神奇十足。
可别小看了一个我，个中充满着奥秘。

夜深人静时，人们常常会询问自己："我究竟是谁？""我努力奋斗到底是为了什么？""为什么我总是无法控制自己？"面对这些千百年来哲人、思想家不断追寻的问题，你是否感到困惑、无助？那么，恭喜你，你发现了人类历史上最复杂、最伟大的"自我之谜"。

人类自诩为万物之灵，总想探究宇宙自然的奥秘。然而，曾几何时，人类发现"自我"的存在才是谜中之谜。这里的"自我"指的就是自我意识。

心理定律

苏东坡效应——人们难以正确认识"自我"

有一位黑人父亲带着自己的儿子去参观画家凡·高的故居，儿子在看过那张木床下裂了口的皮鞋之后，就问父亲："凡·高不是位百万富翁吗？"父亲回答："凡·高是位连妻子都娶不上的穷人。"

第二年的时候，这位黑人父亲又带着儿子去丹麦，在安徒生的故居前，儿子又很困惑地问父亲："爸爸，安徒生不是生活在皇宫里吗？""安徒生是位鞋匠的儿子，他就生活在这栋阁楼里。"父亲答道。

这位黑人父亲是位水手，每年他都往来于大西洋各个港口，而他的儿子——伊东布拉格，是美国历史上第一位获得普利策奖的黑人记者。

过了20年，伊东布拉格在回忆童年的时候，说："那时候我家很穷，父母都靠出苦力为生。有很长一段时间，我一直认为我们这样地位卑微的黑人是不可能有什么出息的。好在父亲让我认识了凡·高和安徒生，这两个人告诉我，上帝没有轻看卑微。"

人们对于"自我"往往难以正确认识，从某种意义上讲，认识"自我"比认客观现实更为困难。社会心理学家将人们难以正确认识"自我"的心理现象称为"苏东坡效应"（源于苏东坡著名诗句"不识庐山真面目，只缘身在此山中。"）。

一位美国的心理学家做了一个实验，他想证明人们确实容易拔高自己。首先他找

来了25个人，这25人相互之间都是老熟人，所以他们也比较了解各自的优缺点。

心理学家让他们每个人分别根据文雅、幽默、聪明、爱交际、讲卫生、美丽、自大、势力、粗鲁这9个标准对包括自己在内的所有人排一个名词。比如，以文雅为标准，排出谁为第一，谁为第二……以粗鲁为标准，排出第一，第二……也就是说，每个人的每一个方面都有一个自我的评价，同时还有其他24个人做出的评价。最后，经过统计分析发现，这25 个人身上都有不同程度的夸大优点和掩饰缺点的倾向。比如，其中一个人自以为自己的文雅程度应该名列前茅，可是，再把其他24个人在这方面给他评定的名词平均一下，得出的结论是他的“文雅”程度仅列第二十几名。另外，还有一个人，对自己“讲卫生”的品质的名次比他人给他的平均名次提前了5名，对“聪明”和“美丽”的评价也都提前了6名。但是，对自己“势利”“自大”“粗鲁”程度的评定却比别人评的都低，他评定的名次比别人给他评定的后退了6名。

这个实验让我们看到，我们的自我评价通常比别人估计的要高，换句话说，就是我们很容易拔高自己。懂得了这一点，很多事情都可以弄明白了。为什么要谦虚谨慎、戒骄戒躁呢？其实，这就是为了克服我们有意无意地拔高和美化自己的倾向，使我们能更加科学、客观、公正地来评价自己。当然了，这里所说的谦虚谨慎等并不是要求大家随意去贬低自己，认为自己真的不行。“人贵有自知之明”，是说在看到自己的不足的同时，也要看到自己的长处，只有这样我们才能扬长避短，取得好成绩。另外，一个人的自我评价也不是在封闭着的自我意识中自然而然形成的，而是在与周围人的接触过程中，注意他们对自己的态度，想象他们对自己的评价，并把它作为一个客观标准内化到自己的心中而形成的自我形象。

“苏东坡效应”并非“天外来客”，它的产生有着一定的必然性。自从美国控制论专家创立出模糊集合论以来，以模糊集合论为核心的模棚理论就在全世界范围内得到了迅速发展。矛盾是普遍存在于客观世界中的，而模糊性亦寓于万物运动之中。鸡蛋可以孵出小鸡，而当小鸡未啄出蛋壳之时，我们总不能说它仍是蛋，也不能还称之为鸡。石蜡从固态变成液态的过程中，也会经过明显的过渡状态。客观世界就是在模糊与清晰的矛盾斗争中不断发展的。

同理，我们对自我的认识也是这样的。客观事物的模糊性都会反映在人的大脑中，这样就产生了概念上以及思维上的模糊性。因为人的思想一般都不能全面地、精确地反映客观事物，这就使人脑的模物性和不确定性时常大于客观的模糊性；而人类同时还具有自己的伦理、道德、意识、情操等各种观念，使得这一人文领域的模糊性变得比其他领域更加复杂。

从这里我们可以看出，“苏东坡效应”无疑是给我们敲起了警钟，提醒我们保持警觉，切勿盲目，力求对“自我”认识得更全面、清晰些。

克服“苏东坡效应”的办法，就是要深入“此山中”来一探幽微，再跳到“此山外”来览全景。总之一句话，那就是要从微观和宏观这两个视角的结合点上对准“焦距”。

第一节 意识——快乐的源泉

人们总爱假定幸福是有条件的，喜欢为自己的人生设定各种标准。而实际上，幸福、快乐是一种主观感受，是你的意识在此时此刻对外界信息的判断和反馈。它不是通过比较得来的，也不需要设定任何的时间、地点等附加条件。我们并非不快乐，而是让思维定式蒙住了享乐的心。我们要学会掌控意识，将日常生活中的点滴和当下的每一个细节都转换为乐趣的源泉。

破译心灵密码

我 是 谁

请你尽量写出20个“我是谁”，回答每次提问的时间为20秒，如果写不出来，可以略去，继续往下写。由于这是一个用于自我分析的材料，可以不给别人看，所以想到什么就回答什么，不要有什么顾虑。例如，我叫某某，我是一个诚实的人等。

我是……

我是……

……

现在我们看一下自己的答案，数一数自己一共写出多少个“我是谁”。“我是谁？”这个看似简单的问题却不是那么容易回答。这个测验可以帮助我们对自我进行一个梳理，从而更好地了解自己。如果我们仔细看一下自己的答案，也许你会惊奇地发现，“我”好像包括了很多方面的内容：我是一个大一的学生，我喜欢旅游，我有点内向但不失幽默等。

当我们思考自己是一个怎样的人时，头脑中浮现的种种关于自己的想法，就是我们所说的“自我意识”。自我意识也称自我，是对自己存在的觉察，即自己认识自己的一切，包括认识自己的生理状况（身高、体重等）、生理特征以及自己与他人的关系等。总之，自我意识就是自己对于所有属于自己身心状况的认识。

自我意识是个体意识发展的高级阶段。关于自我意识的解释和理论比较丰富，代表人物包括奥地利医生、精神分析学派创始人西格蒙德·弗洛伊德和美国人类学、自我心理学之父艾克里森等。1939年德国心理学、自我心理学之父海因兹·哈特曼发表“自我心理学与适应问题”标志着自我心理学的成立。此后，关于自我意识的理论越来越专业化、系统化、科学化。

一、什么是自我意识

关于“自我是什么”，心理学研究者还没有一致的看法。概念混乱的一个原因是“自我"并不是单一的实体，它有许多结构和过程。例如，关于"愉快"，以滑雪为例，自我的第一个方面是愉快本身的感觉或体验即哲学家所指的可感受性(qualia)或者感觉性(sentience)；第二个方面是有意识的识别，我的愉快感属于我——是我感觉愉快；第三个方面指注意的焦点——我能意识到或不能意识到我目前的愉快状态，如我能感觉到愉快但没有注意它，因为我集中精力滑雪下山；最后，我对自己是愉快的有一个稳定的表征即我能把自己看作是一个愉快的人，或者我认为"滑雪时，我总是感到愉快"。自我的这四个方面仅是自我的例子，说明了"自我"的复杂性。

自我是心理学的重要内容。精神分析学派创始人弗洛伊德提出了"自我的三结构说"，即本我(id)、自我(ego)和超我(superego)，从人格的三个维度上研究自我的发展。意识是人脑对客观事物的主观反映，意识既是心理学研究的重点，也是难点，与意识相对应的是"潜意识"。弗洛伊德曾用冰山做比喻，他认为意识只是冰山浮出水面的尖峰，而潜意识则是潜藏于海底的冰体，蕴藏深厚，但不被看到，在他的理论中强调了潜意识对人发展的重要性，如图2-1所示。

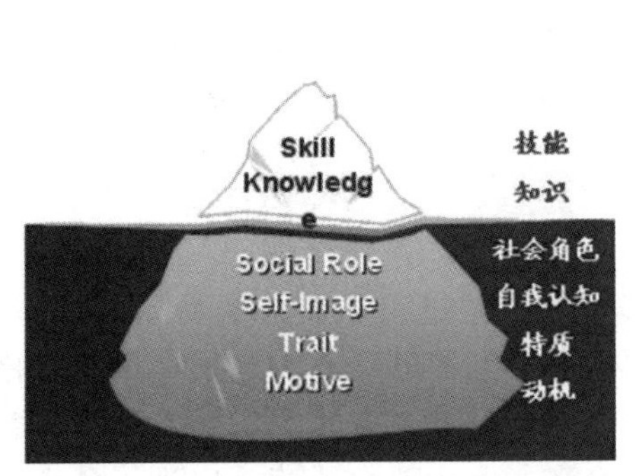

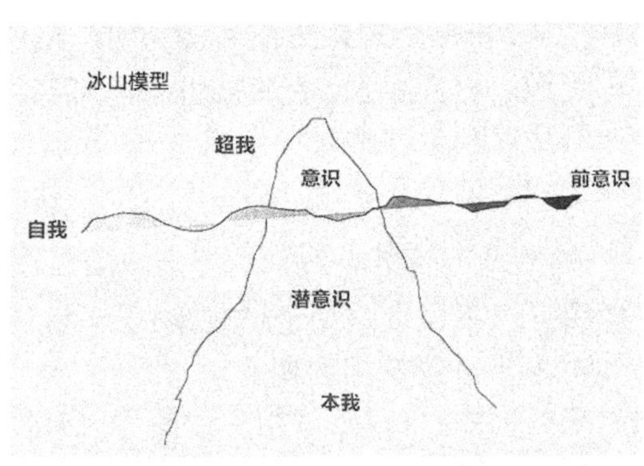

图2-1　冰 山 理 论

美国心理学家詹姆斯(W. Jame)提出，凡属于我或与我有关的事物都是自我的内容，如身体、品质、能力、愿望、家庭等。自我从物质自我、精神自我和社会自我三个层次起作用。

社会心理学家库利(C. H. Cooley)指出，自我是一面镜子，它从别人那里反映自己的行为，自我是经历无数次他人评价而形成的社会产物。而米德(G. H. Mead)则认为，自我分为主体我(I)和客体我(me)，主体我代表每个人的自然特性，而客体我代表自我社会的一面；主体我先于客体我形成，客体我形成需要很长时间。自我意识的发展包含主体我与客体我不断对话。

自我意识(Self-consciousness)是意识的核心部分，就是自己对自己的认知。它包含自我认知、自我评价和自我控制。如果再进一步简化，自我意识是对自己及自己与周围环境关系的认识，包括对自己存在的认识，以及对个体身体、心理、社会特征等方面的认识。这种认识是个体通过观察、分析、比较外部活动、情境及社会等途径获得的，是一个多维度、多层次的心理系统。

二、自我意识的作用

1. 决定个体行为的持续性与目标性

人是社会的动物，人的行为既受诸多社会因素决定，又在很大程度上与自己的自我意识有着很大的关系。每个人的现实行为，并不单是由其所在的情境决定的，而且更重要的是与自我认知、自我意识有着密切的联系。那些自我意识积极的学生，其成就动机和学习投入及学习成绩也明显优于那些自我意识消极的学生；当学生认为自己的声名不佳时，他们会放松对自己行为的约束。可以说，个人怎样理解自己，是保证个体如何行为及以何种方式行为的重要前提。

2. 决定个体对经验的解释

不同的人可能会获得完全相同的经验，但每个人对这种经验的解释却可能有很大的不同。解释经验的方式取决于一个人的自我意识。一个自认为能力一般，只该获得平均成绩的学生，对于比较好的成绩会认为是取得了极大的成功，感到十分满足；而对于同样的成绩，一个自认为能力优秀、应当获得出众成绩的学生，会被解释为是遭到了很大的失败，并体会到极大的挫折感。事实证明，当个人的既有自我意识消极时，每一种经验都会与消极的自我评价联系在一起，而如果自我概念是积极的，每一种经验都可能被赋予积极的含义。

3. 影响个体的期望水平

自我意识不仅影响到个体现实的行为方式和个体对过去经验的解释，而且还影响到个体对未来事情发生的期待。这是因为，个体对自己的期望是在自我意识的基础上发展起来的，并与自我意识相一致的，其后继的行为也取决于自我意识的性质。研究发现，差生的成绩落后并不是孤立存在的，而是他的整个行为动力系统都出现了角色偏离的结果。成绩长期落后对于普通学生是不正常的，但对于差生，由于他们的整个行为动力系统都出现了偏离，并在偏离的状况下形成了一个新的自相一致的系统，因而在系统内部一切都并没有不正常。换言之，落后的学习成绩正是差生自己“期待”的结果。

破译心灵密码

石头的价值

他很普通，没有什么大作为，因此一直觉得活着没有什么意义。他向一位哲学家请教：“您能告诉我，像我这样的人，活着有什么意义吗？”哲学家想了想，便随手拾起树底下的一块石头来，递给他说道：“你把这块石头拿到市场上去卖，但是要记住，无论别人出多少钱，你都不要卖。”他这样做了。没想到的是，由于他坚决不肯出售，人们反而认为他的石头里藏着什么秘密，因此价越出越高。

第二天，按照哲学家的意思，他又把石头拿到了玉石市场来卖。结果，由于他还是不肯出售，价格又是一路飙升，已经远远超过了玉石的价值。

第三天，哲学家又让他到珠宝市场去卖这块石头。最终，奇迹出现了，这块本来一文不值的普通石头成了整个珠宝市场价格最高的商品，人们甚至以为它是千年不遇的珍奇化石。

“怎么会这样呢?”这人非常奇怪地问哲学家，“这明明是一块再普通不过的石头嘛。”

“但是，”哲学家回答道，“当你非常珍惜它，把它当成稀世珍宝时，它便拥有了无上的价值，生命不也一样吗?”这人一下子明白了。

这则故事告诉我们：人生的价值，是由人自己决定的。一个人只有做到自我珍视，逐渐充实和完善自身，不断提高自己的修养和品味，世界才会越来越认同他的价值。

三、自我意识的结构

自我意识发展反映了人对自身意识的心理活动结果，以及人经历知、情、意、行时的心理过程。在这个意义层面，自我意识的结构可以分为三个层面，即：反映知觉过程的自我认识，比如自我感觉、自我观察、自我分析和自我评判等；反映情绪情感过程的自我体验，比如自爱、自尊、自怜、自恃、自卑、责任感、道德感和优越感等；反映意志过程的自我控制，比如自立、自主、自制、自强、自律等。

1. 自我认识

自我认识是主观自我对客观自我的认识与评价，自我认识是自己对自己身心特征的认识，自我评价是在这个基础上对自己做出的某种判断。正确的自我评价对个人的心理生活及其行为表现有较大影响。如果个体对自身的估计与社会上其他人对自己的客观评价距离过于悬殊，就会使个体与周围人之间的关系失去平衡，从而产生矛盾，长此以往，会形成稳定的自满或自卑，这不利于个人心理上的健康成长。

2. 自我体验

自我体验是主体对自身的认识而引发的内心情感体验，是主观自我对客观自我所持有的一种态度，如自信、自卑、自尊、自满、内疚、羞耻等。自我体验往往与自我认知、自我评价有关，也和自己对社会的规范、价值标准的认识有关，良好的自我体验有助于自我监控的发展。进行自我体验训练，就是让自己有自尊感、自信感和自豪感，不自卑、不自傲、不自满，如随着年龄增长，我们懂得做错事会感到内疚，做坏事会感到羞耻。

3. 自我监控

自我监控是自己对自身行为与思想言语的控制，具体表现为两个方面：一是发动作用；二是制止作用，也就是支配某一行为，抑制与该行为无关或有碍于该行为进行的行为。进行自我认知、自我体验是为了进行自我监控，调节自己的行为，使行为符合群体规范和社会道德要求。通过自我监控调节自己的认识活动，提高学习效率。为提高我们的自我监控能力，重点应放在促使一个转变上，即由外控制向内控制转变。我们的自我约束能力较低，常常在外界压力和要求下被动地从事实践活动，比如只有教师要求做完作业后检查，你才会进行检查。针对这种现象，我们应学会如何借助于外部压力，发展自我监控能力。

心理小贴士

乔韩窗口

美国心理学家Jones和Hapy提出的关于人自我认识的窗口理论，被称为乔韩窗口理论。他们认为人对自己的认识是一个不断探索的过程。

因为每个人的自我都有四部分：

（1）公开的自我，也就是透明真实的自我，这部分自己很了解，别人也很了解。

（2）盲目的自我，即别人看得很清楚，自己却不了解的部分。

（3）秘密的自我，即自己了解但别人不了解的部分。

（4）未知的自我，即别人和自己都不了解的潜在部分，通过一些契机可以激发出来。

在自我认识的过程中，通过与他人分享秘密的自我，通过他人的反馈减少盲目的自我，人对自己的了解就会更多更客观。

1. 从我与人的关系认识自我：与他人比较，标准如何

人在社会逃不过与人交往，他人就是反映自我的镜子，与他人交往，是个人获得自我认识的重要来源。

大文豪苏轼写道："不识庐山真面目，只缘身在此山中。"认识自己有时候的确比较难，一般来说，当局者迷，旁观者清，周围的人对我们的态度和评价能帮助我们认识自己、了解自己。我们要尊重他人的态度与评价，并冷静地分析。对于他人的态度与评价，我们既不能盲从，也不能忽视。

我们先从家庭中的感情扩展到外面的友爱关系，进入社会又体验到人与人之间的利害关系。有自知之明的人能从这些关系中用心向别人学习，获得足够的经验，然后按照自己的需要去规划自己的前途。但是通过和人比较认识自己应该注意比较的参照系。

（1）跟别人比较的是行动前的条件，还是行为后的结果？比如，大学生来大学学习，如果认为自己来自农村，条件不如别人，一开始就置自己于次等地位，自然影响心态和情结，而大学毕业后看行动后的成绩才有意义。

（2）必须明白，跟人比较是看相对标准还是绝对绝对标准？是可变的标准还是不可变的标准？经常有一些人，认为自己不如他人。但其实他们关注的可能是身材、家世等不能改变的条件，没有实际比较的意义。

（3）比较的对象是什么人？是与自己条件相类似的人，还是个人心目中的偶像或极不如自己的人？确立一个合理的参照体系，明确一个合理的立足点，对于自我认识尤为重要。

2. 从我与事的关系认识自我：成败经验

（1）通过自己的成就经验了解自己。通过自己所取得的成果、成就、经验中了解自己，也是一种学习。不经一事，不长一智。成败得失，其经验的价值也是因人而异的。

（2）通过自己的失败经历认识自我。对聪明又善用智慧的人来说，成功、失败的经验都可以促他再成功，因为他们了解自己，有坚强的人格特征，善于学习，因而可以避

免重蹈覆辙。

(3)通过自己的成败经验获得自我意识。对于某些自我比较脆弱的人来说，失败的经验更使其失败。他们往往不能从失败中学到教训，改变策略追求成功，而且挫败后形成怕败心理，不敢面对现实，去应付困境或挑战，甚至失去许多良机；而对于有些自我狂大的人而言，成功反可能成为失败之源。他们可能幸得成功便骄傲自大，以后做事便自不量力，往往遭失败的多，或成长过于顺利，又有家世、关系，而一旦失去"保护源"，便一蹶不振，不能支撑起独立的自我。因此一个能够通过自己的成败经验中获得的自我意识的人，才有成功的希望。

3. 从我与己的关系中认识自我：自己眼中的我，自己心中的我

古人曰："吾日三省吾身。"这就是指可通过自我观察认识自己。要认识自己，我们必须要做一个有心人，经常反省自己在日常生活中的点滴表现，总结自己是一个什么样的人，找出自己的优点和缺点。自我观察是我们自我教育、自我提高的重要途径。

(1)自己眼中的我。个人实际观察到客观的我，包括身体、容貌、性别、年龄、职业、性格、气质、能力等。

(2)别人眼中的我。与别人交往时，由别人对你的态度、情感反映而觉知的我。与自己不同关系的人对自己的反应和评价不同，它是个人从多数人对自己的反应中归纳出的统觉。

(3)自己心中的我，也指自己对自己的期许，即理想我。我们还可以从实际的我、自觉别人眼中的我、自觉别人心中的我等多个"我"来全面认识自己。但是，对于现代人而言，虽然有多个"我"可供认识自己，但形成统合的自我观念比较困难。因为现代社会急剧变迁，又受到改革开放后多元价值的影响，使现在的社会人的自我认识难以客观、全面，这需要加强自律，好好学习，天天向上。

第二节　大学生自我成长三部曲

一、自我意识的分化

青年期自我意识的发展是从明显的自我分化开始的。原来完整笼统的"我"被打破了，出现了两个"我"：主观的我和客观的我。伴随着主我和客我的分化，"理想我"和"现实我"开始分化。自我意识分化是自我意识开始走向成熟的标志。

二、自我意识的矛盾

自我意识的分化带来了主体我与客体我的矛盾斗争，呈现出不断加剧的理想我和现实我的矛盾，表现出明显的内心冲突，甚至有很大的内心痛苦和激烈的不安感。大学生自我意识的矛盾主要表现在以下几个方面：

1. 主观我与客观我的矛盾

由于大学生活范围比较窄，自我认识有局限性，而社会对他们的期望又较高，使大学生对自我认识产生矛盾。

2. 理想我和现实我的矛盾

学生富于理想、成就欲望强，然而，他们较少接触社会，还不能很好地把理想和现实有机地结合起来。

3. 独立意向与依附心理的冲突

大学生独立意向增强，但他们在心理上又依赖成人，无法真正做到人格上的独立，造成独立和依赖的矛盾。

4. 交往需要和自我闭锁的冲突

大学生迫切需要友谊、渴望理解、寻求归属和爱，然而大学生同时又存在着自我闭锁的趋向，使不少大学生常处于孤独感的煎熬中。

三、自我意识的统一

自我意识分化、矛盾所带来的痛苦不断促使大学生寻求方法以求得自我意识的统一，即自我同一性。自我同一，主要指主体我和客观我的统一、自我与客观环境的统一、理想我与现实我的统一，也表现为自我认识、自我体验、自我监督的和谐统一。

消除矛盾，获得自我统一的途径有三条。

（1）努力改善现实自我，使之逐渐接近理想自我。

（2）修正理想自我中某些不切实际的过高标准，使之与现实自我趋近。

（3）放弃理想自我而迁就现实自我。

案例分析

小范的“痛苦”

小范来自农村，家境不佳，相貌平平，个子矮小，他从内心深处有一种自卑感。他一方面努力完成学业，另一方面也要为生计奔波，在别人的眼里他是个坚强而有头脑的人。而他却不这样认为，他觉得这只是一种无可奈何的选择。平常的他可以与周围的人融洽相处，似乎是个开朗的人。但他说这不是他。他不敢与人谈自己的家和那份奔波的辛苦，因为这些都是心底最隐秘的东西，是让他感到极度自卑的地方，想改变却又是徒劳的。他认为这个自卑的我才是真正的“我”，而那个外在的“我”不过是个假象而已，从来也不曾真实地存在过。后来，他考上了研究生，但这并没给他带来喜悦，从读研的第一天开始，他就准备换个专业，他在学业、生活中拼搏，以此来减轻自卑感。后来他爱上了一个女孩，但由于自卑，他没有勇气表白。

点评：小范的“痛苦”是典型的自我意识误区的表现。他无法将外在的“我”与内在的“我”统一起来，认为自己的外在的“我”只是个假象而已，并不真正存在，从而不能在心理上认同这样一个自我形象，只认定那个自卑的自我形象。所以，无论事实上他有多优秀、多出色、多成功，他都不能真正认同，他的骨子里依然是自卑的。这样的自我意识误区致使他始终摆脱不了自卑的阴影，无法形成正确的自我概念和树立健康的自我形象。

第三节　大学生自我意识的发展特点

一、强烈关心自己的发展

大学生要围绕个人发展、个人和社会的关系，主动积极地探索自我，能自觉地把自我的命运和集体、国家的命运结合起来。

二、自我评价能力趋于客观

由于各类知识增多，生活经验扩大，感性与理性趋于成熟，大多数大学生对自己的分析、评价逐渐变得客观、全面。

三、自我体验丰富而复杂

一般说来，大学生自我体验的情感基调是积极的、健康的。大多数大学生喜欢自己、满意自己、自尊、自信、好胜，但是大学生自我体验也比较复杂，他们敏感、闭锁，且有一定程度的波动性。

四、自我控制的能力提高

大学生自我控制的能力有很大提高，自觉性、坚持性、独立性和稳定性显著发展，有强烈的自我设计和自我规划的愿望，希望根据自我设计目标自觉调节行为。

五、自我意识水平存在年级差异

不同年级的大学生在自我的发展方面存在明显差异，其中大学二年级是大学生自我意识最低、内心矛盾冲突最尖锐、思想斗争最激烈、回顾与展望时间最多的时期，是大学生自我意识相对稳定阶段中的不稳定时期，但也是一次新的上升时期，因此也称之为大学生自我意识发展的转折时期。

第四节　大学生常见的自我意识偏差

总体来说，大学生自我意识发展水平较高，但尚未完全成熟，因而容易出现各种发展偏差，引起自我意识发展问题，以致自我意识过强或过弱，影响大学生的健康成长。大学生常见的自我意识偏差主要表现为以下几个方面。

一、追求完美

尽管“爱美之心，人皆有之”，追求完美是人类健康向上的本能，但过分追求完美则容易引发自我的适应障碍。

案例分析

追求完美的心理历程

陈同学曾是班长，是班上大小活动的积极分子，学习成绩在班上也是一路领先，每次考试都是全班第一。老师每次在班上列举表扬的例子，他都是名列其中。然而一次外语考试，他却从以往的第1名掉到了第10名。从此，他变得沉默寡言，也很少再主动提出搞一些文娱活动。后来经医院诊断，他患了严重的精神忧郁症。

点评：大学时代，很多人都会对自己有一个美好的构想，希望自己尽量完美。追求完美本身没有错，在一定程度上追求完美可以让自己不断获得提升的能力，但如果要求事事必须完美，不能有丁点不如意，这样的渴求容易使人陷入难以自拔的困境。该同学主要表现为：对自己持有过高的要求，期望自己完美无缺，却不顾自己的实际状况。不能容忍自己“不完美”的表现，对自己“不完美”的地方过分看重，甚至把人人都会出现的、人人都会遇到的问题看成是自己“不完美”的表现。

过分追求完美者的自我改善途径和方法有：一是树立正确的认知观念。人不可能十全十美，每个人都有优缺点，也都会遇到成功和失败。一个人应该接纳自己并肯定自己的价值，不自以为是，也不妄自菲薄。二是建立合理的评价参照系和立足点。通过与不同对象的比较来进行自我评价，可以得到不同结论，从而激发或者压抑人的积极性。人应该立足自己的长处，接受并尽力改进自己的短处。三是制定合理恰当的目标。在充分了解自己的基础上对自己有恰当的目标和要求，目标要符合自己的实际能力，不苛求自己，不被他人的要求左右。四是接纳自己的不完美。尺有所短，寸有所长。每个人都是独特的、与众不同的，我们应该欣赏自己的独特性，不断自我激励。

二、过度自卑

自卑感是对自己不满、否定的情感，往往是自尊心屡屡受挫的结果。

案例分析

我总不如别人

吴某，男，重点大学二年级学生。自进入大学后，一直很自卑，父母都是农民，家境贫寒。以前因为在中学时成绩拔尖，深受老师和同学的器重，自己也因此忽视了家庭的贫困和普通。为了让他上大学，家里负债累累。进了大学后，自己又借了不少钱以掩饰自己的贫困和普通。原以为到了大城市，会有很多机会，可以通过打工来补贴自己，但实际上很难。曾想了许多办法来提升自己的素质（比如参加社团、看书、看展览会、考证书等），但实施之后，往往都是半途而废，从而感到自己脱离不了贫穷，走不出社会的底层，自己不会有好的前途，不可能光宗耀祖，甚至找女朋友在西安成家都很困难。

点评:该同学属于过度自卑者,主要表现是:自我认识不客观,往往只看到自己的缺点而忽略了自己的长处,不能容忍自己的缺点和弱点。否定、抱怨、指责自己,看不到自己的价值,夸大自己的不足,感到自己什么都不如他人,处处低人一等,丧失信心。

过分自卑者的自我调适方法有:应对其危害有清醒的认识,有勇气和决心改变自己。应客观、正确、自觉地认识自己,无条件接受自己,欣赏自己的优点,接纳自己的缺点,做到扬长避短。正确地表现自己,对自己的经验持开放态度,勇敢地表现自我。根据经验,调整期望,确立合适的抱负水平,区分长期目标和近期目标,区分潜能和现在表现。对外界影响保持相对独立,正确对待得失,勇于坚持正确的观点,改正错误的行为,同时保持一定程度的容忍。

三、过度的自我接受

自我接受是指自己认可自己,肯定自己的价值,对自己的才能和局限、长处和短处都能客观评价、坦然接受,不会过多地抱怨和谴责自己。对自我的接受是心理健康的表现,但过度的自我接受则是心理不健康的表现。

具体表现为:他们拿放大镜看自己的长处,拿显微镜看他人的短处。他们的人际交往模式是"我好,你不好""我行,你不行"。过度自我接受者的自我调适方法有:要看到自己的不足,承认自己也需要不断完善。要看到他人的长处,欣赏他人的独特性。多与他人交往,以开放的心态尊重他人,认真对待来自他人的反馈意见。

案例分析

我行,你不行

某女,20岁,大学二年级学生,1.65米,是学校舞蹈队队员,认为自己长得非常漂亮、才能超群。参加活动积极、踊跃,喜欢卖弄自己,认为自己什么都行。穿着鲜艳、时尚,常常对同学不屑一顾,看不起周围同学,认为女生穿衣没品位,男生就知道献殷勤。她担任班上文娱委员,什么工作都喜欢插一手,喜欢指使、支配别人做事,而对别人提的意见却总不能接受,认为自己做的都是对的、好的,别人没有资格评论。后来喜欢上一个男生,并向他表白了。他也接受了,但是没过了两天,他就提出分手。这时,她很郁闷:"他怎么能不喜欢我呢?那么多人都喜欢我。他后来找的那个女生怎么能和我比呢?"

点评:肯定自己的价值,对自己的才能和局限、长处和短处都能客观评价、坦然接受,不会过多地抱怨和谴责自己。对自我的接受是心理健康的表现。而过度自我接受是指过高地估计自我,对自己的肯定评价超越自身的实际。常常用放大镜来看自己的长处,甚至把缺点也视为长处,拿显微镜看他人的短处,把别人细微的短处找出来,他们的人际交往模式是"我好,你不好""我行,你不行"。

过度自我接受的调适方法有四种。

(1)接受批评是根治过度自我接受的最佳办法。过度自我接受的致命弱点是不愿意改变自己的态度或不愿意接受别人的观点,接受批评即是针对这一特点提出的方法。它并不是让过度自我接受者完全服从于他人，只是要求他们能够接受别人的正确观点，通过接受别人的批评，改变过去固执己见、唯我独尊的形象。

(2)与人平等相处。自负者视自己为上帝，无论在观念上还是行动上都无理地要求别人服从自己。平等相处就是要求过度自我接受者以一个普通社会成员的身份与别人平等交往。

(3)提高自我认识。要全面地认识自我，既要看到自己的优点和长处，又要看到自己的缺点和不足，不可一叶障目，不见泰山，抓住一点不放，这样未免失之偏颇。认识自我不能孤立地去评价，应该放在社会中去考察，每个人生活在世上都有自己的独到之处，都有他人所不及的地方，同时又有不如人的地方，与人比较不能总拿自己的长处去和别人的不足比，更不能把别人看得一无是处。

(4)要以发展的眼光看待过度自我接受，既要看到自己的过去，又要看到自己的现在和将来。辉煌的过去可能标志着你过去是个英雄，但它并不代表着现在，更不预示着将来。

破译心灵密码

快乐与痛苦

快乐，归根结底来自于你让别人分享你的成功，来自于你对他人的帮助。如果人生观不改变，神仙也没办法。从大多心理门诊的接诊情况看，只有10%的抑郁者是体内缺乏5-羟色胺，需要服用药物治疗的，这叫作化学性抑郁。另外90%的抑郁者是外界压力型抑郁和认知型抑郁。焦虑症也是如此，由于现实与目标距离太远，难以达到，时间一久，有的人就出现了失眠、紧张、恐惧、担忧、急躁等问题，进而发展为神经官能症。

痛苦来自对自己的过分关注。同样一件事，当以我为中心考虑时，就会感到愤怒、沮丧、痛苦。若换一个角度，为对方考虑，就会对对方产生同情，并积极想办法改变这种局面，自己也不会受到负面情绪的伤害。因此，改变命运，先要改变性格，改变性格先从改变态度做起，让自己的态度从消极转变为积极，改变态度，就要学会不仅关注自己，更要关注他人。

四、自我中心

大学是自我意识发展最强烈的阶段。大学生们强烈关注自我，往往从自我的角度和标准去认知、评价和行动，从而容易出现以自我为中心的倾向，但过度地以自我为中心会扭曲自我。

以自我为中心的表现主要是：凡事从自我出发，不能设身处地地进行客观思考。只关心自己，遇事先替自己打算，不顾及他人的感受和需要。

案例分析

我该如何自处

小阳是大三的一名学生。一直以来，他都觉得周围的人都不喜欢他，都对他不满。三年来，几乎没有朋友，同学间也鲜有来往，他很孤独，但从内心来讲他却很想交朋友。

一开始，小阳和同学们还是有来往的。一次在寝室看到几个同学在忙碌，小阳便问有什么喜事，同学们说晚上有一同学过生日，问是否愿意一起去，每人凑30元。小阳觉得没有能力承担，要是20元就去了。但这次以后，同学过生日再也没有人喊过小阳了。

还有一次，有一个同学因为小阳帮助了他所以要请小阳吃饭。在饭馆等他的时候，小阳觉得很饿便自己先点了一份面条。结果这位同学来了以后非常生气，并责问小阳，是不是以为他请不起。但小阳觉得饿了先吃一点，很正常。两人不欢而散。

大二的时候，小阳忍受不了同寝室三人的吵闹，就到校外租了房子。虽然清净多了，但是同学都不理他了。

对小阳不满的还不仅仅是同学。小阳的姨妈到小阳家走亲戚，亲自下厨做了一桌子菜。姨妈当时说汤太烫了，要大家慢慢吃。小阳接了一句“正好去毛(死猪去毛开水烫)！”。姨妈非常不高兴。其实小阳只是开玩笑而已。

另外，小阳说他和人讲话时总想表现自己的独特性，也想开玩笑，表现自己的幽默。一般人的常用语基本不用，认为太平常、没意思。

点评：小阳的主要问题是在人际关系交往上以自我为中心来思考和看待问题。对于小阳所讲的四件事，他的思考方向都是从自我的角度思考其行为的合理性，明显缺乏换位思考。所以小阳在思考和解决他所面临的问题时不能正确地归因，更不能从他人的角度去反思其行为的不和理性。

从以上的分析我们可以看到，大学生自我意识发展过程中出现的错误、偏差是心理还不成熟的表现，这是由其身心发展状况和成长背景决定的，因而是普遍的、正常的，但也是必须调整的。只有认识到这一点，才有可能去面对它、正视它、解决它，从而达到自我真正的统一。

自我中心者的自我调适方法有：摆正自己的位置，既重视自己也不贬低他人，自觉地把自己和他人、集体结合起来，走出自己的小天地。实事求是、恰如其分地评估自己，既不骄傲自大，也不妄自菲薄。学会移情，多设身处地地从他人的角度思考问题，尊重他人的感受，关心他人。

心理小贴士

自我中心性

美国耶鲁大学史端博教授认为，愚蠢的第一表现就是“自我中心性”。而美国斯坦福大学心理学系进行的实验则向我们展示了人类是多么的以“自我”为中心。

在试验中，研究人员将两名大学生分成一组，其中一人用手指敲打桌子演奏某首歌曲，而另一人则需要猜测对方演奏的是什么。此时，演奏者既不能告知对方歌名，亦不可哼唱，只能用手指敲打桌子以表现曲调。当演奏结束以后，扮听众的一方需要猜测歌名，并将其记录下来，而演奏者则需要猜出并记录对方猜对的概率。

实验以这种方式反复进行几次，最终，演奏者的期望值和观众的正确度，又会各是多少呢？

实验结果显示，至少有50%的演奏者认为，听众在听过自己的演奏以后，应该能够猜对歌名，但是，真正猜对的人却只有2.5%！也就是说，真正能够听懂的听众甚至连25%都没达到，而只有可怜巴巴的2.5%。这种结果是不是让人感到有些不可思议？难道演奏者的手指演奏有问题吗？

我们不妨自己做一下这个实验，由你本人充当演奏者，顺着"噢！必胜KOREA"的节奏，用手指在桌子上敲打、演奏。这时，如果你闭上眼睛，头脑中应该会出现自己要演奏的音乐，并会伴有架子鼓声、贝斯声，以及铿锵有力的欢呼声。"噢~"的部分，强力敲打，"必胜KOREA"部分，缓和节奏，然后再上升到"噢~"部分，又是强力敲打……当你睁开眼时会发现，自己已然在不经意间开始耸动肩膀了。是不是感觉这是一场很享受的演出？节拍、音乐、情感……无论从哪方面来说都无可挑剔、堪称完美。

那么，再让我们换个角度，当回观众吧。你在不知道对方演奏什么曲目的情况下，只能凭借该人用手指打出的节拍来猜测歌名。没有歌词、没有哼唱、没有架子鼓声、电子琴声等任何音律，有的只是根本揣测不出任何意义的敲击声。你丝毫感觉不到任何旋律或演奏所带来的兴奋，无论你怎样努力，试图进入状态，耳边响起的声音只是"啪……啪……"可相反，这时演奏者却会认为，他向别人传达的是自己头脑中所形成的、可谓幻想性的节奏。

一旦进入名为"自我"的框架中，我们时常会认为，自己表达出的意志既正确又客观。但是，我们所传达的语言、记录、文字信息、邮件信息等，其实只在我们自己的心中是清晰的，别人若以自身的心态去参详，就会感到含糊不清、不确定，而在这种因信息传达不正确引发的误会和矛盾面前，人们又往往会误认为是对方没感觉、没能力、冷漠无情。

父母总是会以"学前教育"为借口，将那些难度高于孩子所处年龄段的知识，硬塞给自己的子女，且又经常会把"这么简单你都不会"挂在嘴边。很显然，做父母的并没有意识到，这些知识其实只是对大人而言才是简单的。男女关系中同样如此，面对数小时一直闷闷不乐的女友，男友往往不会去安慰她，反而会说："只不过开个玩笑，你就这样小肚鸡肠！"这是因为他并不知道，虽然在自己看来这只是个玩笑，但对于女朋友而言，她的内心已经受到了伤害。

我们经常要求对方"当别人打你右脸时，将左脸贴上去让他打"，可事实上，别人若是打你的右脸，你一定会迅速还他一记左勾拳。

第五节　大学生健全的自我意识的养成

一、健全的自我意识的标准

自我意识对人的心理健康起着很重要的作用，它制约着人格的形成与发展，在人格的优化中发挥着强大的动力功能。健全的自我意识是心理健康的重要标准，是人类自身内在的一种重要机制，在人才发展中发挥着重要作用。健全的自我意识有如下标准：

（1）自我意识健全的人，应该是一个有自知之明的人，既知道自己的优势，也知道自己的劣势，能正确评价自我和自我发展。

（2）自我意识健全的人，应该是自我认识、自我体验和自我控制相协调一致的人。

（3）自我意识健全的人，应该是积极自我肯定的、独立的并与外界保持一致的人。

（4）自我意识健全的人，应该是理想自我与现实自我统一的人，有积极的目标意识和内省意识，积极进取、永无止境。

心理小贴士

人类自我意识的觉醒

古希腊的智者运动是人类自我意识的第一次觉醒。“人是万物的尺度”是智者学派代表普罗泰戈拉的思想。“顺应自然的生活就是至善”则是斯多亚学派西塞罗的观点；“只有品德才是区分人类的标准”“人是一件多么了不起的杰作！……宇宙的精华！……万物的灵长！”都是文艺复兴时期的观点。

二、大学生健全的自我意识的养成途径

自我是人生的发展任务，大学是自我发展的关键时期。只有准确认识自己，合理规划人生，为理想自我而奋斗，并能接纳不完善的自我，才能最终实现自我和谐。大学生健全的自我意识的养成方法包括分析与反省自己、规划自我、控制自我和取悦自我。

1. 分析与反省自己

时常把自己作为认识的对象，认真分析和反省。对自己的认识可以通过测量工具或活动来完成，也可以凭经验分析自己的生理自我、心理自我和社会自我是否都具备，三者之间是否协调统一等。

2. 规划自我

在现实我的基础上，规划理想我。用理想我指导自我发展，明确发展的方向与目标、步骤与内容、措施与途径。

3. 控制自我

自我认识和规划属于心理层面的活动，这些活动为个体实际行为服务，自我也必须通过实践行动才能得以发展。这就需要自己能够控制自己，严格要求自己。

例如，给自己做不同时段的时间计划表（学年计划表、学期计划表、月计划表、周计划表），详细列出应该做的事情和所需的时间，并按时间表的要求去完成；采取循序渐进的原则发展自己，每次对自己提的要求不要太高；在身边熟悉的人中，给自己找一个可模仿的榜样，以榜样激励自己；当经过努力实现预期目标后，可以自我奖赏——看电影、吃西餐、买几件漂亮衣服等。

4. 取悦自我

世间没有完美的人，所以人们要悦纳不完美的自己。忽略身高、外貌、家庭背景这

些不可改变的特征，把注意力放在可改变的特征上，如学识、能力等；理性对待自己的优点和不足，不夸大和逃避。

心理小贴士

自我认同感及其建立

一个自我认同充分的人，内心会有更多安全感，能够很好地找到自我定位，并且顺着这个方向前进。自我认同充分的人生，其核心力量会非常清晰，不会因一些物质和外表上过分的诱惑而冲昏了头脑，也不会因为谁的目光而改变自己。

所谓自我认同，就是个体根据自己的个人经历，进行反思，进而理解自我，所以这种自我认同并不是与生俱来的，而是需要在成长的过程中慢慢培养起来的。

成长期的孩童，其自我认同感的培养和外界的反馈息息相关。因为在这个时期，孩子的理性思维能力以及事物的客观评判能力都还没有得到足够的发展。他们对于事物评价的依据主要来源于别人的评价，尤其是身边最亲切的人的评价，比如他们的父母。

所以，如果父母觉得他们是优秀的，并适时适量地给予赞扬，他们就会觉得自己真的很优秀，并且为了得到赞扬而努力去使自己更优秀。同样，父母总是给予批评，他们就会认为自己是不好的，是能力不足的，做什么都不会成功，这样的孩子就可能形成懦弱的性格。

事实证明，孩童时期形成的自我认同的高低会对其将来的发展造成很大的影响。回想一下，你有没有出现过这样的感觉，有一段特定的时期，你高度怀疑自己，不知道自己是谁，不能确定自己在做的究竟是什么事情，不知道自己想要什么，不知道未来的方向在哪里，并且为此感到迷茫、无助。

这种没有自我、没有重心、缺失方向的感觉，其实就是自我认同感的缺失造成的。特别是青春期，这种感觉尤其强烈，有的孩子甚至因为太缺乏自我认同感而走上了极端的道路。

由此可见，自我认同感的培养是很重要的，了解自我是谁，能更好地去爱自己，才有可能去爱别人，去关怀别人。

思考与学习

(1)什么是自我意识？

(2)你对自己的认识全面、客观吗？

(3)怎样才能更好地发展自我、提升自我？

心理训练营

心理团体辅导——相识与信任

1. 活动准备

(1)指定或自愿担任小组长，召开小组长会议，建议跨寝室、性别成立合作小组，每组6～8人，并公布于众。

(2)指导者事先要选择好盲行路线，最好道路不是坦途，要有阻碍，如上楼、下坡、拐弯，室内、室外相结合；为人准备蒙眼睛用的毛巾或头巾；要有足够的空间和可以挪动的椅子；音乐背景为《年轻的朋友来相会》。

2. 活动流程

(1)热身活动(进化论)。全体活动，在空地或草地上，每人以“石头、剪子、布”定胜负，按“鸡蛋—小鸡—凤凰”的顺序进化。胜者进一级，负者倒退一级(最低级不用退一级)。开始时全部都是“鸡蛋”，但活动中找人决胜负只能找同级的猜拳，如“小鸡”只能找“小鸡”。活动中要模仿充当的角色的动作：当“鸡蛋”要双脚下蹲，双手下垂贴住身体；当“小鸡”要半蹲，手背在身后行走；做“凤凰”就要双手展开，直立行走，就算是完成，取得胜利。

(2)相逢与互识。

①最佳搭档。先准备彩色纸剪成三角形或正方形，并一分为二。把裁好的彩色纸由学生自由抽取。每人找到与自己同色且形状相匹配的另一半，组建成一组。

②两人一组自我介绍，时间约6分钟。介绍内容包括姓名、兴趣、爱好、特长、个性特点、家庭情况，以及个人愿意让对方了解的有关资料，如最引以为自豪的成就、曾遇过的最恐怖事件等，每人限时3分钟。当对方自我介绍时，倾听者要全身心地投入，通过语言与非语言的观察，尽可能多地了解对方。

③6人一组互相介绍。刚才自我介绍的三个组合并，每6人一组，每个组员将自己刚才认识的朋友向其他新朋友介绍。介绍完毕后，新朋友可以向被介绍者提一个自己想知道的问题。被介绍者立即回答，如果认为别人问的问题自己不想说，可以表达出来。这样，回答者会因被全组其他组员关注而增加信心。

④6人围圈而坐。从其中一个人开始，按顺时针进行。每个人用一句话介绍自己。一句话中必须包含三项内容：姓名、所属、自己与众不同的特征。规则是：当第1个人说完后，第2个人必须从第1个人开始讲起，第3个人一直到第6个人都必须从第1个人开始讲起。如第1个人介绍：“我是来自湖南工业大学包装学院的性格比较外向的王一兵”。第2个人则说：“我是来自湖南工业大学包装学院的性格外向的王一兵左边的来自湖南工业大学经济管理学院的酷爱读书的刘力。”以此类推，每个同学都从第1个人说起。有的同学一时记不起太多的信息，全体成员可以一起帮他。当最后一个同学介绍完毕，全组为之鼓掌。比一比哪一组最先完成。

(3)分享与交流。每个小组派出一个代表，把全组成员一一向全班介绍。大家评议给分，教师将得分写在黑板上。统计各组的成绩，得分高的一组获胜，得分低的一组唱一首歌或表演其他节目。

心理小测试

自我意识量表

所谓“自我意识”，乃是对自己存在觉察，即自己认识自我的一切，包括自我的生理状况、心理特征和人际关系，简言之，自我意识就是对自己个人身心活动的觉察。下面的量表是心理学家 Feningstein、Scheier 和 Buss 在 1975 年编制的《自我意识量表》(Self Consiousness Scale，简称 SCS)。请根据自己实际情况，在你认为合适的数字上打“√”。

(1)我经常试图描述自己。

A. 完全不符合　B. 不太符合　C. 说不清　D. 比较符合　E. 非常符合

(2)我关心自己的做事方式。

A. 完全不符合　B. 不太符合　C. 说不清　D. 比较符合　E. 非常符合

(3)总的来说，我对自己是什么样的人不太清楚。

A. 完全不符合　B. 不太符合　C. 说不清　D. 比较符合　E. 非常符合

(4)我经常反省自己。

A. 完全不符合　B. 不太符合　C. 说不清　D. 比较符合　E. 非常符合

(5)我关心自己的表现方式。

A. 完全不符合　B. 不太符合　C. 说不清　D. 比较符合　E. 非常符合

(6)我能决定自己的命运。

A. 完全不符合　B. 不太符合　C. 说不清　D. 比较符合　E. 非常符合

(7)我从不检讨自己。

A. 完全不符合　B. 不太符合　C. 说不清　D. 比较符合　E. 非常符合

(8)我对自己是什么样的人很在意。

A. 完全不符合　B. 不太符合　C. 说不清　D. 比较符合　E. 非常符合

(9)我很关心自己的内在感受。

A. 完全不符合　B. 不太符合　C. 说不清　D. 比较符合　E. 非常符合

(10)我常常担心我是否能给别人留下一个好印象。

A. 完全不符合　B. 不太符合　C. 说不清　D. 比较符合　E. 非常符合

(11)我常常考察自己的动机。

A. 完全不符合　B. 不太符合　C. 说不清　D. 比较符合　E. 非常符合

(12)离开家时，我常常照镜子。

A. 完全不符合　B. 不太符合　C. 说不清　D. 比较符合　E. 非常符合

(13)有时，我有一种自己在看着自己的感受。

A. 完全不符合　B. 不太符合　C. 说不清　D. 比较符合　E. 非常符合

(14)我关心他人看我的方式。

A. 完全不符合　B. 不太符合　C. 说不清　D. 比较符合　E. 非常符合

(15)我对自己的心情变化很敏感。

A. 完全不符合　B. 不太符合　C. 说不清　D. 比较符合　E. 非常符合

(16)我对自己的外表很关注。

A. 完全不符合　B. 不太符合　C. 说不清　D. 比较符合　E. 非常符合

(17)当解决问题的时候，我很清楚自己的心理。

A. 完全不符合　B. 不太符合　C. 说不清　D. 比较符合　E. 非常符合

计分办法：

代表内在自我的题目包括：1、3、4、6、7、9、11、13、15、17。

代表公众自我的题目包括：2、5、8、10、12、14、16。

第3题和第7题为反向题，即选A得4分，选B得3分，选C得2分，选D得1分，选E得0分；其余各题为正向题，即选A得0分，选B得1分，选C得2分，选D得3分，选E得4分。对于大学生群体而言，内在自我的平均得分要达到26分，而外在自我的平均得分要达到19分。

结果解释：

自我意识是指个体把自己当作注意对象时的心理状态，这种状态分为内在自我意识和公众自我意识。内在自我的人对自己的感受比较在乎，他们常常坚持自己的行为标准和信念，不太会受到外界环境的影响；公众自我的人由于太看中外界他人的影响，所以担心别人对自己有不好的评价。有时由于看重来自他人的评价，他们也常常会产生暂时性的自尊感低落，容易在理想自我和现实自我之间产生距离。

第三章 山重水复疑无路，柳暗花明又一村
——抗挫与抗压培养

患难困苦，是磨炼人格之最高学校。

我以为挫折、磨难是锻炼意志、增强能力的好机会。

一个人总是有些拂逆的遭遇才好，不然是会不知不觉地消沉下去的，人只怕自己倒，别人骂不倒。

心理定律

鲶鱼效应——给沉闷的环境注入压力

很久以前，在挪威的一个小镇，人们靠捕鱼为生。小镇紧靠着大海，因产出沙丁鱼而小有名气。在那里，渔船归航抵港时，只要沙丁鱼是活着的，一定会被抢购一空，卖个好价钱。活的沙丁鱼，吃起来味道鲜美极了。

遗憾的是，由于每次出海的时间比较长，少则两三天，多则六七天。等到归来时，沙丁鱼已经死去、烂掉了。也正因为如此，活着的沙丁鱼才格外惹人垂涎三尺。

人们想尽招儿，尝试着让沙丁鱼存活，但是无人成功。没有什么办法，大伙儿除了失望，只能望“鱼”兴叹。

有一天，一位老渔民照例准备出海打鱼。出发前，可爱的小孙子嚷着要他多带回一些沙丁鱼。小家伙一定是好久没吃上沙丁鱼了，牙根直痒痒的。忙碌了几日，老渔民捕获了不少的鱼，当然少不了孙子点名要下的沙丁鱼。他喜出望外，驾船火速返航。谁知才到半途，沙丁鱼便不再鲜活了，懒洋洋的潜在水中，一动不动。老渔民一边察看着鱼舱，一边心里暗暗着急。他无计可施，只得按照土办法，挑出那些死去的鱼。他看见一条挺肥美的鲶鱼漂浮在水面，猜想它肯定快要死了，于是捞起来打算扔掉。令人意想不到的是，鱼儿忽地一跃，挣脱他的手掌，掉进了装着沙丁鱼的鱼舱。老渔民顺利归航了，回到阔别多日的家。他不敢相信，到达岸口时，原本以为那些沙丁鱼已经死去了，然而它们竟然都是蹦蹦跳跳的。他大感意外，仔细地想了想，不停地琢磨，觉得事出有因。经过反复研究，他终于发现了沙丁鱼存活的秘密。有谁会想到，竟然是鲶鱼救活了沙丁鱼呢？

人们费尽心机，想让沙丁鱼存活下来，无不失败。人没有办法做到的事情，鲶鱼做到了。事情是这样的，大家都还没有忘记那条鲶鱼吧，它起先也是躺在自己的舱内的，

正在悠然自得，被老渔民误以为快要死去，于是从水中抓了起来，而它挣脱了他的手掌，掉进了沙丁鱼舱。那个时候，大部分沙丁鱼原本是昏昏欲睡的，没想到竟然有异类分子跑了进来。顿时，鱼群中一片喧哗。鱼儿们纷纷骚乱了，显得一点也不安分。它们睁大眼睛，神经绷得紧紧的，快速在舱内游动，打量着眼前的外来客。不知过了多久，鲶鱼还是没有离去。沙丁鱼根本不认识它，它们素不相识。于是沙丁鱼像炸开了锅似的，叽叽喳喳地议论起来。“看它的那副样子，肯定不怀好意，我们可要小心一点。”一条大沙丁鱼禁不住叫出了声。“有什么大惊小怪的，只有一条鱼，它能怎么样？”体型硕大的沙丁鱼嗤之以鼻。“不管怎样，大家还是小心一点。”又有沙丁鱼发出倡议。沙丁鱼哪里知道，其实鲶鱼是无辜的，它被迫离开住处，来到这个陌生之地。鲶鱼忐忑不安，惶恐不已，不敢丝毫懈怠，它担心沙丁鱼发起攻击。一路上，两军对峙，彼此你盯着我，我瞪着你，谁也没有松懈。沙丁鱼想要驱逐眼前的入侵者，解除心头不快。而鲶鱼又苦于无路可退，只得硬着头皮待在那儿……正所谓“有心栽花花不开，无意插柳柳成荫”，老渔民歪打正着，借鲶鱼救活了沙丁鱼。鲶鱼救活沙丁鱼的故事简单地说明一个道理，故将其称为鲶鱼效应。

没有丝毫压力的环境，产生不了足够的动力。常言道：生于忧患，死于安乐。鲶鱼效应是一种管理心理学的理论，即采取一种手段或措施，刺激一些企业活跃起来投入到市场中积极参与竞争，从而激活市场中的同行业企业。

第一节　挫折与压力的是与非

一帆风顺、一切顺利都是人们的美好期望，正因为它不易得到，所以成为人们相互之间的祝福语。现实生活中，每个人都面临着不同的人生课题。在解决这些人生课题过程中，困难会时时存在的。个人在实现目标的过程中，动力性行为会有三种不同的结果：一是无须特别努力即可达到目标，需要很容易满足；二是遇到干扰和障碍，但经过努力或采取某种方法仍可达到；三是遇到干扰和障碍使目标不能达到，需要不能满足。在心理学上，把个人遇到的第三种情况称之为挫折。

一、揭秘挫折

挫折具体是指人们为实现目标而采取的行为遭遇无法逾越的困难、阻碍时，所产生的一种紧张的情绪反应、情绪体验，是一种消极的心理状态。

从挫折的定义来看，挫折包含三方面的内容：

(1)挫折的原因。挫折的原因是指个体在从事有目的的活动时，受到阻碍或干扰的具体对象或情境。这种对象或情境可能是物，可能是人，总之，是一切能够使个体产生痛苦、失望或焦虑等多种情绪状态的刺激性生活事件。

(2)挫折认知。挫折认知是指人们对挫折的感觉、认识和评价。挫折认知既可以是对实际遭遇到的挫折情境的认知，也可以是对想象中可能出现的挫折情境的认知。

(3)挫折反应。挫折反应是指个体在从事有目的的活动时,因受到阻碍而产生的一系列消极心理状态。因此,挫折认知是挫折的核心因素,它决定着人们的挫折反应和承受力。因此,当我们面对同样的挫折时的反应是因人而异的。

心灵故事

不肯放弃的林肯

生下来就一贫如洗的林肯,终其一生都在面对挫败,八次竞选落败,两次经商失败,甚至还精神崩溃过一次。很多次,他本可以放弃,但他并没有如此,也正因为他没有放弃,才成为美国历史上最伟大的总统之一。

林肯进驻白宫前的简历:1816年,家人被赶出了居住的地方,他必须工作减轻家庭负担;1818年,母亲去世;1831年,经商失败;1832年,竞选州议员,但落选了;1832年,工作也丢了,想就读法学院,但进不去;1833年,向朋友借钱经商,但年底就破产了,接下来他花了十六年,才把债还清;1834年,再次竞选州议员,成功了;1835年,订婚后即将结婚时,未婚妻却死了,因此他的心也碎了;1836年,精神完全崩溃,卧病在床六个月;1838年,争取成为州议员的发言人,没有成功;1840年,争取成为选举人,失败了;1843年,参加国会大选落选了;1846年,参加国会大选,当选后前往华盛顿特区,表现可圈可点;1848年,寻求国会议员连任失败;1849年,想在自己的州内担任土地局长的工作,被拒绝了;1854年,竞选美国参议员,落选了;1856年,在共和党的全国代表大会上争取副总统的提名,得票不到一百张;1858年,竞选美国参议员再度落败;1860年,当选美国总统。

看到这个小故事,你会有什么感触?在这个经济快速发展、人际竞争激烈的现代生活中,作为“00后”的新一代大学生,当你遇到困难时,你会有什么样的感受?你又是如何应对的呢?

二、挫折的作用

我们常常在想:“我的生活为什么总充满了挫折,为什么别人的生活总是顺风顺水?”那么问题来了,是否是生活中没有挫折就是好的呢?答案是:不是的。挫折对人既具有消极作用,又具有积极作用。从消极的方面来讲,挫折可以使人产生消极的情绪体验,这种消极的情绪体验会影响受挫折者的身心健康。从积极的方面来讲,挫折能给人以教益,给人启迪,也能锻炼人的意志,激励人奋发向上,使人更加成熟、坚强。

三、什么是压力

压力存在于社会生活的方方面面,每个人都经历过,如第一次考试、第一次离开家人、亲人患病或者去世等。承受压力是生活中不可避免的,但是过度的压力总是与紧张、焦虑联系在一起,久而久之就会破坏人的身心平衡,造成情绪困扰,损害身心健康。

压力是一个多维度的概念,它包含了那些使人感到紧张的事件或内外刺激,既是个体的一种主观反应,也是主客观相互作用的过程。

因此，我们需要从三个方面来把握压力的概念：

(1)压力的来源，即压力源。压力源是导致个体产生反应的情境、刺激、活动和事件等。它的属性是客观的，不以我们的主观意志改变而存在。例如，亲人的去世这件事是属于客观事实。

(2)压力是一种主观反应。压力是主观思维对客观存在的一种反应，这个反应是基于客观事实的，可以准确，可以过度，也可以不足，这取决于我们的主观态度和观点。这是个很重要的属性，很多在一般压力面前脆弱的人就是对压力反应过度。

(3)压力是主客观相互作用的过程。在这个过程中，是否出现心理压力取决于压力源事件的客观性和自我感受的主观性两种因素。在这两个重要因素中，起主导作用的还是人们的主观态度。承受力不同，面对同样一个事件时感受到压力大小也是不一样的。

四、压力的作用

1. 压力的积极作用

每个人都会有心理压力，尤其是面对现代社会中的工作、房子、婚姻、感情等问题时，我们的心理压力越来越大，生活状况越来越糟糕。那么是不是心理压力就一定是不好的呢？答案是：不是的。心理专家认为，压力是正常的，适当的压力有利于健康。压力好比一把双刃剑，积极的压力会成为“推动力”，成为磨炼意志、锻炼才能的催化剂。适当的压力可以加深人们的意识，增加人们的心理警觉，还经常会产生高级认知与行为上的表现。耶斯基-多德森定律认为：在到达某个点之前，效率将随着唤醒水平的提高而提高，当唤醒水平处于一个最优值时(而不是最高点)，其效率是最高的，如果超过了唤醒水平的这个最优值，那么其效率会开始下降。

除了提升工作效率，轻度的压力能促发或增强一些正向的行为反应，如寻求他人支持、从中学习处理压力的技巧等。

心理学家通过对数百名大公司经理的研究发现，如果采取合适的态度，压力将成为健康刺激剂而非威胁。例如，处于高度紧张状态的经理，生病和生重病的机会较工作轻松的同事少得多，而且有成就的经理往往渴望竞争性环境，觉得这样更令人兴奋.更易取得工作效率。

2. 压力的消极作用

正所谓物极必反，当压力不断叠加、程度不断加强时压力就会成为继时性压力和过度压力。继时性压力和过度压力会使人处于慢性心理应激状态。时间一久便容易引发一系列的身心症状。病人会产生呼吸困难、易疲劳、心悸和胸痛等生理症状，此外，还有紧张性头痛、焦虑、抑郁、强迫行为等心理症状，这就是慢性应激障碍。

心理小贴士

生命的较量

如果你认为自己已经被打败了，那你就被打败了。

如果你认为自己并没有被打败,那你就未被打败。

如果你想获胜,但又认为自己办不到,那么,你必然不会获胜。

如果你认为你将失败,那你就已经失败了,因为在这个世界上,我们发现成功开始于人们的意识之中——完全视心理状态而定。

如果你认为自己已经落伍,那么,你已经落伍。你必须把自己想得高尚一点。

你必须先确定自己,才能获得奖品。

生命的角逐并不全是,由强壮或跑得快的人获胜。但不管是迟是早,胜利者总是那些认为自己能获胜的人。

五、挫折与压力的防御机制

心理防御机制是弗洛伊德提出的心理学名词,是指自我对本我的压抑,这种压抑是自我的一种全然潜意识的自我防御功能。

心理防御机制是指个体面临挫折或冲突的紧张情境时,在其内部心理活动中具有的自觉或不自觉地解脱烦恼、减轻内心不安,以恢复心理平衡与稳定的一种适应性倾向。每个人在处理挫折和压力情绪时,都会自觉或不自觉地运用心理防御机制。只是因个人的世界观、自我调适能力、生活态度及个性特征不同,每个人所使用的防御机制也有差异,反映出来的强度自然大小不同,其中有些是积极的,有些是消极的,也有些是妥协的,但是在现实生活中有很难区分出其积极、消极性。

1. 建设性防御机制

(1)认同。在人生中,每个人都有一些重要的事情需要去完成,而其中主要的一项就是完成“认同”的历程。“认同”是儿童时期至青少年期的主要发展任务。儿童时期用来学习社会团体态度与习惯,青少年时期用来找寻自我、肯定自我。因此心理学家们一致认为“认同”是协助人格发展的重要方法。但精神分析学派却认为,“认同”虽是儿童学习性别角色所必需的,但若使用不当也可能成为一种防卫反应。“认同”亦指个体向比自己地位或成就高的人的认同,以消除个体在现实生活中因无法获得成功或满足时,而产生的挫折所带来的焦虑。就定义来说,认同可借由心理上分享他人的成功,以为个人带来不易得到的满足或增强个人的自信。例如,一位物理系学生留了胡子,是因为他十分仰慕系中一位名教授,而该教授的“注册商标”就是他很有个格的胡子,此学生以留胡子的方式向教授认同。其他如“狐假虎威”“东施效颦”都是认同的例子。有时也可能认同一个组织,如一个自幼失学的人,加入某学术研究团体成为该团体的荣誉会员,并且不断向人夸耀他在该团体的重要性。

(2)升华。升华一词是弗洛伊德最早使用的,他认为将一些本能的行动如饥饿、性欲或攻击的内驱力转移到一些自己或社会所接纳的范围时,就是“升华”。例如,有打人冲动的人,借锻炼拳击或摔跤等方式来满足;喜欢骂人,则以成为评论家来满足自己。上述例子都是一种升华作用。一生命运多舛的西汉文史学家司马迁,因仗义执言,得罪当朝皇帝,被判处宫刑,在狱里,他撰写了《史记》;《少年维特的烦恼》的作者歌德,失恋时创作了此书,他们都是悲恼中之坚强者,将自己的“忧情”升华,为后世开创了一个壮观伟丽的文史境界。

弗洛伊德之女——安娜·弗洛伊德(Freud A.)于1936年发表《自我与心理防卫机制》一书，并于书中将防卫分成10种类型。她认为其中九种防卫常见于神经质的成人与正常的儿童，唯“升华”不管在成人或儿童中，都是正常健康的。

2. 代偿性防御机制

(1)补偿。当个体因本身生理或心理上的缺陷致使目的不能达成时，改以其他方式来弥补这些缺陷，以减轻其焦虑，建立其自尊心，称为补偿。

“补偿”一词，首先出现于阿德勒的心理学中。阿德勒认为每个人天生都有一些自卑感(inferiority)，即来自小时候，自觉别人永远比自己高大强壮，所产生的自卑。而此种自卑感使个体产生“追求卓越”(striving for superiority)的需要，而为满足个人“追求卓越”的需求，个体乃力求用“补偿”方式来克服个人的缺陷。我们使用何种补偿方式来克服我们独有的“自卑感”，便构成我们独特的人格类型。因此阿德勒主张，欲了解人类的行为，根本上必须掌握两个基本的观念——自卑感和补偿。

就作用而言，补偿可分为消极性的补偿与积极性的补偿。所谓消极性的补偿，是指个体所使用的弥补缺陷的方法，对个体本身没有带来帮助，有时甚至会带来更大的伤害。例如，一个事业失败的人，整日沉溺于酒精中而无法自拔；一个想减肥的人，一遇到不如意的事，就以暴饮暴食来减轻其挫折；一个被同学排斥的学生，参加不良帮派组织以取得帮派分子的接纳；一个得不到正向注意与关怀的孩子，发展负面的行为以获得他人的注意。而积极性的补偿运用得当会给我们的人生带来一些好的转变。所谓积极性的补偿是指以合宜的方法来弥补其缺陷。例如，一个相貌平庸的女学生，致力于学问上的追求，而赢得别人的重视；前联邦德国于第二次世界大战后，成立许多慈善救济组织，也特别成立对犹太人救济的组织，以弥补二战时希特勒政府对世界造成的浩劫和杀害犹太人的内疚；古希腊的演说家笛莫斯安思为了克服的口吃，将石子含在中做练习，以使他的发音更正确，结果他不但克服了口吃的缺陷，还成为一名演说家与辩论家；有位美国总统的第一夫人曾说，她年轻时，容貌不美，转而致力于培养内在美，去追求成就感，才能有今天的成就。以上这些例子，和我们常说的“失之东隅，收之桑榆”的含义是一样的，都是成功的补偿。

(2)幻想。当人无法处理现实生活中的困难，或是无法忍受一些情绪的困扰时，将自己暂时离开现实，在幻想的世界中得到内心的平静和达到在现实生活中无法经历的满足，称为“幻想”。这与常说的“白日梦”相似，例如，工人柯金上班时，被领班无理地骂了一顿，十分愤怒，但位居人下，无法可施，回家途中，他买了一张爱国奖券，吃饭时与太太闲谈时说：“如果中了奖，他要自己开间工厂，重金将领班请来，然后给他颜色看，令他受辱……”谈着谈着，柯金轻松多了，他用的方法就是“幻想”。意义治疗法创立者弗兰克尔在第二次世界大战期间，曾在集中营待了四年之久，他发现能从集中营活着出来的人，与其是否年轻力壮无多大关系，最主要的是对未来有“憧憬”(亦即以幻想未来远景，来支持自己忍受目前的苦难)。

幻想可以是一种使生活愉快的活动(很多文学、艺术创作都源自幻想),也可能有破坏性的力量(当幻想取代了实际的行动时)。幻想可以说是一种思维上的退化,因为在幻想世界中,可以不必按照现实原则(reality principle)与逻辑思维来处理问题,可依个体的需求天马行空、自行编撰。

幻想使人暂时脱离现实,个人情绪获得缓和,但幻想并不能解决现实问题,人必须鼓起勇气面对现实,克服困难,才能解决问题。否则经常沉湎于幻想中,而使"现实"与"幻想"混淆不清时,会显现出歇斯底里(hysterical neurosis)与夸大妄想(grandeur delusion)般的症状。

3. 攻击性防御机制

(1)转移。转移是指原先对某些对象的情感、欲望或态度,因某种原因(如不合社会规范或具有危险性或不为自我意识所允许等)无法向其对象直接表现,而把它转移到一个较安全、较为大家所接受的对象身上,以减轻自己心理上的焦虑。例如,有位被上司责备的先生回家后因情绪不佳,就借题发挥骂了太太一顿,而做太太的莫名其妙挨了丈夫骂,心里不愉快,刚好小孩孩在旁边吵,就顺手给了他一巴掌,儿子平白无故挨了巴掌,满腔怒火地走开,正好遇上家中小黑狗向他走来,就顺势踢了小黑狗一脚。这些都是转移的例子。而"打狗看主人""爱屋及乌""不看僧面看佛面""记得绿罗裙、处处怜芳草""一朝被蛇咬,十年怕井绳"等都是转移的例子。转移不一定只出现在负面的感受上(如憎恶、愤怒等),有时对于正面的感受(如喜爱等)我们也会做出同样的处理。例如,一位结婚多年,膝下无子的老师,将其全部心力用于关怀他的学生。转移的目标有时也会有类似的情形发生。例如,一个无故被责怪的学生说,"所有的老师都是不明事理的";一个无故挨警察责打的人说,"凡是警察都是坏人"。总之,转移若应用得当,对己、对人、对社会都会有帮助,否则易造成伤害。

(2)投射。精神分析学者认为投射是个体的自我对抗超我时,为减除内心的罪恶感所使用的一种防卫方式。所谓"投射"是指把自己的性格、态度、动机或欲望投射到别人身上。"我见青山多妩媚,料青山,见我应如是"及庄子与惠施《临渊羡鱼》的故事,都是投射的例子。

弗洛伊德于1894年提出此概念,用以分析及了解"说者的内心世界"。著名的罗沙克人格测验就是以墨汁投射图来分析人内心的所思所想,其他如主题统觉测验、文章完成测验、绘图挫折测验等投射方法皆属之。

在日常生活中,使用"投射"的情形也很普遍,这也是人际交往的一种方法。不过在防卫机制上,"投射"含有一种特殊的含义,即个体自己有某种罪恶念头,或有某种恶习,反向指斥别人有这种念头或恶习;或者把自己所不能接受的性格、特征、态度、意念和欲望转移到别人身上,指责别人这种性格的恶劣及批评别人这种态度和意念的不当。投射能让我们利用别人作为自己的"代罪羔羊",使我们逃避本该面对的责任,如有些大学生,别人无意中看他一眼,他就动手打人,认为别人瞧不起他,这都是投射因素使然。患有妄想迫害症(daranoid-psychosis)的病人,亦多采用此机制,他们内心憎恨别人,却疑神疑鬼，无中生有地说别人要杀害他。

4. 意识抵消防御机制

(1)隔离。所谓“隔离”是把部分事实从意识境界中加以隔离，不让自己意识到，以免引起精神上的不愉快。最常被隔离的是与事实相关的个人感觉部分，因为此种感觉易引起焦虑与不安。如人死了，不说“死掉”，而用“仙逝”“长眠”“归天”，或“去苏州卖鸭蛋”，个体在感觉上就不会因“死”的感觉而悲伤或有不祥的感觉了。又如谈恋爱的男女为减少肉麻的感觉，不说“我爱你”，而改用“I love you”代替。另外有人把“厕所”说成“上一号”或“去唱歌”，也是一种隔离。“隔离”是把“观念”与“感觉”分开，很多精神病患者常有此现象；因此，在心理治疗过程当中，心理治疗者常注意观察病人使用“隔离”的情形，来发现问题症结之所在，以便于进行治疗工作。

(2)理想化。理想化就是将他人完美化的过程，它包括忽略或否认与完美形象不符合的特性。在精神分析学中，理想化则是指把爱的对象视为完美无缺的个体的心理过程，如亲生父母去世或离婚，被继父母冷落的孩子往往会幻想失去的父母是多么完美的一件事。这种把失去的东西想象为完美的，并把这一好印象留在脑子里的现象，就是理想化最典型的表现。理想化有时也是有好处的，如可以将其用于科学实验中，还能给我们增添创意灵感，但是如果过度理想化，那就是胡思乱想了。

(3)分裂。有些人在生活中的行为表现，时常出现矛盾与不协调的情况，且有时在同一时期的在不同的环境或生活范畴，会有十分相反的行为出现。在心理分析中，我们可以说他们是将意识割裂为二，在采用分裂防卫机制。例如，学习优异的田同学不但是一位学习优异的同学，而且也是老师、父母心中善解人意的乖孩子，常常受到老师和家长的称赞，但是他在与同学的相处当中，常常对同学们冷言冷语，且总是孤傲、不可一世。因此，同学说田同学虚伪，但其实，他并非虚伪，只是他在生活采取了分裂保卫机制。

5. 自骗性心理防御机制

此类防卫机制含有自欺欺人的成分，也是一种消极性的行为反应。它含有：反向作用，即走向另一极端，邪派的会扮成极正派的，去瞒过自己和别人。合理化作用，即总会为自己找出些理由来自辩。抵消作用，同合理化作用相似，但不单独用理论来自卫，而是加上具体的运用。

(1)反向。当个体的欲望和动机不为自己的意识或社会所接受时，乃将其压抑至潜意识，并再以相反的行为表现在外显行为上称为反向。换言之，使用反向者，其所表现的外在行为与其内在的动机是成反比的。在性质上，反向行为也是一种压抑过程。例如，一位继母根本不喜欢丈夫前妻所生之子，但恐遭人非议，乃以过分溺爱、放纵的方式来表示自己很爱他。又如一位好吃糖，但被告诫吃糖会蛀牙，且不为妈妈所喜欢的女孩，每每与母亲逛超市，总指着糖果对母亲说：“不可以吃糖，吃糖会蛀牙，且妈妈不喜欢。”有一首歌，曲名叫《我的心里没有他》，这首歌从头到尾，都一直在强调“我的心里只有你，没有他”，如果你也懂得一点反向防卫机制的话，你就该了解他的心里到底有没有“他”了。其他如“此地无银三百两”的故事与俗语“赶狗人穷巷”“以退为进”都是反向的表现。通常,使用反向者本身对于自己在使用的此机制一无所知,而非“口蜜腹剑”“笑里藏刀”或“假仙”刻意而为。

反向行为若使用适当,可帮助人适应生活;但如过度使用,不断压抑自己心中的欲望或动机,且以相反的行为表现出来,轻者因不敢面对自己而活得很辛苦、很孤独,过度使用将形成严重心理困扰。在很多精神病患者身上,常见到此种防卫机制被过度使用的情况。

(2)合理化。合理化,又称文饰作用,是个体无意识地用似乎合理的解释来为难以接受的情感、行为、动机辩护,以使其可以接受。这个理论有很著名的两个案例,一个是酸葡萄心理——丑化失败的动机;一个是甜柠檬心理——美化被满足的动机。

当个体的动机未能实现或行为不能符合社会规范时,尽量搜集一些合乎自己内心需要的理由,给自己的行为一个合理的解释,以掩饰自己的过失,减免焦虑的痛苦和维护自尊免受伤害,此种方法称为“合理化”。换句话说,“合理化”就是制造“合理”的理由来解释并遮掩对自我的伤害。事实上,在人生的不同遭遇中,除了面对错误外,当我们遇到无法接受的挫折时,短暂的采用这种方法以减除内心的痛苦、避免心灵的崩溃是无可厚非,“得意时是儒家,失意时是道家”就是一种适应生活的哲学。更何况在找寻“合理”的理由时,也可能找到解决问题的方法。不过,个人如常使用此机制,借各种托词以维护自尊,则不免有文过饰非、欺骗别人也欺骗自己之嫌,终非解决问题之道。很多强迫型精神官能症(obsessive neurosis)和幻想型精神病(paranoid psychosis)患者就常使用此种方法来处理其心理问题。

一般,“合理化”可分为三种方式:

①酸葡萄(sour grapes)。心理学把个体所追求的目标受到阻碍而无法实现时,以贬低原有目标来冲淡内心欲望,减轻焦虑情绪的行为称之为“酸葡萄心理”。“酸葡萄心理”是在自己真正的需求无法得到满足而产生挫折感时,为了解除内心不安,编造一些“理由”自我安慰,以消除紧张、减轻压力,使自己从不满、不安等消极心理状态中解脱出来,保护自己免受伤害。

“百年人生,逆境十之八九”。心理防卫功能的确能够帮助我们更好地适应生活、适应社会,然而沉溺其间对心理生活却有显著的副作用。比如鲁迅先生笔下的阿Q,总是用酸葡萄心理和甜柠檬心理找理由为其受到的侮辱或遇到的不公待遇开脱,这就活得太窝囊、太可悲可叹了。

②甜柠檬(sweet lemon)。当个体所追求的目标受到阻碍而无法实现时,为了保护自己的价值不受外界威胁,维护心理的平衡,当事人会强调自己既得的利益,淡化原来目标的结果,以减轻失望和痛苦。这种心理反应被称为“甜柠檬心理”。

从心理健康的角度看,这种心理有一定意义,在某种程度上可以起到缓解消极情绪的作用,但真正应付挫折不能只停留在自圆其说。当情绪稳定后,应该冷静地、客观地分析达不到目标的原因,重新选择目标或改进努力方式。有时适当地运用这种“塞翁失马,焉知非福”“知足常乐”的心态,能协助我们接受现实,但若过分使用这种方法,会妨碍我们追求生活的脚步。

③推诿（projection）。此种自卫机制是指将个人的缺点或失败推诿于其他理由，找人承受其过错，使个人心灵平静下来。例如，学生考试失败，不愿承认是自己准备不足，而说老师教得不好、老师评卷不公或说考题超出范围；战败的将军不愿承认战败是因自己运用的策略错误，而说是"天亡我也，非战之过"。打人说是自卫；喜欢应酬、饮酒作乐，说是为了工作在联络感情；球赛输了，说场地不好、裁判不公；老师体罚学生，说"爱之深，责之切"。这些都是一种推诿作用。台湾俚语"不会划船说溪窄"很传神地表现了这种推诿作用。

6. 逃避性心理防御机制

这是一种消极性的防卫，以逃避性和消极性的方法去减轻自己在挫折或冲突中感受到的痛苦。这就像鸵鸟把头埋在沙堆里，当作看不见一样。这类防卫机制有以下四种形式：

（1）压抑。压抑是各种防卫机制中最基本的方法。此机制是指个体将一些自我所不能接受或具有威胁性、感到痛苦的经验及冲动，在不知不觉中从个体的意识中排除抑制到潜意识里去作用。这也是一种"动机性的遗忘"（motivated forgetting），个体在面对不愉快的情绪时，不知不觉、有目的地遗忘（purposeful forgetting），与因时间久而自然忘却（natural forgetting）的情形不一样。例如，我们常说的"我真希望没这回事""我不要再想它了"，以及在日常生活中，我们有时做梦、不小心说溜了嘴或偶然有失态的行为表现，都是这种压抑的结果。

压抑作用虽然表面上看起来我们已把事情忘记了，但事实上它仍然在我们的潜意识中，在某些时候影响我们的行为，以致在日常生活中，我们可能做出一些自己也不明白的事情。战场上的士兵、从火里逃生的人、失恋的人等会在相关事件过后，以失去记忆来免去面对的痛苦与悲伤。当然不是每一次的压抑都会导致失去记忆，只有个人主观认定极端可怕的经历，才会导致失去记忆。精神分析学派主张将潜意识意识化，以了解影响我们行为的因素。不过有些事情还是"忘记了最好"，若一定要找回那"失去的记忆"，通常也会找回那"失去的哀伤"。

（2）否定。否定是一种比较原始而简单的防卫机制，其方法是借着扭曲个体在创伤情境下的想法、情感及感觉来逃避心理上的痛苦；或将不愉快的事件"否定"，假装根本没有发生，来获取心理上暂时的安慰。"否定"与"压抑"极为相似。唯"否定"不是有目的地忘却，而是把不愉快的事情加以"否定"。这种现象在日常生活中处处可见，譬如，小孩子闯了祸，用双手把眼睛蒙起来，就像沙漠中的鸵鸟，敌人追赶逼迫在眼前，无法面对，把头埋于沙堆中，当作没这回事一样，都是一种否定的表现。

许多人面对绝症，或亲人的死亡，常会本能地说"这不是真的"，用"否定"来逃避巨大的伤痛。其他如"眼不见为净""掩耳盗铃"等都是否定作用的表现。

心理学家Lazarus在对即将动手术的病人所做的研究中发现，使用否认并坚持一些错觉的人，会比那些坚持知道手术一切实情、精确估算愈后情形的人复原得好。因此，

Lazarus 认为否认(拒绝面对现实)和错觉(对现象有错误的信念)对某些人在某些情况下是有益健康的。但 Lazarus 也指出,否认与错觉并不是适用于每一种情况,如有些妇女拒绝承认她们的乳房有硬块,可能导致忽略此作为癌症的预兆而延误治疗。不过在无能为力的情况时,否认与错觉仍不失为有效的适应方式。

(3)退化。退化是指个体在遭遇挫折时,表现出其年龄所不应有之幼稚行为反应,这是一种反成熟的倒退现象。例如,已养成良好生活习惯的儿童,因母亲生了弟妹或家中突遭变故,而表现出尿床、吸吮拇指、好哭、极端依赖等婴幼儿时期的行为。

根据勒温等人的研究,认为 2~5 岁的儿童遭遇挫折而表现退回行为(regressive behavior),平均要比实际年龄倒退一年或一年半。退回行为不仅见于小孩,有时也发生在成人中。例如,平常如有重大事情发生时,有时我们会大叫一声“妈呀!”,或夫妻吵架时,妻子跑回娘家向母亲哭诉,都是退回的行为。自从知道丈夫有了外遇之后,每当其夫要外出时,妻子就在地上大哭大叫,直到丈夫答应不外出为止。有一女学生,自从被班上同学嘲笑后,每当要上学时,就会肚子痛而无法上学。有一教师在成长过程中被母亲管教得十分严格,加上母亲的蛮横无理,令她对权威人物产生极大的恐惧,甚至到她成年后,虽然学有所长,但在权威人物面前,她就会变得毫无主张,就如在任教的学校,她是一位极受欢迎的教师,但校长每次约见她,却总感到毫无自信;因为每次见她,她不但张皇失措,而且校长每要求她做任何事,她都说不会做,要求校长教她,并请求校长详细告诉她如何做,所有的表现使其像一个无知愚昧的小女孩。上述三例中的“在地上大哭大叫”“肚子痛”“极端依赖”都是一种退回行为。

当人长大成人后,本来应该运用成人的方法和态度来处理事情,但在某些情况中,由于某些原因,采用较幼稚的行为反应,也并非不可。例如,做父亲的在地上扮马扮牛给孩子骑、做妻子的偶尔向丈夫撒娇等,偶尔“倒退”,反而会给生活增添不少情趣与色彩。但若常常“退化”,使用较原始而幼稚的方法来应付困难,而以利用自己的退化行为来争取别人的同情与照顾,用以逃避现实的问题与痛苦,其退化就不仅是一种现象,而是一种心理症状了。

(4)潜抑。在弗洛伊德精神分析中描述为心理防御机制的一种表现,是指个体把意识中对立的或不能接受的冲动、欲望、想法、情感或痛苦经历,不知不觉地压制到潜意识中去,以至于当事人不能察觉或回忆,从而避免痛苦。

比如“俄狄浦斯情结”、偷窥冲动等与意识层面(包括社会道德等约束和信条)决然冲突的心理力量,虽因不被意识接受无法进入意识层面活动,但他们仍然在潜意识层面有力活跃着,只不过是已经不能被意识觉察而已。

在日常生活中,某些事情的发生时,通常我们会做出自然与直接的表达,但在特别情况下,我们的反应会不寻常,基于各种原因,很可能我们已经无意识地将真正的感受做了压抑。例如,丁校长是个汽车爱好者,惜车如命,太太常常取笑他简直将自己的汽车当作儿子了。一天早上,当他在赶往教育局参加会议时,不幸发生了交通意外,他的车子被尾随的客货车碰撞了一下。当时丁校长只是下车随便望望被撞毁的车尾部分,然后便冷静且匆忙地与对方交换通讯电话,在抄下对方的车牌后,就马上开车驶往教育局，同时，再集中精神构思在会上个人要做的重要陈词。在这事件中，由于撞车时是八点三十二分，二十八分钟后会议就要开始，而重要的事情亦亟待决定，丁校长一反常态的表现，只是因为他采用了潜抑防卫机制。

第二节　大学生常见的挫折与压力

随着改革开放的不断深入、社会主义市场经济体制的建立以及高等学校的招生方式、人才培养、就业制度的变化，大学生必然面临一个更为广阔、复杂和多变的外部环境，造成挫折的刺激情境日益深广，各类挫折感也大大提高。引起大学生心理挫折的原因很多，从总体上可概括为两个方面：客观因素和主观因素。生活环境艰苦、所学专业不理想、教学设备条件差、同学关系紧张、考试成绩不佳、家庭和个人的变故、学校管理水平和教育方式的欠妥，以及社会政治、经济、文化、法律、道德、风俗习惯的限制等，都是引起大学生心理挫折的客观原因。个人生理和心理条件的限制、基础知识的薄弱、体力能力和智力上的不足，思想方法的片面和思维方式的局限性以及个人的动机冲突等，都是引起大学生心理挫折的主观原因。

一、大学生常见的挫折及其反应

当今大学生面临着复杂的社会环境，面对学业、就业的压力，很容易产生心理挫折。大学生心理挫折的产生原因多样，概括起来，主要有生活挫折、学习挫折、交往挫折、情感挫折、择业挫折以及社会认知挫折等。

1. 大学生常见的挫折

（1）生活挫折。广义的生活挫折泛指在社会生活中遇到的所有挫折；狭义的生活挫折主要是指生活上的一些困难和不适应。 挫折越大，对人的打击就越大。初次远离父母、远离家乡的大学生会在生活上遇到种种困难，如饭菜不可口，家庭困难无法承受沉重的学费、突然的家庭变故等都会使学生产生挫折。

（2）学习挫折。学习挫折是指学习上产生的各种影响人的心理的困难。如刚刚进入大学的新生，都面临着重新适应学习的过程。在这一过程中，有些同学因不适应大学的学习而产生挫折感，如学习抓不着头绪、找不到有效的学习方法、不会安排学习时间、不想学习、感到学习负担过重、学习有困难等。一些同学因所学专业并非自己的理想目标而感到失落。

（3）交往挫折。交往挫折主要表现为交往不顺或人际冲突。

交往不顺的表现：想结交一些朋友，但不知道如何去结交；或者因性格内向、孤僻而无法和别人沟通；或者因自卑、胆小而不敢与别人交往；或者在交往中过分挑剔别人，感到找不到知音而陷入孤芳自赏的境地。

人际冲突是指在与同学、朋友的交往中，由于脾气不好、性格不良或缺乏同情心和责任心、凡事不会为别人着想、总是以自我为中心等而容易与他人产生摩擦，发生矛盾等。

(4)情感挫折。情感挫折的主要表现分为三类：友情、亲情、恋情。在友情上主要表现为与朋友产生误解、朋友关系疏远、交不到知己等；亲情：自己的做法得不到亲人的理解、失去亲人等；而恋情受挫则是最主要的情感挫折，主要表现为失恋、单恋、多角恋。

(5)择业挫折。择业挫折即就业过程中遇到的各种困难与阻力。如一些学生开始时雄心勃勃，几经碰壁后竟然无奈到听天由命。一些在大学期间不好好读书，因学习成绩不理想而不受用人单位欢迎的学生，更是悔之晚矣。寻找工作的不易，使一些学生在心理上害怕毕业，畏惧走上社会。有条件的一些学生转而加入考研大军，将考研视为“临渊羡鱼，不如退而结网”的缓兵计。

(6)社会认知挫折。社会认知是指对社会的认识与评价。社会认知挫折是指由于对社会的评价与社会期望产生矛盾所导致的挫折。从中学走进大学，大学生对社会的接触与了解日益增多，也逐步有了自己对社会的认识与评价。对于对社会怀着美好憧憬并带有理想化色彩的大学生来说，当前社会存在的种种问题与弊端会影响大家对社会的认同，并妨碍大家对社会做出正确评价。当大学生更多地看到社会丑恶的一面时，就会因理想的破灭而感到失望和沮丧，因而产生挫折感。

2. 大学生的挫折反应特点

(1)情绪性反应。情绪性反应是人们在受到挫折时伴随着强烈的紧张、愤怒、焦虑等情绪所做出的反应，可能表现为强烈的内心体验，也可能表现为特定的表情或行为反应。情绪性反应多为消极性反应，主要表现为焦虑、冷漠、退化、幻想、逃避、固执、攻击、自杀等。

(2)理智性反应。理智性反应是人们受到挫折后，采取积极进取的态度，在理智的控制下所做出的反应。通常，人们在遭受挫折后都会出现紧张状态，都会在某种程度上做出某种情绪性反应，其中，有些人始终被情绪所控制，而有些人则能够及时调整，保持冷静，面对现实，审时度势，采取积极的态度和方式应对挫折。

(3)个性的变化。挫折对个性的影响很大程度上取决于人们对挫折的适应情况，一般是在人们连续经历挫折后，其消极反应没有及时得到纠正或者遭受特别重大挫折的情况下产生的。由于导致挫折的情境和条件相对稳定并长期持续，由此产生的紧张状态和挫折反应就会反复出现，久而久之这些反应方式就会逐渐固定下来，使受挫者形成了习惯和一些突出的个性特点。

二、大学生常见的压力及其应对

1. 大学生常见的压力

大学阶段是一个人人格发展、世界观形成的关键时期。大学生同时也面临着一系列重大的人生课题，如大学生活的适应、专业知识的学习、交友恋爱、择业就职等。但由于身心发展尚未完全成熟、自我调节能力和自我控制能力不强、复杂的自身和社会问题，往往容易导致大学生强烈的心理冲突，从而产生较大的心理压力，甚至产生心理障碍或心理疾病。而作为这一问题发生主体的大学生，在这一形势下，了解一定的心理知识，做到自身的防患于未然，是十分有必要的。同时，正确看待心理问题，既不高高挂起也不惶恐不安，安稳地度过幸福的大学生活。在此，我们主要分析影响大学生身心发展状况的压力源。

压力源由生活事件组成，任何生活事件都可引起压力。不良的生活事件会构成消极的压力。艾尔肯将压力的情境分为三类：第一类为可预期且可避免的压力情境，如抽烟的害处是可预期的，也是可避免的；第二类压力情境是不可预期也不可避免的压力情境，如车祸夺去心爱的母亲对青少年的适应来说就是一大困难。第三类压力情境是可预期但不可避免的压力情境，如考试压力是可预期但不可避免的。可预期不可避免的压力情境对大学生来讲是挫折来源，家庭的不幸和学校的压力都属于此情境。

（1）可预期不可避免的压力。

①学习业绩问题。根据调查，大学生所承受的压力主要以学习压力为最大。如学习基础差、学习困难、成绩不好、考试不及格、面临着被淘汰的压力、学习竞争激烈、因极小的学习成绩之差而拿不到奖学金，或是免试保送研究生无望；英语四级考试过不了关；不能获得毕业证和学位证书；没有进入理想的专业领域；学习没兴趣而导致学习成绩欠佳；不顾自身现实的条件，在学业上制定过高的目标和期望值，当无法实现时，又过分地自责等。

②人际关系问题。如性格孤僻内向，与同学关系不和；由于孤傲、自负而常与人争吵、打架；受到别人的讥讽或嘲笑；因偶然的原因与教师或管理人员发生争执等。

③恋爱问题。失恋、热恋中的争吵或受到对方的欺骗；恋爱遭家长反对；无法与暗恋的对方沟通所引起的焦虑与悲伤等。

④家庭问题。家庭经济困难、生活拮据而背上沉重的负担、父母的离异等。

（2）不可预期不可避免的压力。

①身体健康问题。当学习生活无规律的时候，常常会导致睡眠紊乱，出现睡眠不足等障碍。此时，人们通常表现为反应迟钝、缺乏随机应变的能力、缺乏主动性等不适反应；另外，患病或突患绝症意外受伤、家庭成员患病或伤亡等都可能给个体带来过度的悲伤和焦虑。

②突发事件。火灾、交通事故、失窃抢劫、遇到自然灾害等都属于突发事件。

2. 大学生常见的压力反应

具体地说，大学生面对压力时会有以下三种压力反应：

（1）生理反应——生理上的紧张。在压力状态下，大学生不仅会表现出心理上的紧张，同时会产生生理上的紧张，且彼此相互作用、相互影响。一般情况下，心理上的紧张具有隐蔽性,也是别人感觉不到的。但生理上的紧张则表现得较为直观,很容易被他人体察到。在压力状态下,大学生生理上的紧张主要表现在中枢神经、内分泌系统和免疫系统三方面的变化。比如心率加快、心肌收缩加强、血压升高、呼吸急促、各种激素分泌增加、消化道蠕动减少。这些生理反应在短期内调动了机体的潜在能量,提高了大学生对外界刺激的感受和适应性,从而有效地应对外界环境条件的变化,但过度的压力会使人出现肌肉高度紧张、头痛等反应。

(2)心理反应——心理上的紧张。在压力状态中,大学生会产生心理上的紧张。一般情况下,心理上的紧张又具体表现为警觉、注意力集中、思维敏捷、情绪被适度唤起等,这些都是适度的反应,有助于个体适应环境。但是当压力超过一定限度时,由于持续的心理紧张,大学生也会表现出过度的心理反应,如急躁、情绪不稳、抑郁、焦虑、多疑、愤怒不安、恐惧、沮丧、失望、消沉、空虚、无聊、感到生活没有意义、注意力不集中、思维混乱、自我防御心理增强等。

(3)行为反应——行为上的紊乱。在心理压力状态下,大学生的行为反应有两种:一种是直接的行为反应,指另一种紧张刺激时,为了消除刺激源而做出的反应,如因学业成绩失败而奋发图强或自暴自弃;间接行为反应是指为了减少或暂时消除与压力有关的苦恼,而采取的使自己暂时缓解紧张状态的行为。随着压力的持续,个体在上述两种行为反应中均会有过度的表现。如行为退缩、消极、被动,行动减少,无所适从,失去对生活目的和意义的追求,行为失控,不断发脾气,与人冲突不断,自我防御行为增多等。

破译心灵密码

压力日志

在希望解决压力之前,首先要知道压力是怎么来的。请在压力记录表(见表3–1)中记下自己每日的压力状态。

填表说明:

"事件/情境"栏内填写压力事件发生的起因与经过。

"当时个人感受、想法"栏内填写自己当时对整个事件和当事人的感受,并对这种感受的强烈性进行评估,比如"我觉得他非常讨厌"。"我在50%程度上是这么认为的"代表你对他的讨厌程度属于中等;而"我在80%程度上是这么认为的"则代表你认为这个人真的属于比较讨厌的类型,这件事更是一个导火索。

"当时的反应"栏目中填写你当时的各种生理、情绪及行为反应,并对自己的压力水平进行评估:压力水平评估用数字表示,0为压力水平最低,100为最高。

"事件结果"栏内填写事件最后的处理或发展结果。

表3-1　压力记录

<table>
<tr><td colspan="2">时间：　年　月　日　时</td><td colspan="2">地点：________</td></tr>
<tr><td colspan="4">事件/情境：</td></tr>
<tr><td colspan="4">当时个人感受、想法：</td></tr>
<tr><td colspan="4">我在(　)%程度上是这么认为的</td></tr>
<tr><td colspan="2" rowspan="4">当时的反应</td><td>生理</td><td></td></tr>
<tr><td>情绪</td><td></td></tr>
<tr><td>行为</td><td></td></tr>
<tr><td colspan="2">压力水平评估(用数字表示，0为压力水平最低，100为最高)：</td></tr>
<tr><td colspan="2">事件结果：</td><td colspan="2"></td></tr>
<tr><td colspan="2" rowspan="4">事件结束后的反应</td><td>生理</td><td></td></tr>
<tr><td>情绪</td><td></td></tr>
<tr><td>行为</td><td></td></tr>
<tr><td colspan="2">压力水平评估(用数字表示，0为压力水平最低，100为最高)：</td></tr>
<tr><td colspan="4">备　注：</td></tr>
</table>

第三节　大学生挫折与压力产生的原因

挫折与压力的产生，既有客观因素，又有主观因素。

一、客观原因

1. 自然环境因素

自然因素是指非人力所能及的一切客观因素，如自然灾害、台风、地震、酷热、洪水、疾病、事故等。对于大学生来说，疾病、家庭遭自然灾害导致贫困等都可以导致挫折与压力的产生。

破译心灵密码

“天灾人祸”该如何面对？

2008年5月12日14时28分04秒，四川省汶川县发生8.0级地震，震中位于四川省汶川县映秀镇与漩口镇交界处。汶川地震是一次浅源地震，震源深度为10～20千米，破坏性巨大。经过这次大地震之后，许多人特别是那些失去亲人的孩子和那些身体和精神都受到极大创伤的人们，因为这件事将改变他们的一生。

中国心理健康协会的教授肖水源认为，灾难会在人身上造成严重心理创伤，如果不及时治疗，会折磨一生，改变病人的性格，甚至导致极端行为，如自杀和暴力。因此及时进行心理危机干预十分必要。

2. 社会环境因素

随着时代的发展，社会环境对大学生心理发展的影响日益突出，表现在两方面。

（1）社会环境的多元性与复杂性。随着改革开放的不断深入、信息技术的迅猛发展，社会环境日益呈现出多元性和复杂性的特点。

（2）社会环境的竞争性。改革开放之后，我国高等教育改革不断深入，高校教育已不再是精英教育，逐步成为一种大众化教育模式。大学生毕业后不仅要走向市场自主择业，而且随着近年来高校招生的大规模扩招，毕业生人数的迅猛增加，以及社会需求的供过于求，大学生所面临的社会环境的竞争性不断增强。

心理小贴士

如何避免就业挫折

（1）提前做好职业规划。预则立，不预则废。相当部分就业成功者都具有一定的职业规划，而且规划得较早、较细、较远。

（2）扩展就业范围。如今，就业难是普遍现象，不要给自己的就业设置范围。

（3）多学门技能，找工作不求人。

3. 学校环境的影响

学校环境对大学生的心理有直接影响。学校环境对大学生的心理影响主要有以下四个方面。

（1）高校校园环境设施的陈旧。大学生往往对大学校园与大学生活有着美好的憧憬，但现实中的大学校园环境及设施往往与大学生想象中的“天堂”有一定差距，许多高校的校园设施落后，住宿条件、用餐环境等后勤保障跟不上学生的需求，使大学生的不满情绪增加。

（2）高校教学内容与管理方式的滞后。当代社会是一个开放的、不断变化的社会，社会的发展需求有创新意识、掌握最新科学知识的优秀人才。

（3）校园文化的偏差。校园文化作为亚文化对大学生心理健康有着直接而深远的影响。

（4）高校教育体制改革对大学生心理带来的冲击。

案例分析

饭菜不合口味而跳楼的男生

刚入学的一名学生，是番禺人，还有一个多月就满20周岁。可能是以前很少独立生活，该生入学后感觉不适应，据一名与他同一班级的男生说，跳楼之前男生曾经说过

“饭菜不合胃口、衣服也不会洗”之类的话。9日上午，其父母特意从老家来到学校，准备在附近租套房子陪读。出事当天，他母亲看中华景新城的一套房子，但每月租金要2000多元，她觉得太贵，就没有租。和儿子一起吃晚饭时，她告诉儿子，她不在附近租房子了，但会每天从番禺的家里做好饭菜送过来。当时儿子十分失望，吃完饭后，儿子说要回宿舍一会。到了晚上7点多钟，就自杀了。

点评：从这则案例，我们看到由于学校的生活设施无法满足学生的要求而导致学生自杀，虽说这种极端事件在大学里出现得不多，但是大学生在外租房子的越来越多，而且学生家长在学校附近租房子陪读的现象也越来越多。由此可见，学校在生活设施方面已无法满足学生的要求。

4. 家庭影响

家庭的一些潜在或显性的条件，如家庭的自然结构、家庭的人际关系、家庭的教育方式、家庭的抚养方式以及家长的素质等对大学生的心理挫折都有直接或间接的影响。

家庭的社会经济状况对大学生的心理有潜在影响，贫困大学生除所有大学生面对的个人发展与就业压力外，还面临巨大的生活压力与经济压力，因为经济而影响其学业发展与个人发展会导致更多的心理冲突，从而产生挫折感。

二、主观因素

1. 个体生理因素

生理因素是指个体与生俱来的身体、容貌、健康状况、生理缺陷等先天素质所带来的限制。例如，身体素质较差的学生难于成为优秀运动员；其貌不扬的人可能由于在人际交往等社会活动中处于劣势，往往无法在社交场合中潇洒自如、谈笑风生、展示自己的才能，甚至正常交友也会受到影响，使自己陷入孤寂境界等，这些都可能给大学生带来挫折感。

2. 生活环境的不适应

在校大学生平均年龄处于18～22岁之间，他们在生理上多已发育成熟，但其心理发展远没有成熟，仍带有一定的幼稚性、依赖性和冲动性。许多学生第一次离开家到一个全新的环境，一时难以顺利地实现角色转换，出现如水土不服、饮食不习惯、集体生活不适应、难以承受理想中的大学环境和现实中的大学环境之间的反差等，致使有的学生因为生活中遇到的一点困难或不如意的事情便产生挫折心理，出现孤独、苦闷、烦恼、忧愁等不良心理反应。

3. 自我认知偏差

大学生缺乏社会经验，往往不能正确地认识自我，当取得一点成功时，自我评价会偏高；而当遇到挫折与失败时，就会因产生失败感或焦虑苦恼的情绪而低估自己甚至自我怀疑与否定。

4. 人际交往不适

在大学校园这一特定环境之中,大学生具有强烈的归属感,对友谊、朋友有着热切的依恋和期望。由于交往经验与技巧的不足,交往过程中沟通不足、关系失调、人际冲突等现象时有发生,从而导致了心理挫折。

5. 动机冲突

动机冲突也是引起大学生心理挫折的重要原因。在现实生活中,人们常常会同时产生两个或两个以上的动机。如果这些同时并存的动机不能同时获得满足,并且在性质上又出现彼此相互排斥的情况时,就会产生动机冲突的心理现象。

6. 性与恋爱问题

大学生正处于向成人过渡的时期,他们有了强烈的性生理和性心理的需要,但是由于社会文化、学校规章制度、家长的约束等因素的制约,他们的性需要不得不延迟到毕业之后,通过婚姻的形式才能得以合法的满足,由此引起的挫折对大学生的健康和发展的影响是极其深刻的。大学校园里发生的许多严重问题往往是由爱情挫折问题引发的。

7. 挫折承受力

挫折承受力是指个体适应挫折、抵抗和应付挫折的能力,是个体在遇到挫折情境时,经受打击和压力,摆脱和排除困境而使自己避免心理与行为失常的一种耐受能力。挫折承受力是维护个体心理健康的一道防线。

第四节　大学生挫折应对能力的培养

一、以积极的心态面对挫折

心灵故事

吉姆·吉尔伯特的死亡

吉姆·吉尔伯特小的时候经历过一次意外,一天她跟着妈妈去看牙医,这本来是个很小的事情,她一会儿就可以跟妈妈回家了。但是我们知道牙病有时候会引发心脏病的。可能她的妈妈之前没有检查出来存在这种隐忧,结果让这个小女孩看到了惊人的一幕:她的妈妈竟然死在了牙科的手术椅上!

这个阴影在她的心中一直存在着。也许她没有想到要看心理医生,也许她从来没有想过应该根治这个伤痛,一直以来,她所做的就是回避、回避、再回避,在牙痛的时候从来不敢去看牙医。

后来她成了著名的球星,过上了富足的生活。有一天她被牙病折磨的实在忍受不了了,家人都劝她,就请牙医到家里来,咱们不去诊所,这里有你的私人律师、私人医生,还有所有亲人陪着你,你还有什么可怕的呢?于是家人请来了牙医。

意外的事情发生了：正当牙医在一旁整理手术器械、准备手术的时候，一回头，吉姆·吉尔伯特已经死去。

当时伦敦的报纸，记述这件事情的时候用了这样一句评价：吉姆·吉尔伯特是被四十年来的一个念头杀死的。

这就是心理暗示的力量，是心态的作用。当一个遗憾被无限放大时，它可以成为你生命中的一个阴影，影响到你的生命质量。吉姆·吉尔伯特的死正是由于她始终怀有一种痛苦的心态，一种对医治牙病的恐惧心态所导致的。这种消极的心态最终杀死了她。

二、改变对挫折的观念，珍惜挫折的经历

古往今来，凡立大志者，成大功者，往往都饱经磨难，备尝艰辛。逆境成就了“天降大任者”。古语云：“自古雄才多磨难，从来纨绔少伟男。”

心灵故事

石头的抉择

深山了有两块石头，第一块石头对第二块石头说：“去经一经路途的艰险坎坷和世事的磕磕碰碰吧！能够搏一搏，不枉来此世一遭。”

“不，何苦呢？”第二块石头嗤之以鼻，“安坐高处一览众山小，周围花团锦簇，谁会那么愚蠢的在享乐和磨难之间选择后者，再说，那路途的艰险磨难会让我们粉身碎骨的！”

于是，第一块石头随山溪滚云而下，历经了风雨和大自然的磨难，它依然义无反顾执着地在自己的路途上奔波。第二块石头讥讽地笑了，它在高山上享受着安逸和幸福，享受着周围花草拥簇的惬意。许多年后，饱经风霜、历经尘世之千锤百炼的第一块石头和它的家族已经成了世间的珍品、石艺奇葩，被千万人赞美称颂，享尽了人间的富贵荣华。第二块石头知道后，有些后悔当初，可一想到那么多的艰险和坎坷，还有粉身碎骨的危险，便又退缩了。

一天，人们为了更好地珍存那块石艺的奇葩，准备为它修建一座精美别致、气势磅礴的博物馆，建造材料全部用石头。于是，他们来到高山上，把第二块石头粉了身、碎了骨，给第一块石头盖房子。

第一块石头，选择了艰难坎坷，最终成了珍品；第二块石头却最后落了个粉身碎骨的下场。

只有不拒绝生命的雕琢，才能有所收获，挫折经验是人生最宝贵的财富。

近年来，越来越多的“90后”和“00后”走进大学，在成长过程中，这一代人遇到更多的是鼓励和掌声，而非挫折，但人生不总是阳光灿烂，总要遇到风霜雨雪。诺基亚公司在面试新员工时，会提出诸如“你从你上次的失败中学到了什么？”之类的问题，如果你回答“我从没有失败过”，那么你是一定不会被录取的！因为诺基亚公司相信，只有那些经历过挫折的考验并重新站立起来的人，才会懂得如何应对更大的挑战。在国际上还有类似的例子，如在联合国工作的应聘条件之一就是一年内你换过几次工作。

三、扫除自卑，建立自信心

生活中，我们发现，有的人面对再大的打击也能屡败屡战，而有的人却一遇到挫折就一蹶不振，其间的差别究竟在哪里呢？是信心。信心，是一种对自我的认识和肯定，是一种因了解自我和外界变化而产生的对生活的积极态度。很多时候我们因为对自己不够了解，加上来自四周的负面评价，就会对自己产生怀疑和否定；或是由于好高骛远，致使其总是因达不到目标而感到灰心丧气。

心灵故事

自信回归

在某小镇上有一个非常穷困的女孩子，她失去了父亲，跟妈妈相依为命，靠做手工维持生活。她非常自卑，因为从来没有穿戴过漂亮的衣服和首饰。在这样极为贫寒的生活中，她长到了十八岁。

在她十八岁那年的圣诞节，妈妈破天荒给了她二十美元，让她用这个钱给自己买一份圣诞礼物。

她大喜过望，但是还没有勇气从大路上大大方方地走过去。她捏着这点钱，绕开人群，贴着墙角朝商店走去。

一路上她看见所有人的生活都比自己好，心中无不遗憾地想："我是这个小镇上最抬不起头来、最寒碜的女孩子。"看到自己心仪的小伙子，她又酸溜溜地想："今晚盛大的舞会上，不知道谁会成为他的舞伴呢？"

她就这样一路躲着人群嘀嘀咕咕地来到了商店。一进门，她感觉自己的眼睛都被刺痛了，她看到柜台上摆着一批特别漂亮的缎子做成的头花、发饰。

正当她站在那里发呆的时候，售货员对她说，小姑娘，你那亚麻色的头发真漂亮！如果配上一朵淡绿色的头花，肯定美极了。她看到价签上写着16美元，就说我买不起，还是不试了。但这个时候售货员已经把头花戴在了她的头上。

售货员拿起镜子让她看看自己。当她看到镜中的自己时，突然惊呆了，她从来没有看到过自己的这个样子，她觉得这一朵头花使她变得像天使一样容光焕发！

她不再迟疑，掏出钱来买下了这朵头花。她觉得内心无比陶醉、无比激动，结果在售货员找了四美元后，她转身就往外跑，结果在一个刚刚进门的老绅士身上撞了一下。她仿佛听到那个老人叫她，但她已经顾不上这些，就一路飘飘忽忽地向前跑。

她不知不觉就跑到了小镇最中间的大路上，她看到所有人都向她投来了惊讶的目光，她听到别人在议论说，没想到这个镇子上还有如此漂亮的女孩子，她是谁家的孩子呢？她又一次遇到了自己暗暗喜欢的那个男孩子，那个男孩子竟然叫住她说："不知今晚我能否有荣幸邀请你做我舞会的舞伴？"

这个女孩子简直心花怒放！她想我索性就奢侈一回，用剩下得这四块钱回去再给自己卖点东西吧。于是她又一路飘飘然地回到了小店。

刚一进门，那个老绅士就笑着对她说："孩子，我就知道你会回来的！你刚才撞到我的时候，这个头花也掉下来了，我一直在等着你回来取呢！"

这个故事结束了，我们不妨来思考一下，难道真的是一朵花弥补了这个女孩生命中的缺憾吗？其实弥补缺憾的是她自信心的回归。自信原本就是一种美丽，且由自信而来的美丽不像一般的容貌之美，它由内及外，光彩照人，却又能历久弥新。但是若想拥有这样的美丽，必须先要将自卑扫地出门。

故事中的女孩，正是由于扫除了自卑，找回了自信，所以才能够光彩照人。

生活本来就是一种心情。人生一世，不可能永远鲜花似锦，阳光灿烂；有花香鸟语，也有急流险滩。但是只要你善于自恃，处“变”不惊，面带微笑，热爱生活，就能时时萌发新鲜而美好的激情，获取生活丰厚的赐予！

四、勇于再试一次

扫除自卑，建立自信的同时，还要敢于再试一次，只有这样才能最后战胜挫折，接近成功。

破译心灵密码

饥饿的鳄鱼

将一只饥饿的鳄鱼和一些小鱼放在水族箱的两端，中间用透明的玻璃板隔开。刚开始，鳄鱼毫不犹豫地向小鱼发动进攻，它失败了；接着又发动了第二次更猛烈的攻击，还是失败了，并且受了重伤；经过第三次、第四次……绝望的攻击后，它彻底放弃了。这时候，将隔板拿开，鳄鱼仍然一动不动，只是无望地看着这些小鱼在它的眼皮底下悠闲的游来游去。

这在心理学上被称为“习得无助感”，是一种对挫折听之任之的自我放逐的不良心理状态。挫折和逆境其实并不可怕，可怕的是挫折感以及由挫折感引起的不合理的退缩或消沉等挫折反应。

五、大学生挫折承受力的培养

1. 善于调节自我抱负水平

案 例 分 析

美丽的设想

某大学二年级学生高中时学习成绩一直很好，上大学后，也想出人头地，第一学期就给自己制订了严密的计划：第一学期成绩排第一名，然后顺利通过四六级，接着到大三再入党。结果，四级未能顺利通过，成绩也平平，之后得了抑郁症。

点评：案例中的同学由于自己的抱负水平与自己的实际情况不符，结果遭受挫折而得病。因此我们大学生应该合理培养自己的抱负水平。

自我抱负水平是指个人对未来可能达到的成功标准的心理需求，是指人们在从事某种实际活动之前，对自己所要达到目标规定的标准。如果一个人对自己规定的标准高，那么他的自我抱负水平就高；如果对自己规定的标准低，那么他的自我抱负水平就低。可见，自我抱负水平是自定的标准，仅仅是个人愿望，与个人的实际成就不一定相符合。一般而言，自我抱负水平直接影响个人的学习和生活，一个抱负水平较高的人，往往对自己的要求也较高,因而其学习、工作的效率也就较好;一个抱负水平低的人,对自己的要求也就低,缺乏积极性、主动性,因而其学习、工作的效果也就较差。但是,个人的自我抱负水平必须建立在对自己实际能力的正确认识的基础之上,如果一个人的自我抱负水平总是高于自己的实际能力,那就很难达到预期的目标,很容易遭受挫折。

2. 正确认识自我和评价自我

由于当代的大学生大多没有经历过艰苦生活的磨炼,社会阅历不够丰富,他们往往对自我的认识与评价不到位,要么高估,要么低估。他们一般有着极强的成就动机,总想出人头地、大展宏图,因而对自己的目标定位过高。但是,社会环境总是非常复杂的,面对激烈的竞争压力,大学生又缺乏迎接挫折与困难的心理准备,常常在挫折面前表现得信心不足、迷惘无措,情感表现得敏感、脆弱。因此,大学生必须正确认识自我和评价自我。

正确地认识自我和评价自我,就是指大学生应根据自己的学习要求、成长要求,恰当地分析自身的长处和不足,对自己的不足要有充分的理解,这样才能扬长避短、取长补短,实现自我价值。例如,某师范生的表达能力不好,很容易给自己带来压力和挫折困扰,若要扬长避短则要改变职业,若要取长补短则要加强口才的锻炼。当然是后者即解决内在问题更为有效。其次,要根据自己外部条件和内在条件的变化及时调整自己的期望水平、抱负水平,避免一些无谓的“碰壁”“撞墙”。

心理小贴士

认识自己的十大方法

(1)从现实和历史的状况中认识自己。
(2)从个人和大家的评价中认识自己。
(3)从工作和学习中认识自己。
(4)从事业和生活中认识自己。
(5)从自己的强项和弱项中认识自己。
(6)从以往的成功和挫折中认识自己。
(7)从感兴趣的和讨厌的事情中认识自己。
(8)从单位和家庭中认识自己。
(9)从生理和心理上认识自己。
(10)用传统的和科学的方法认识自己。

3. 确立合理的自我归因

在生活中,人们对行为的成功与失败进行归因是一件很平常的事,然而在这一过程中形成的归因倾向对人的心理承受力有很大的影响。心理学家研究表明,在归因中,有些人倾向于情境归因,认为外部复杂且难以预料的力量是主宰行为的原因。如一个学生认为自己成绩不好主要是由教师教学水平或是考卷难度太大等方面的原因造成的。有些人倾向于本性归因,即认为自身的努力、能力是影响事情的发展与行为结果的主要原因。例如,一个学生认为自己成绩不好是由于学习不够努力造成的。一般来说,进行本性归因的学生对自己的行为与学习有更多的自我责任定向与积极态度；但是从对失败的归因方面来看，由于他们倾向于把原因归于主观因素，就容易自我埋怨、自我责备。如果这种自责、悔恨过多，就会给他们带来挫折感和心理损伤。因此，大学生首先要学会多方面收集关于事件的信息，了解真正的原因；其次要学会合理的归因，避免归因的片面性，学会实事求是地承担责任，克服过分承担或完全推诿责任的倾向，避免过多自责带来的挫折感。再次要积极采取措施，主动改变挫折情境因素，从而有效应对挫折。

心理小贴士

五大归因理论

（1）海德的归因理论：海德重视对人的知觉的研究，认为对人的知觉的研究实质就是考察一般人处理有关他人和自己的信息的方式。海德关于环境与个人、外因与内因的归因理论成为后来归因研究的基础。他认为，对人的知觉在人际交往上的作用就在于使观察者能预测和控制他人的行为。

（2）维纳的归因理论：内因–外因方面只是归因判断的一个方面，还应当增加另一个方面，即暂时–稳定方面。这两个方面都是重要的，而且是彼此独立的。暂时–稳定方面在形成期望、预测未来的成败上起着至关重要的作用。

（3）阿布拉姆森等人的归因理论：阿布拉姆森、M. E. P. 塞利格曼和T. D. 提斯达尔等人于1978年进一步发展了维纳的归因理论。他们依据习得的无能为力的研究对失败的归因做了补充，提出了第3个方面，即普遍–特殊方面。

（4）凯利的归因理论：凯利在1973年提出，可以使用三种不同的解释说明从事该行为的原因：归因于从事该行为的行动者；归因于行动者的对手；归因于行为产生的环境。

（5）琼斯和戴维斯的归因理论：当人们进行个人归因时，就要从行为及其结果推导出行为的意图和动机。推导出的行为意图和动机与所观察到的行为及其结果相对应，即对应推论。一个人关于行为和行为原因所拥有的信息越多，他对该行为所做出的推论的对应性就越高。一个行为越是异乎寻常，则观察者对其原因推论的对应性就越大。

4. 增强挫折认知水平

心理研究表明：一个人越是能够获得与挫折事件相关的信息，就越能够有效地处理它，越是参加到他怕面对的挫折情境中去，就越能够有效地对付这种情境。可见，个体对挫折的反应和承受能力不仅取决于挫折情境本身，更重要的是取决于其对挫折的认知。既然挫折是社会生活的组成部分，是不可避免的人生经历，大学生应该正确地认识挫折、战胜挫折，并把挫折作为通向成功的阶梯。

正确地认识挫折首先应该认识到挫折的两重性，即挫折一方面对人有消极的影响，如挫折会影响个体实现目标的积极性，降低个体的创造性思维水平，损害个体的身心健康；另一方面也有积极的作用，如挫折能增强个体情绪反应的力量，增强个体的容忍力，提高个体对挫折的认识水平。因此，辩证地看待挫折的两面性，就能够变不利因素为有利因素，化消极因素为积极因素，促使挫折向积极方面转化。另外，大学生还应学会正确认识客观事物、挫折情境。

破译心灵密码

破茧成蝶

关于“破茧成蝶”，有这样一则故事：小小的蛹正努力挣扎着从茧上的小缝隙中蜕变，但几个小时过去了，它似乎还没有什么进展。一个路人决定伸出援手，他用剪刀小心翼翼地将茧破开，于是一个小而萎缩的蛹很容易便挣脱了出来，它的翅膀紧紧地贴着身体……是的，它只能被称作蛹，尚不是蝶。因为这位好心人不知道的是，蝴蝶从茧上的小口挣扎而出，是一个试炼，只有经历了这个过程，它的体液才能由身体被挤压到翅膀，才能在破茧而出后展翅飞翔。

挫折是一个人成长与发展不可缺少的。生命中每个挫折、伤害、打击都有它的意义，也许你正在经历痛苦的煎熬，也许你正在面对不同的挑战，也许你正在踏上你一个人的旅途，但不要退缩，不要轻言放弃，因为迎接你的是胜利的曙光。

5. 构建成熟的心理防卫机制

受挫后的心理防卫机制有很多，但有利于大学生成长的积极的心理机制表现为升华、补偿等方面。升华的心理防卫机制能够使大学生在遭遇挫折后，把内心的痛苦化为一种动力，转而投入到有益的生活学习中，这无疑是人们在挫折后的最佳应用。补偿、文饰、幽默等心理防卫机制能使大学生获得平衡心理，保持自尊，减轻内心的痛苦和焦虑，因而也不失为受挫后较理想的心理防卫方式。另外，合理的情绪宣泄也是缓解大学生受挫后心理紧张和焦虑，保持其身心健康的有效机制。总之，构建成熟的心理防卫机制，不仅有助于大学生提高自身的心理健康水平，也有助于大学生自信心的培养与意志力的磨炼。

6. 建立和谐的人际关系

心理学研究表明，一个人与他人一起处在挫折压力中时，可以降低消极情绪体验。因此，大学生在面对挫折时，除了积极改变自我之外，还应学会交往，与他人建立良好的人际关系，这对其压力的缓解也是很有帮助的。交往是人们为了交流思想和感情而彼此间相互作用的过程，它使人们的关系在互动过程中相互了解、相互依赖，形成稳定的心理联系，满足人们的情感需要。同时，由交往形成的人际关系又可以满足人的归属、情谊、认可等社会性需要。因此，学会交往、建立良好的人际关系是提高大学生应对挫折的能力的有效手段。

大学生加强人际交往，融洽人际关系时，首先要掌握交往技能，使自己与别人的交往得以顺利进行。例如，掌握基本的礼节礼貌、良好的口头表达等。其次要养成良好的交往品质，要自觉地择友而交，要相互理解、相互尊重，要对朋友真诚、宽容。最后要把握各种机会参与交往，并保持沟通畅通，以免出现误解，产生不愉快。

人生路途漫漫，顺境时切莫得意忘形，不要被冲昏头脑；逆境时也莫逃莫避，而应奋起直追，一如既往地驶向彼岸，以自信的、灿烂的微笑去咀嚼挫折，最终，你将在咀嚼中汲取宝贵的营养，获得思维的升华，从而成功地跨越这道障碍。

第五节　大学生压力管理

如果在森林里碰上一群老虎，人的第一反应是什么？有人说跑，有人喊打。但是稍有野外生存常识的人都知道，如果在森林里碰上一群老虎，最忌讳的就果你扭身就跑，在现实生活中，我们也常常会遇到一些隐性的“老虎”，比如压力，如果你闪身要跑，那么只会被它缠上，还有可能被咬个遍体鳞伤。那么打呢？你能保证把它打跑吗？

真正的挑战是怎样认识压力源和做出建设性的反应，而不是试图消除压力。在压力应对中，预防比努力治愈要容易得到，包括对压力信号保持敏感，并想办法使自己保有精力，学会如何使用闲暇时间使自己精力充沛。

一、压力应对的几种心理学观点

谈到压力，必然要提到如何应对压力。莫斯（Moss）提出，应对行为可分为：功能性应对（emcioal　oping），即对问题采取行动去学习求助，设法面对困难及压力，并加以解决；非功能性应对（unfunctional　oping），即面对工作压力有反向的行为，如攻击无辜、责骂他人、孤立自己或吃东西消除紧张。如果选择不具功能性的应对行为，可能使自己更易陷入孤独、疲惫的状态，不敢正视问题，进而服用镇静剂，终至不能自拔的地步，这样可能产生更多的压力。总之，应对是个体在与环境的互动过程中，当面临超出个人能力范围的压力时，为了重新建立生理与心理的平衡所采取的处理或解决问题的方法。如果应对方式有效，则可以减轻或免除压力困扰；反之，如果应对方式无效，不但不能克服压力，反而可能引起生活上的种种困扰，造成身心疾病或引发各种偏差行为，从而形成新的压力来源。

心理学家与社会学家对应对行为的形成大致有以下几种观点：

1. 心理防御机制的观点

该观点源于弗洛伊德的自我防卫机制理论，认为个体面临压力事件时会无意识地运用压抑、否认、投射、退化、隔离、抵消、转化、合理化、补偿、升华、幽默、反向形成等防御机制来应对问题。这一观点强调了应对是在无意识层面上进行的。目前，应对领域研究的防御机制已不再是弗洛伊德提出的概念，而是更倾向于强调个体对环境社会的适应性应对及实证研究，并注重意识领域的研究。

2. 人格功能理论的观点

人格功能理论认为个体广泛而稳定的人格特质决定其应对方式，每个个体都处于和应对有关的几种人格维度上。如内向—外向（Eysenck，1947）、面对—逃避（Coelhoetal，1974）、抑制—敏感（Byme，1964）。因此，不同个体的应对方式由于人格特质而具有个体差异，不同情境下同一个体的应对方式具有相对稳定性。该理论过分强调人格特质对应对方式的影响而忽视了具体应激情境对应对方式的影响(Antonovsky, 1979)。

3. 情境理论的观点

该理论强调情境因素在个体应对方式选择中的决定性作用,应对是对特定情境的反应,注重不同情境下个体应对方式的研究。与人格功能理论截然相反,它忽视人格特质、个体差异对应对的作用,因此不能说明同一压力情境下个体应对方式的差异,也不能说明在不同时间、同一个体、同一压力情境下应对方式的差异。此外,也不能对客观情境的压力与主观体验到的情境压力做出区分。因此,对应对缺乏一定的解释效力。

4. 相互作用理论的观点

这一观点强调具体的人、具体的环境、具体时间对具体应对方式的影响。认为应对是个体与环境之间相互作用的动态过程。它既承认应对的个体差异性,又秉承情境的变化性,在一定程度上克服了人格功能和情境论的缺陷,被认为是一种相对全面的应对理论。台湾学者吴英璋研究压力因素时,指出可从个人与环境的互动着手,在生活环境发生改变的时候,个体感受到的压力来自其需求与应对能力的比较过程。在整个互动进程里,若要求与应对能力出现不平衡,则压力情绪或压力反应随之而发生。而一旦个体所使用的应对无效,压力就会持续下去,并形成异常的反应,严重时会导致生理上的损伤。

二、大学生压力管理

压力管理就是个体用有效的方法应对在压力情况下生理、心理唤起。那么,如何进行有效的压力管理呢? 清华大学教育研究所樊富珉教授认为,与压力相处需要解决生理层面、心理层面和社会层面的问题。

1. 生理层面

生理层面就是通过放松训练、体育运动、呼吸调整等达到躯体上的放松。既然压力会影响到我们的生理健康状况,学会及时地放松自己的身体就成为必要。这样,才能保证你有足够的能量和体力去应付每天的生活、学习和工作。进行身体放松的方法有6种。

(1)肌肉放松法。这种方法可以在家里比较隐私的地方进行,也可以在教室进行;可以在清晨安静时进行,也可以在公交上帮助你舒缓紧张的神经。

放松之前先调整好情绪,不要产生着急、害怕、焦虑等感觉。接着,以最舒适的坐姿坐在椅子上,闭上眼睛,双腿舒适地分开,不要交叉。开始深呼吸,先呼气停留腹腔几秒,然后完全充分地呼出。在吸气时,注意胸部和横膈膜的些许紧张感,呼气时,注意放松时软弱无力的感觉。然后反复吸气和呼气,注意体会每个过程的感觉。

然后试着把注意力放在右胳膊上一会儿,收缩二头肌,肌肉越紧张越好,保持住这种紧张约10秒,此时注意体会那种紧张的感觉。感觉到不舒服以后,缓缓地放开,放松下来,注意体会肌肉柔软无力的感觉,并将前面的紧张与后面的放松进行对比。按此重复几次，收缩，保持，体会紧张的感觉，放松，再体会放松的感觉。

（2）音乐放松法。音乐除了有美学与娱乐性的价值外，常被应用到心理治疗上。音乐治疗能够诱发生理反应，协助人们放松和调适压力，达到身心舒畅的目的。但是，每个人对音乐的反应及喜好都不同，放松的效果可能会因年龄、健康、生活方式等因素而产生差异。选择一个舒适的环境，坐着或躺着，闭上双眼。选择节奏较慢、意境辽远的抒情音乐播放，可达到放松身体的目的。

（3）香味放松法。香味能够放松情绪、舒缓压力，有时更令人心旷神怡、精神为之一振。常见的香味放松方法如下：

①香薰油——可配合不同用途，如浸浴时加入具有舒缓压力的芳香精油，如薰衣草、柠檬等。

②香薰沐浴皂——洗澡时使用特殊香味的香皂或沐浴液可令人心旷神怡。

③花草茶——用不同花种的花草茶会有不同疗效。

（4）慢速运动放松法。

①散步、慢跑。经常做这样的慢速运动不仅能够舒展筋骨，使大脑得到休息，还可以消除烦恼及控制紧张、焦虑的情绪。散步可以选择在午饭后10～20分钟进行，这样有助于肠胃消化；散步时，尽量不要选择马路边、地下超市这些人多热闹的地方。

②太极拳、瑜伽。太极拳由体操和武术两种运动形式组成，练习时必须慢慢地做，细心穿模，才能刚到达“领悟”的晨读，有助于使呼吸缓慢下来，带来平和的心境。

瑜伽是起源于印度的一种古老的练功方式，主要是模仿一些动物的姿势。在练习时，要求完成一种姿势后，以静止的状态保持一段时间，同时做深呼吸。通过呼吸使以这种姿势伸展的肌肉松弛下来。这样，当改换另一种姿势时，这些肌肉的紧张程度将完全放松下来。

（5）生物反馈法。生物反馈法是在行为疗法的基础上发展起来的一种新型心理治疗技术和方法。它利用现代生理科学仪器，通过人体内生理或病理信息的自身反馈，消除病理过程，使患者身心健康。

身体的每一部分都影响着人的松弛感。一个人肌肉松弛，皮肤温暖，但心跳还是快的，脑电波频率还是高的，就不能算是完全放松，生物反馈可以帮助人们发现神经系统哪一部分没有放松，提高我们对身体松弛状态的全面觉察。

学习打字、打球、弹钢琴等技能时，成功的关键在于获得反馈信息，从反馈信息中了解前一个动作的准确与错误，离目标的远与近，不断修正之后的动作，最终使动作达到正确熟练。一个初学偷懒的人，如果被蒙住了眼睛，得不到视觉性反馈信息，不知道投出的球偏离目标多远，不知道投球的姿势和力量该做怎样的修正才能接近目标，那么，不管他练多少次，他就不可能学习投篮。与技能学习类似，生物反馈对于学会放松也很重要。生物反馈利用现代化的技术手段，在电子仪器的帮助下，使病人一般感觉不到的体内的生理变化信息（如血压升降、心率快慢、胃肠蠕动、脑电波形等）显示出来，加以方大，让病人自己直观地看或听到它；病人可通过自我意识主动调节自己生物信息的变化，譬如降低或升高血压、调节心率等。生物反馈学习过程就是学习正确操作性条件反射，对抗病态性条件联系，从而矫正不良行为和习惯，消除病体症状，达到治疗疾病的目的。

(6)相互拥抱。催产素又称“拥抱激素”或“爱情激素”,由大脑下视丘神经元分泌。据研究发现,它能缓解不安感和心理压力。因此,当人在有强大压力的情况下,与朋友、亲人紧紧相拥,可缓解压力。

2007年的一项动物实验中,一只草原田鼠与群体隔离进行单独饲养后,其身上表现出不安、压力、忧郁等症状,经注射催产素后症状得到了缓解。催产素虽然一般是在性行为、分娩、哺乳时自然分泌,但如果与朋友拥抱或者与爱犬嬉戏等行为,也能促使催产素的分泌。

2. 心理层面

心理层面就是改变认知。面对同样的遭遇,不同的人会有不同的认知,如英语四级没过,有的同学权当练习,认为下次再过也没有关系,有的同学却深受打击,因认为自己辛苦付出却毫无回报而懊恼、伤心,类似的认知差异在大学生中普遍存在,大家往往因为一些不恰当的非理性的认知而导致压力过大。大学生应该如何调整认知,缓和或消除精神压力呢?

心灵故事

压力管理的小故事

有一位讲师在压力管理的课堂上拿起一杯水,然后问听众说:“各位认为这杯水有多重?”听众有的说20克,有的说500克。

讲师则说:“这杯水的重量并不重要,重要的是你能拿多久? 拿一分钟,各位一定觉得没问题;拿一个小时,可能觉得手酸;拿一天,可能得叫救护车了。其实这杯水的重量是一样的,但是你若拿越久,就觉得越沉重。这就像我们承担着压力时一样,如果我们一直把压力放在身上,到最后我们就会觉得压力越来越沉重而无法承担。我们必须做的是,放下这杯水休息一下,再拿起这杯水,如此我们才能够拿得更久。所以,各位应该将承担的压力于一段时间后适时地放下并好好地休息一下,然后再重新拿起来,如此才可承担得越久。”

大学生在面对学习、情感、就业等种种压力,应该将这些压力适时地放下,充分地休息后再重新拿起这压力,如此我们就不会觉得压力沉重了。

(1)归因风格的调整。归因风格(attributional style)是指个体在长期的归因过程中形成的比较稳定的归因倾向。不同的归因风格的人在同样的遭遇中所承受的压力也有差异。

破译心灵密码

乐观与悲观

有研究结果显示,大学生对有效线索靶刺激的反应明显快于无效线索条件,在线索有效的条件下,无论情绪的信息属性如何,被试对靶刺激的反应时都小于无效线索条件。

在有效线索条件下,乐观个体与悲观个体对情绪信息的注意警觉存在交互作用。乐观个体对正性线索的靶刺激的反应明显快于悲观个体，悲观个体对负性线索的靶刺激的反应速度快于乐观个体。注意警觉的发生是由于选择性注意机制对不同情绪信息的注意加工，正性信息总是能够比较快且容易地引起乐观个体的注意，使其分配到更多的正性信息的注意资源，导致个体对其靶刺激的反应更快。悲观者对负性信息投入更多注意，Neisser的创造性综合选择说表示，乐观个体与悲观个体对情绪信息的选择性注意策略应该有差异。乐观个体优先注意加工正性信息，摈弃与乐观自我相抵触的负性信息，以继续丰富自身长期构建的正念认知图式，悲观个体总是以逆思维方式进行思考。

乐观个体和悲观个体对情绪信息的注意偏向的差异类似体现在注意解除。在负性线索条件下，乐观与悲观对无效靶刺激的反应比有效靶刺激表现反应延迟差异，就是对负性图片存在注意解除困难。悲观个体的视线转移明显慢于乐观个体，说明悲观个体对负性信息的注意解除更加困难，说明悲观个体对负性信息的注意警觉更强，注意警觉又抑制他们注意转移。正性线索条件下，乐观个体对正性图片必须转移困难，注意警觉与注意解除结果说明乐观个体对负性信息分配的注意资源确实大于正性信息，解释应该是由于人类的适应性生存发展需要对威胁性信息表现的警戒性提高。这个条件下，悲观个体没有表现注意解除困难，表现对正性图片的注意回避，是一个令人感到意外的，这些需要继续研究。

按照不同的维度，归因风格可以分为内部的和外部的、稳定的和不稳定的、普遍的和特殊的、本性的和情境的等。通常情况下，心理学家们主要研究个体内部的和外部的归因风格。

①内因和外因。内因是指存在于个体内部的原因，如人格、品质、动机、态度、情绪、心境及努力程度等个人特征，将行为原因归于个人特征的，称为内归因；外因是指行为或事件发生的外部条件，如背景、机遇、他人影响、任务难度等，将行为原因归于外部条件的，称为外归因或情境归因。

②稳定性原因与易变性原因。在行为的内因与外因中，部分是可变的，另一部分是稳定的。如内部原因中，人的情绪是易变的，而人格特征、能力则会在长时间内保持稳定；外部原因中，工作性质与任务难度相对稳定，而气候条件则易于变化。

③可控性原因与不可控原因。对可控性因素的归因，人们更可能对行为做出变化的预测，因为个体努力了，结果就会好；个体不努力，结果就不理想。如果行为原因是不可控的，如智力因素、工作难度等，则表明个体通力努力也有可能无能为力。

美国心理学家伯纳德·韦纳（B. Weiner，1974）认为，人们对行为成败原因的分析可归纳为以下6个原因。

- 能力：评估个人是否能胜任该项工作。
- 努力：个人反省检讨在工作过程中是否尽力而为。
- 任务难度：凭个人经验判定该项任务的困难程度。
- 运气：个人自认为此次任务的成败是否与运气有关。
- 身心状态：工作过程中个人当时的身体及心情状况是否影响工作成效。
- 其他因素：个人自觉此次成败因素中，除上述五项外，尚有何其他影响因素（如别人帮助或评分不公等)。

以上六项因素是一般人对成败归因的解释或类别。韦纳按各因素的性质,将其分别纳入以下三个向度之内。

- 控制点(因素源):当事人自认影响其成败因素的因素,是来自个人条件(内控),抑或来自外在环境(外控)。在此向度上,能力、努力及身心状态属于内控,其他各项则属于外控。
- 稳定性:当事人自认影响其成败的因素,在性质上是否稳定,在类似情境下是否具有一致性。在此向度上,六因素中能力与任务难度是不至随情境改变的,是比较稳定的,其他各项则均为不稳定者。
- 可控性:当事人自认影响其成败的因素,在性质上是否能够由个人意愿所决定。在此向度上,六因素中只有努力是可以凭个人意愿控制的,其他各项均非个人能力所及。

韦纳等人认为,我们对成功和失败的解释会对以后的行为产生重大影响。如果把考试失败归因为缺乏能力,那么以后的考试还会期望失败;如果把考试失败归因为运气不佳,那么以后的考试就不大可能期望失败。

主要论点:

第一,人的个性差异和成败经验等影响着他的归因。

第二,人对前次成就的归因将会影响到他对下一次成就行为的期望、情绪和努力程度等。

第三,个人的期望、情绪和努力程度对成就行为有很大的影响。

韦纳从个体的归因过程出发,探求个体对成败结果的归因与成就行为的关系,对影响行为结果的可觉察的原因特性、原因结构和原因归因与情感的关系以及情感反应的激励作用等都提出了创造性的见解。他认为每个人都力求解释自己的行为,分析其行为结果的原因。无论是成功还是失败,一个人在分析其根由时,主要有三个维度与六个因素。三维度与六因素的结合如表3-2所示。

表3-2 成败的三维度与六因素

	稳定性		内/外在性		可控性	
	稳定	不稳定	内在	外在	可控	不可控
能力高低	+		+			+
努力程度		+	+		+	
任务难度	+			+		+
运气好坏		+		+		+
身心状态		+	+			+
外界环境		+		+		+

从上述的表述中，我们可以看到，归因倾向有积极归因和消极归因之分。凡是将成败视为自己的责任的学生（如努力程度），是较为积极的；凡是将失败归因于自己能力不足或者其他外在因素的，则是较为消极的。教育心理学家把积极归因的学生称为求成型学生，把消极归因的学生称为避败型学生。求成型学生相信自己能够应付挑战，即使失败，他们也不把自己的能力视为失败的原因，而是把努力的程度视为成败的关键。避败型学生对应付困难缺乏信心，把失败归因于能力不足，把成功归因为运气或工作容易。求成型学生深信自己能掌握自己的命运，而避败型学生则听天由命由外界主宰。在遭遇困难或挫折时，求成型学生与避败型学生相比，更不易感受到压力，对压力的调控能力也更强。

一个人从希望到失望，最后到绝望的过程很大程度上是一个内归因的过程，即将行为的原因更多地归因于内部，于是得出结论：自己的能力、才干都处于弱势，毫无可取之处。这样的结果，使其将对事件的失望转为对自己的失望，压力不但没有得到缓解反而还增强了。所以遇事要能够客观地分清内因和外因，做到合理的归因，这是压力释放的第一步。

（2）巧用防御机制。防御机制是个人在精神受干扰时用以避开干扰，保持心理平衡的心理机制，最早由弗洛伊德提出，常在无意识状态下使用。当我们遭遇困难或挫折时，可采用下列心理防御措施来缓解压力、调整心态。

①时间遗忘法。时间是最好的解药。当我们出现情感问题与心理压力时，随着时间的逝去，积极地忘记过去的、眼前的不愉快，随时修正自己的认知观念，那么，痛苦的经历将不再会影响你的未来。因此，当你遇到问题时，请避开当前的问题，给自己一些时间，慢慢调整。

②自信激励法。心理暗示的作用大到你自己都无法想象。多鼓励自己，能让自己更好地自信与振作起来。只要你相信自己是最好的、最可以依赖的，是无所不能的，那么，你就真的可以做到无所不能。

③顺其自然法。顺其自然看似简单，做起来却很难，但是它的效果也是最显著的。当你能做到宠辱不惊、去留无意时，还有什么不能放下呢？还有什么心理压力不能放松呢？

④淡化功利法。现在是一个功利价值观的社会，很多人都是为了功利而在努力奋斗着。适当的功利并没有坏处，但是过度功利化就会让我们的心理压力增大。所以，一个人要建立合理的、客观的自我期望值和奋斗目标，有时做事可往最坏处着想，但要向最好处努力。

⑤换位思考法。认知心理学认为，并不是刺激引起我们的心理反应，而是我们对刺激的看法引起了我们的心理反应。也就是说，你的心理压力并不是现实的刺激所引起的，而是你对现实刺激的看法所引起的。换一个角度、换一种认知去看待问题，也许在你眼中那些不公平的事情、不协调的人际关系、不愉快的情感体验就会豁然开朗。

⑥有计划地担忧。美国宾夕法尼亚大学研究发现，一天专门抽出30分钟时间担虑，有助缓解心理压力。研究指出，安排出固定的时间去思考需要担忧的问题，而不是浪费过多时间与精力去做无谓的担忧，更有助于把心思集中在工作、学习与生活上，能

更有效地减轻心理压力。

同时,这样也能有效地减少抱怨。英国肯特大学研究发现,有完美主义倾向的人在面临困难时就算已经向人倾吐了烦恼,心情也会更低落,心理压力会更大,因为他们永不满足,一直在抱怨。美国爱荷华大学心理学布西曼教授也对此做出过解释,称不管有无完美主义要求,抱怨都只会令心理压力有增无减。

3. 社会层面

社会层面就是要处理好各种关系,如同事、夫妻、朋友的关系等,建立强大的社会支持系统对压力的舒缓非常重要。

在遇到棘手的问题时,我们有时会去寻求他人的帮助,有时自己解决。不论是寻求他人的帮助还是自己解决,都需要我们的应对资源。一般来说,应对资源可分为社会资源和个人资源。社会资源包括亲密的人际关系和以此扩展的网络,这些人际网络就是我们的社会支持系统,是我们寻求帮助和支援的重要途径。

社会支持即个人在社会体系中,觉得受到关心、尊重与协助,这些来自社会他人的资源可帮助我们减少或缓解压力问题,或增加个人的应对能力。社会支持起到了一种屏障作用,可防止个体受到压力的消极作用的影响。

社会支持的形式包括情感性支持、物质性支持、信息性支持、抚育性支持和网络支持等。它是影响心理健康的一个重要因素。个体所获得的社会支持对其积极适应社会和寻求个人发展有着显著影响,它能够缓解精神紧张状态,减轻心理应激反应,提高社会适应能力。

因此,当你受到压力威胁时,你不妨与亲友一起讨论目前的压力情况,把心理的症结说出来,不要闷在心中。

思考与学习

(1)简述大学生活中常见的挫折及大学生心理挫折产生的原因。

(2)大学生的压力源和压力的种类有哪些?

(3)结合自己的生活,谈谈在日常生活中你是如何进行压力管理的。

心理训练营

“竞争你、我、他”游戏:在挫折中站立

操作方法:开始时,大家都处在“蛋”的状态,然后,每两人一组,进行猜拳,赢的升为“小鸡”,输的继续在“蛋”的状态。接着,赢了的队员再两两一组,进行猜拳,赢了的升为小鸟,输的则回到“蛋”的状态,和同样处在“蛋”的状态的队员猜拳……依此类推,直到连赢五次,经历完从“蛋—小鸡—小鸟—猴—人”的“五部曲”,才算胜利。

“Oh,My God! 就差一步了……”“怎么又变成蛋了!”这是我在“人生五部曲”这个游戏中说得最多的话。很多人也会有此感叹,特别是最后还是蛋的人。这个游戏内容简洁、规则方法都很简单,但却意味深长。如果把人生比作五个阶段的话,我们开始都是平等的“蛋”,但一轮过去了,赢的长成小鸡,输的仍然是蛋。做小鸡的想继续升级,

做蛋的想变成小鸡。每个人都在盘算着自己的下一步，竞争无处不在。在游戏中最郁闷的莫过于在猴变人那一关被打回蛋。因为只差一步就可成功了，到最后却又得从头再来，真有种前功尽弃的感觉。然而，差别出现了，有的人放弃了，有的人却心不甘，继续抗争着……

这个游戏正象征着人生的曲折、坎坷。我们正是在不断的挫折中成长、进步。人生中有许多进进退退，正如这个游戏的进化过程，很多时候，当我们付出很多努力，却不得不从头再来时，你是否依然有勇气？命运完全掌握在你手中，抱怨与嫉妒只会让你意志消沉，萎靡不振；信心和勇气才会让你成功。其实，人的一生就是在不断地寻找、认识、完善自我的过程。每一次挫折，都能帮助我们找到自己独特的位置和价值。

心 理 小 测 试

心理压力自测量表

下面有20道测试题，每题有“是”“否”两种答案。选“是”，加1分；选“否”，不加分。测试完毕后，将所有分数相加得到总分。对照后面的测试结果分析，即可知道自己处于什么状态下了。

（1）站立时有头晕感觉。

（2）有口腔溃疡的现象，并且舌苔出现异常现象，如颜色加重、舌苔增厚等。

（3）有耳鸣现象出现。

（4）经常感到喉咙或咽喉疼痛，嗓子干涩不适。

（5）食欲下降，即使是很饿或者面对喜欢吃的东西，也提不起胃口，并且进食后有难以消化的感觉。

（6）经常便秘或腹泻，并感觉腹胀、腹痛。

（7）肩膀、脊椎僵硬，并伴有酸痛感觉。

（8）常患伤风感冒等小毛病，并不易痊愈。

（9）感觉眼睛肿胀、干涩、容易疲劳。

（10）经常出现手脚冰凉现象。

（11）有心慌、心悸等感觉出现。

（12）常感觉胸闷气短、胸痛、呼吸困难、甚至有窒息感。

（13）常有头晕眼花的症状出现，并感觉头部沉重或大脑不清晰。

（14）体重下降。

（15）清晨起床困难，常有不愿起床的倦怠感。

（16）经常感觉疲劳，注意力下降，精神不集中。

（17）情绪烦躁、暴躁、易怒。

（18）不愿与人交际，甚至有厌倦感。

（19）出现鼻塞的症状。

（20）睡眠质量不好，容易做梦，甚至做噩梦；醒来之后不易入睡。

结果解释:将得的分数分数相加,低于5分,说明你承受的压力很小;6～10分,属于正常情况,说明压力在你的承受范围之内,没什么大碍。11～15分,说明你的压力较大,已经给你的身体造成不适感,要及时进行防范和调整;16～20分,说明你的压力太大了,已经处于很紧张的状态之中,并对身体造成严重的危害,威胁到了健康,建议及时就医。

第四章　早知今日欢同笑，悔却从前怨怒嗔
——人际交往

以责人之心责己，以恕己之心恕人。
成人之美，仁者爱人，宽则得众。
仁者爱人，智者知人。
人成功的第一要素是懂得如何搞好人际关系。

心理定律

布朗定律——找到心锁就是沟通的良好开端

一把坚实的大锁挂在大门上，一根铁棒费了九牛二虎之力，还是无法将它撬开。钥匙来了，他瘦小的身子钻进锁孔，只是轻轻一转，大锁“啪”的一声就打开了。铁棒好奇地问：“为什么我费了那么大的力气也打不开，而你却轻而易举地就把它打开了呢？”钥匙说：“因为我最了解它的心。”

这则故事告诉我们，知道别人最在意什么，别人的意愿就会在你的把握之中。每个人都希望自己成为一个成熟的人、一个受欢迎的人，希望自己在别人眼里是重要的，是被人注意的；但是很多人并不懂得怎样与别人沟通。布朗定律是指一旦找到了打开某人心锁的钥匙，往往可以反复使用这把钥匙去打开他的某些心锁。

第一节　人际关系解读

心灵故事

六　尺　巷

康熙年间，宰相张英家世代居住在桐城，他的府第与吴宅为邻。有一年，吴家建房子时占据了张家的空地，张家不服，双方发生了纠纷，互不相让，于是告到了县衙门。因为张、吴两家都是显贵望族，县官左右为难，迟迟不能判决。张英家人见有理难争，就写信向张英告知此事，想让宰相给家中撑腰。张英看完家书后，并不赞成家人为争夺地界而惊动官府的行为，于是便提笔在家书上批诗四句：“一纸书来只为墙，让他三尺

又何妨,长城万里今犹在,不见当年秦始皇。”寥寥数语,寓意深长。张家接到书信后,深感愧疚,便毫不迟疑地让出了三尺地基。吴家见状,觉得张家有权有势,却不仗势欺人,被“宰相肚里能撑船”的大度所感动,于是也效仿张家向后退让了三尺地基,便形成一条六尺宽的巷道,被乡里人称之为“六尺巷”。

人是社会性的动物,有了人类就有了人际交往。良好的人际关系对每个人来说是非常重要的。如果拥有良好的社会关系,我们就会更健康、更快乐、更成功;反之,如果没有良好的社会关系,我们就会感到孤独、寂寞、无助,进而影响到身心健康和幸福感。建立良好的人际关系是最让人感到快乐和振奋的正向生活事件,而失去人际关系是最糟糕、最让人难过的事件之一。从心理健康的角度来讲,几乎所有的心理问题都与人际问题有关。

一、人际关系的内涵

人际关系是人们在进行物质交往或精神交往的过程中发生、发展、建立的人与人之间的关系。古人云:“以人为镜,可以明得失。”美国社会心理学家费斯汀格认为当人们在缺乏客观的是非社会标准的情况下,他们将通过与他人的对比来估价自己。日本心理学家铃木敬二指出,人们常常从别人对自己的态度和评价中了解自己在他人心目中的形象和在社会中的地位,并参照别人的评价来客观地认识自己。我国著名心理学家丁瓒指出,人类的心理适应,最重要的就是对人际关系的适应。1990年美国密执安大学教授考斯的研究表明,人际关系的紧张会导致许多心理与生理病变,可见,人际关系对我们的身心健康、社会适应、事业发展都起着非常重要的作用。

1. 交往与个性发展

心理学的研究结果表明,儿童与其照看者之间通过积极的交往形成的稳定的亲密关系,是其心理乃至身体正常发展不可缺少的条件。与此同时,如果儿童缺乏与成人的正常交往及由此建立起来的亲密关系,不仅性格发展会出现问题,连智力也会出现明显的障碍。例如,孤儿院里的孩子被普通家庭收养后,心理交往的状况发生根本改变,其智力发展很快就赶上了正常孩子。

2. 交往与心理健康

心理学家的研究表明,如果一个人长期缺乏与别人积极的交往过程,缺乏稳定、良好的人际关系,那么这个人往往有明显的性格缺陷。在心理健康教育实践中,我们也注意到,绝大多数大学生的心理危机与缺乏正常人际交往和良好人际关系是相联系的。在同一个宿舍里,同伴之间的心理交往状况,往往决定了一个大学生是否对大学生活感到满意。那些生活在没有形成友好、合作、融洽的人际关系的宿舍中的大学生,常常显示出压抑、敏感、自我防卫、难于合作的特点,情绪的满意程度低;在融洽的宿舍里生活的大学生,性格则以欢乐、注重学习与成就、乐于与人交往和帮助别人为主。可见,人的心态与性格状况直接受到与别人的交往状况的影响。

心理学家曾从不同角度做过大量研究,结果表明:健康的个性总是与健康的人际交往相伴随的。心理健康水平越高，与别人的交往就越积极，越符合社会的期望，与别人的关系也越深刻。心理学家奥尔波特发现，个性成熟的人，都同别人有良好的交往与融洽的关系，他们可以很好地理解别人，容忍别人的不足和缺陷，能够对别人表示同情，具有给人以温暖、关怀、亲密和爱的能力。人本主义心理学家亚伯拉罕·马斯洛发现，高水平的"自我实现者"对别人有更强烈、更深刻的友谊与更崇高的爱。

有的研究结果还表明，那些心理健康水平高的优秀者，往往来自于人际关系良好的家庭，这也从一个侧面为人际交往状况是影响个体心理健康的因素提供了佐证。

3. 交往需要的有限性

我们在探讨了人际交往的重要性后，也不得不重视另一个命题的存在，即交往需要的有限性。研究结果表明，当人们感到孤独、缺乏感情依赖和理解、没有足够的人际关系支持时，会为人际关系的缺乏而烦恼；当交往过多时，人们难于把精力集中在学习时上，会为过多的交往与复杂的人际关系感到不安。一方面，是因为人需要获得明确的自我价值感和安全感，需要进行社会比较；另一方面，是因为人也需要内省的经验，无拘无束、自由表现自己的机会，因此又需要暂时远离和逃避别人。因为与我们交往的任何人都会对自己构成一种评价压力，与此同时，个体必须对社交生活的行为进行检点，这也意味着某种限制。因此，维持交往需要与独处需要的平衡，是建立良好人际关系的必要前提。

大学生人际关系也呈现这个规律。新生之间团队性较强，都是一个宿舍集体行动。到二年级以后，通过人际关系的调整与整合，出现了亲疏，逐渐成为三三两两的小团体，进而形成较为稳定的交往群体。大学生交往中存在的不容忽视的一个问题是，大家渴望友谊与交往，有着人际交往的迫切需要，常有"心里话儿对谁说"的苦恼；有的个体又存在心灵闭锁的不良倾向，有什么不适不愿意向周围的同学讲起，而是深深地埋在心底，长期的积郁和学业负担的压力使学生的人际调适力下降。

二、形成良好人际关系的心理过程

一般来说，人与人之间从相识、相知到相敬、相拥是一个长期而复杂的心理过程，牢固关系的建立需要时间去获取信息，获得信任，积极经营，展示真诚。

奥尔特曼和泰勒（D. A. Taylor，1973）认为，良好的人际关系的建立和发展，从交往由浅入深的角度来看，一般需要经过定向、情感探索、感情交流和稳定交往四个阶段。

1. 定向阶段

定向阶段包含着对交往对象的注意、抉择和初步沟通等多方面的心理活动。在熙熙攘攘的世界里，我们并不需要同任何一个人都建立良好的人际关系，而是对人际关系的对象有着高度的选择性。在通常情况下，只有那些具有某种会激起我们兴趣的人，才会引起我们的特别注意。在人际关系方面，我们会将同一团体中的人放在注意的中心。

注意也是选择，它本身反映着某种需要倾向。比如我们在选择恋人时，那些与我们观念中理想情人的形象相接近的异性，会更吸引我们的注意。

与注意不同,抉择是理性地决策;而注意的选择是自发的、非理性的。我们究竟决定选择谁作为交往对象,并与之保持良好的人际关系,往往要经过自觉的选择过程。只有那些在我们的价值观念上具有重要意义的人,才会被我们选为与之交往和建立人际关系的对象。

初步沟通是我们在选定一个交往对象之后,试图与这一对象建立某种联系的实际行动,目的是对其获得一个最初步的了解,以便使自己知道是否可以与对方有更进一步的交往,从而使彼此之间的人际关系发展获得一个明确的定向。由于初步沟通实际上是试图建立更深刻关系的一种尝试,因此,尽管我们所暴露的有关自我的信息是最表面的,但我们都希望在初步沟通过程中给对方留下良好的第一印象,以便使以后的关系发展获得一个积极的定向。

人际关系的定向阶段,其时间跨度随不同的情况而不同。邂逅而相见恨晚的人,定向阶段会在第一次见面时就完成。而对于可能有经常的接触机会而彼此又都有较强的自我防卫倾向的人,这一阶段要经过长时间的沟通才能完成。

2. 情感探索阶段

这一阶段的目的是彼此探索双方可以在哪些方面建立真实的情感联系,而不是仅仅停留在一般的正式交往模式。在这一阶段,随着双方共同情感领域的发现,双方的沟通也会越来越广泛,自我暴露的深度与广度也会逐渐增加。但在这一阶段,人们的话题仍会避免触及对方私密性的领域,自我暴露也不会涉及自己根本的方面。尽管在这一阶段人们在双方关系上已开始有一定程度的情感卷入,但双方的交往模式仍与定向阶段相类似,具有很大的正式交往特征,彼此仍然只注意自己表现的规范性。

3. 感情交流阶段

人际关系发展到感情交流阶段,双方关系的性质开始出现实质性变化。此时双方在人际关系中的安全感已经得到确立,因而谈话也开始广泛涉及自我的许多方面,并有较深的情感卷入。如果关系在这一阶段破裂,将会给人带来相当大的心理压力。在这一阶段,双方的表现已经超出正式交往的范围,正式交往模式的压力已经趋于消失。此时,人们会相互提供真实的、评价性的反馈信息和建议,进行真诚的赞赏和批评。

4. 稳定交往阶段

在这一阶段,人们心理上的相容性会进一步增加,自我暴露也会更广泛、深刻。此时,人们已经可以允许对方进入自己高度私密性的个人领域,分享自己的生活空间和财产。但在实际生活中,很少有人达到这一情感层次的友谊关系。许多人的关系并没有在第三阶段的基础上进一步发展,而是仅仅在第三阶段上做简单重复。

三、人际吸引的影响因素

人际吸引(International Attraction)是人与人之间的相互接纳和喜欢。人为什么喜欢别人或被别人喜欢呢?心理学家通过广泛研究后认为,人际吸引的影响因素主要包括时空距离因素、相似性因素、互补因素、才能因素、仪表因素和个性因素等。

1. 时空距离因素

时空距离是影响人际吸引的一个重要因素。距离越接近，交往的频率可能就越高，就越容易建立良好的人际关系。美国费斯汀格通过实验证实了这一点，其他心理学家也做过类似的实验，结论与此相似。可见，简单的人际互动会提高我们对人们的好感。因此，邻近性能提高喜欢的程度，容易建立和发展良好的人际关系。另外，时间上的接近，如同龄、同期入学、同期毕业等，也容易在感情上互相接近。

破译心灵密码

近水楼台先得月

美国心理学家费斯汀格在1950年曾做了一个简单而有趣的实验。这位心理学家对麻省理工学院的17幢已婚学生的住宅楼进行了调查。这是些二层楼房，每层有5个单元住房，住户住进哪个单元，完全是随机的。调查的对象是所有住户的主人。调查的问题是：在这个居住区中，经常和你打交道的、最亲近的邻居是谁？调查结果表明，居住距离越近的人，交往的次数越多，关系越密；多隔几户，实际距离增加不了多少，但其亲密度则大不相同。

2. 相似性因素

社会心理学认为，相似性因素是人际吸引的重要因素，它包括年龄、性别、社会地位、经济状况、教育水平、职业、籍贯、兴趣、信念、价值观、态度等相似性，其中态度、信念和价值是最主要的。

破译心灵密码

性相近，习相远

社会心理学家纽科姆于1961年用现场实验法，对态度相似程度与吸引力的关系进行了研究。他以17个不相识的大学新生为研究对象，先测定他们对有关社会问题的态度、价值观以及个性特征，然后将结果相似的大学生混合安排在几个寝室里。在16周的交往中，定期测试他们对上述有关社会问题的看法和态度，并让他们评价室内人员，喜欢谁，不喜欢谁。结果表明，在相似的初期，时空距离会使他们产生吸引力；到了后期，则是态度、价值观越相似的学生互相之间喜欢的可能性越大，且越会主动要求住在同一寝室。

为什么彼此相类似的人比较具有吸引力呢？不同的社会心理学家，根据不同的理论，分别做出了不同的解释。归纳而言，有如下几点：

（1）相类似的人会愿意参加相类似的活动。在这些共同喜欢的活动中，交往的机会自然较多，既能接近又能相悦，从而使人际间的吸引力增强。

（2）由于彼此态度一致，情投趣合，在一起交往能正确反应自己的能力、感情和信仰，彼此都会产生相当高的社会强化作用，有利于维护和提高双方的自尊心，所以，自然会加强相互间的人际吸引力。

（3）对相似的人来说，相互沟通会比较容易，误会和冲突会比较少。即使初期并不太熟悉，也会比较容易消除陌生感，从而形成较强的人际吸引力。

3. 互补因素

美国社会心理学家舒兹以包容、控制和感情为人际关系行为的三个维度，把人际关系需求分为三类。

(1)包容需求。包容需求表现为愿意与人建立并维持和谐、友好的关系，其行为特征主要是容纳、沟通、参与、归属和随和。反之，则会产生排斥、疏远、对立和退缩的行为特征。

(2)控制需求。控制需求表现为乐于在权力和权威上与他人建立和维持良好的人际关系，其行为特征主要是愿意运用权力和权威来领导、控制、影响和支配他人。控制需求低的人，行为特征则主要是抗拒权威，或者模仿他人、追随他人、接受他人的支配。事实上，人人都有控制的需求，只是程度不同而已。

(3)情感需求。情感需求表现为愿意与他人建立和维持感情方面的良好关系，其行为特征主要是待人热情而友好、喜欢与人建立较为密切的关系和富有同情心。情感需求少的人，则待人冷淡，无论是内心还是行动都会疏远他人、厌恶他人，甚至憎恨他人。

有人研究发现，彼此在需要、性格或期望上相异甚至相反的人，容易互相吸引，比如，喜欢主动与他人交往的人与期待别人接纳自己的人容易互相吸引；乐于主动控制他人的人与希望别人支配自己的人容易互相吸引；愿意主动表示友爱的人与习惯等待别人对自己亲近的人容易互相吸引。

在日常生活中，我们经常可以看到这样的现象：脾气暴躁的人和温和而有耐心的人能友好相处；活泼健谈的人和沉默寡言的人能成为要好的朋友，甚至发展成终身伴侣。有人研究后认为，互补因素对人际吸引的作用大多发生在友谊深厚的朋友之间，特别是异性友谊或夫妻之间。

心理学家柯克霍夫等人曾组织已存在恋爱关系的大学男女学生，进行影响他们互相吸引的因素的探讨，结果发现：对短期的伴侣来说，相互吸引的动力主要是彼此相似的价值观念，而驱使长期伴侣发展更密切关系的动力，则主要是需要的互补。

由此，柯克霍夫提出择偶过滤假设，即两个不相识的男女要结成终身相托的婚姻伴侣，必须经过四道过滤关卡：一是时空距离的接近；二是当事人的社会经济地位、教育水平和信仰等重要参考因素；三是相似性，主要是态度与观念的相似；四是需要的互补。

4. 才能因素

人对有能力的人的态度往往出人意料。一般情况下，在其他条件相等的情况下，一个人能力越高、越完善，就越能受到欢迎。

破译心灵密码

越有才能越受人欢迎

社会心理学家阿诺森(E. Aronson)在1969年做过这样一个实验：让被试者聆听四种不同的录音，并告诉他们这些录音都是智力竞赛候选人的录音。其实，四种录音的内容虽有所不同，但都是同一个人的录音。其中两个录音中的候选人显得十分聪明，学业与课外活动也很好；另外两个录音中的候选人则显得天资中等，学业也中等。录音中分别有一位聪明者和一位中等资质者因不慎碰翻了咖啡杯并溅得一身，其他两位没有发生意外。听完四种录音后，要求被试者指出他们对不同候选人的喜爱程度。结果发现：那位聪明但碰翻了咖啡杯的候选人最受喜爱，而中等资质也碰翻了咖啡杯的人最不受喜爱。

研究结果表明，实际上在一个群体中最有能力、最能出好主意的人往往不是最受喜爱的人。在工作实践中，我们常常遇到这样的学生，因为他的出类拔萃反而失去了同学的喜欢与信任，这是因为每人虽然都希望自己周围的人有才能，有一个令人愉快的人际关系圈，但如果别人的才能使其可望而不可即，则会产生心理压力。这也有中国人所讲的“木秀于林，风必摧之”。显然，才能与被人喜欢的程度在一定范围内成正比，超出这个范围，可能会产生逃避或拒绝，任何一个人都不愿意选择一个总是贬显自己无能和低劣的对象去喜欢。

因此，一个才能出众但偶尔有点小错误的人在一定程度上比才能出色且没有错误的人更受欢迎。

5. 仪表因素

心理学家戴恩在1972年做过这样一个实验：让一些女大学生分别看容貌美丑不同的两个7岁女孩的照片。照片下面的说明文字完全相同，都说照片中的女孩曾有些过失行为，要求大学生们评价这两个女孩平常的行为是否经常越轨。实验结果发现：对容貌美的女孩的评语偏向于有礼貌、肯合作，行为纵然有过失也是偶然的、可以原谅的；而对容貌丑的女孩的评语，多认为她会是一个相当严重的“问题儿童”。

还有人做过这样的实验：让被试者阅读附有作者照片的一些文章，文章有的水平高，有的水平低；作者有的漂亮，有的不漂亮。另外，让对照组的被试者看不附照片的文章。看完后，让两组被试者评价文章水平的高低。结果表明，人们对外貌好的作者的文章评价高，对外貌差的作者的文章评价低些。

这说明，在多数情况下，和外貌漂亮的人打交道，人的心情会比较舒畅；而与外貌不漂亮的人打交道，人的心里容易产生不太舒服的感觉。

为什么外貌能影响人际吸引呢？我们知道，爱美是人的一种天性，人类就是在不断的追求美、探索美、创造美的过程中发展起来的。从心理学的角度看，外貌能产生“晕轮效应”。特别是对不熟悉的人，这种效应容易使人产生以点带面、偏概全的、不正确的认知。比如某人的长相漂亮，就容易使人以为他还具有其他一系列好的优点和美德，如心地善良、品德高尚、性格良好等。然而，事实上，相貌与心灵美并不存在必然的联系。

当然，除了相貌之外，仪表因素还包括穿着、体态、风度等因素，它们都对人际吸引力有影响。因此，为了增强自己的人际吸引力，我们最好能根据自身的特点下工夫“包装”一下，使自己变得更漂亮、更得体、更有风度，这是很有必要的。当然，外在美与内心美的结合才真正是人格魅力所在。

6. 个性因素

表4–1是美国心理学家安德森在1968年所做的一项调查中得出的。由此可见，排在序列最前面，受喜爱程度最高的6个个性品质：真诚、诚实、理解、忠诚、真实、可信都

或多或少、或间接或直接与真诚有关,而排在序列最后的受喜欢程度低的几个品质如说谎、装假、不诚实、不真实等也都与真诚有关。真诚受人欢迎,虚伪令人讨厌。一个人要想赢得别人的喜爱,与别人保持良好的交往,真诚是必须有的品质。由此可见,个性因素是影响人际关系的重要因素。

表4-1　影响人际关系的主要个性品质

最积极的品质	中间品质	最消极的品质
真诚	固执	古怪
诚实	刻板	不友好
理解	大胆	敌意
忠诚	谨慎	饶舌
真实	易激动	自私
可信	文静	粗鲁
智慧	冲动	自负
可信赖	好斗	贪婪
有思想	腼腆	不真诚
体贴	易动情	不善良
热情	羞怯	不可信
善良	天真	恶毒
友好	不明朗	虚假
快乐	好动	令人讨厌
不自私	空想	不老实
幽默	追求物欲	冷酷
负责	反叛	邪恶
开朗	孤独	装假
信任	依赖别人	说谎

第二节　大学生人际关系

对于大学生而言,人际交往更是重要。大学生正处于人生成长的一个重要阶段,人际交往是其学习和生活过程中必不可少的行为之一。大学生通过人际交往,可以交流情感、寻求理解、建立友谊、切磋学问、探讨人生。人际交往直接影响着大学生的心理健康。正如心理学家埃里克森所述，大学生正处于成年早期，其发展任务是获得亲密感，以避免孤独感，体验着爱情的实现。他认为这时的青年男女已具备能力并自愿准备去分担信任、调节工作、生儿育女和文化娱乐等生活，以期最充分而满意地进入社会。这时，需要在自我同一性的巩固基础上获得共享的同一性，才能获得满意的婚姻，从而得到亲密感，但由于寻找配偶包含着偶然因素，所以也孕育着害怕独身生活的孤独之感。埃里克森认为，发展亲密感对是否能满意地进入社会有重要作用。

一、大学生人际关系的特点

大学生渴望结交更多的朋友、交流更多的信息、接受更多的新思想。大学生的人际交往呈现出前所未有的开放式的交往趋势，表现出四个特点。

1. 交往范围扩大

交往对象由以前的亲缘、朋友交往转向更广泛的社会交往群体。同学交往不局限于同班同学，还逐渐发展到同级、同院系甚至是同校的同学；而且不仅包括同性交往，异性交往也是交往的重要方式。

2. 交往频率提高和交往手段多元化

大学生交往由偶尔的相聚发展到经常参加聊天、社团活动、体育活动、娱乐活动以及其他一些集体活动。网络的发展为大学生的交往提供了更加广阔的交往空间，交往手段的发展使大学生的人际交往变得更方便、更快捷。

3. 从交往方式看，以寝室为中心，社会工作和网络社交占主导

大学生由于时间、精力、生活环境、经济条件等方面的限制，交往的主要场所在校园，中心是学生的寝室和教室，QQ和微信等社交软件发挥着重要作用。

4. 交往目的的多样性

随着社会的发展变化，大学生在选择什么样的人交朋友，并不纯粹是由于情感和志同道合，交往动机变得越来越复杂，越来越注重与自身社会利益相关的务实性，呈现出情感型交往与功利型交往并重的趋势。

二、大学生人际关系的类型

大学生生活的环境主要在校园，因而交往对象主要是同学、老师等。因此，其人际交往主要有以下三种类型。

1. 师生关系

教师是学生人际交往的重要对象，师生关系是学生人际关系的重要内容。师生关系直接影响学生在学校的学习成长。教师是知识的传授者，是大学生人格模仿的对象。与教师交往也是大学生知识需求的一个重要途径，教师与学生的平等交往是师生共同成长的前提；同时师生关系也是一种业缘关系，师生之间的心理距离小，心理相容度

高，教师对学生充满爱护与关爱，学生对老师充满尊敬与敬仰，师生关系是一种纯洁而无私的人际关系。

2. 同学关系

同学关系是大学生交往的基本关系，也是大学生人际交往的主要对象。大学校园里的同学关系总的来说是和谐、友好的。大学生之间的交往是最普遍，也是最微妙和复杂的。一方面，大学生年龄相仿、经历相同，兴趣爱好相近，共同生活在一个集体，学习相同的专业，沟通与交往比较容易；另一方面，大学生来自不同地域，有不同的家庭背景，生活习惯、个性、气质上存在差异，再加上大学生空间距离小、交往密度高而且自我空间狭小，而对人际交往的期望较高，一旦得不到满足，容易采取消极退避的态度。

3. 社会交往

大学生除了主要与老师、同学交往外，还与家庭成员和校外社会成员有交往关系。随着教育改革的逐步深化，大学生有更多的机会走出校门，走进社会。一些大学生通过各种渠道，如社会服务、勤工俭学、志愿者活动、社团活动、社会调查活动等，与社会进一步产生广泛联系，有助于大学生的健康成长，对培养和提高他们的人际关系能力有着积极的作用。

三、大学生人际交往的作用

对于正处于学习和成长中的大学生来说，良好的人际交往和融洽的人际关系对他们的成长具有重要作用。

1. 良好的人际关系有利于大学生之间的信息交流

人际交往的过程是彼此交流信息、知识、经验、思想和情感的过程。大学生通过建立良好的人际关系，能以各种方式迅速获得信息，而且通过人际交往获得的信息比从书本上获取的信息更广泛、渠道更直接、速度更快。大学生随着交往范围的扩大，能认识更多的人，听到更多的事，交换更多的思想，获得更多的信息。

2. 良好的人际关系有助于大学生提高学习效率

在一个人际关系健康和谐、有向心力和凝聚力的群体中，大家相互关心、互相帮助，会感到心情舒畅，学习效率也会提高。因为良好的人际关系使同学之间能相互效仿、相互帮助、相互启发，使师生之间情感相融、教学相长，从而使大家的视野不断开拓，思想上不断受到启迪，知识上互相补充和促进，学习积极性不断提高。

3. 良好的人际关系是大学生全面发展和完善的重要条件

一个人的个性除了受先天遗传因素的影响外，更主要的是受后天环境的影响。大学生如果长期生活在友好和睦的人际关系中，其个性就会变得乐观、开朗、积极、主动。同时，这样的人际关系也有助于提高大学生的自我认知能力和自我评价能力。一方面，大学生能通过他人对自己形象的评价，了解自己行为表现的恰当性和能力高低，从而不断调整自己的行为，努力进取，完善自己的个性，使自己的潜能得到进一步发挥，以达到自我意识与社会意识的统一；另一方面，大学生可以把他人的优点作为自己追求的目标，通过交流，学习他人的良好的行为方式、积极的态度、正向价值观念、优良品质等，以形成良好的品质。

4. 良好的人际关系能促进大学生的社会化进程

每个人的社会化进程都是在人际交往中进行的，人际交往是社会化的起点。大学阶段是大学生加速社会化的关键时期，随着他们人际交往范围的不断扩大，交往内容逐步深化，交往形式日趋多样，他们从交往中不断积累深化社会经验，学到社会生活所必需的知识、技能、态度、伦理、道德规范，明确了自我的社会责任，促进了自我成熟。

5. 良好的人际关系有利于促进大学生的心理健康

人际交往的时间和空间越大，人的精神生活就越丰富，得到支持和帮助的机会也就越多，就越能保持心理平衡。

第三节　大学生人际交往中存在的不良心理及其调适

建立良好的人际关系，是一个人事业成功的基础，左右逢源、游刃有余，需要一颗宽容的心、真诚的态度，以及积极交往的主动性，并且还要塑造很好的个人形象，善用各种交际手段，克服各种交往误区，建立一种平等、友爱的关系。

大学生的人际沟通总的来说是健康、积极的，但也存在着不少问题。在人际沟通过程中，出现一些困难或不适应是难免的。大学生的人际沟通问题归纳起来，主要表现在以下几个方面。

一、人际交往中的自负心理

案例分析

自负的大四女生

朱某，女，某大学四年级学生，家境很好，性格开朗，有上进心，学习成绩很好。我很偶然地参加了她的研究生复试。此生在复试时曾这样描述自己："我很优秀，你们录取了我，你们学校一定会有新的生机的。我肯定比他们优秀。"复试老师说："你拿什么来衡量自己呢？"该女生全然不顾老师的问话，大谈自己对人生的看法。当然，我们可以想象，结果是该女生并没有被录取。

事后了解到，该女生家境优越，又是独生女，父母对她娇生惯养，可以说是唯命是从。她对同学也是趾高气扬的，同学关系紧张，与人交谈时总是盛气凌人地只顾自己的感受，同学们也都不喜欢她。

点评：从这些我们可以看出，该女生失败的原因之一，可以说是她在与人交往时的自负。从上面的叙述中看到，她在与人交谈时没有把自己与他人平等对待，只关心个人的需要，强调自己的感受，在人际交往中表现得目中无人，全然不考虑别人的情绪和别人的态度。另外，在对自己与别人的关系上，过高地估计了彼此的亲密度，讲一些不该讲的话。这种过于亲昵的行为反而会使人出于心理防范而与之疏远，甚至讨厌。因此在交往中我们要避免自负心理。否则会因此使自己处于孤立状态，甚至影响自己的前途。

当前我们很多大学生认为自己是天之骄子，于是我们经常可以在校园里、在街道上看到很多学生对清洁工、食堂员工等人恶语相向。其实这不仅会助长自己的自负心理，还会有损自己的形象。自负在人际交往中表现为傲气轻狂、居高临下、自夸自大，过于相信自己而不相信他人，只关心个人的需要，强调自己的感受而忽视他人，与同伴相处，高兴时海阔天空、手舞足蹈；不高兴时乱发脾气，很少考虑对方的反应。

二、人际交往中的恐惧心理

自卑与自负是一对相反的情感表现。我国古代有个词叫“不卑不亢”，说的就是我们在与人交往时既不要表现出自负，也不要表现出自卑，要把自己放在与对方平等的位置才能赢得对方的喜欢。美国心理学家的研究表明，儿童时期如果各项活动取得成绩且得到老师、家长及同伴的认可、支持和赞许，便会增强他们的自信心、求知欲，内心获得一种快乐和满足，就会养成一种勤奋好学的习惯。反之，他们则会产生一种受挫感和自卑感，进而便会产生恐惧感。个体自卑感的形成主要是社会环境长期影响的结果。自卑的浅层感受是感觉别人看不起自己，而深层理解是自己看不起自己，即缺乏自信。这种心理表现在人际交往中即是社交恐惧症。而这种心理障碍在农村来的大学生中表现得更为明显，震惊全国的“马加爵事件”就是由此而产生的。

案例分析

自卑的小柳

柳某，女，21岁，某大学三年级学生。我在交大一附院做心理咨询时接待过她。她自述自己是个怪人，有个害羞的怪毛病，两年多来，从不与人多讲话，与人讲话时不敢直视，目光躲闪，像做了亏心事。一说话脸就发烧，低头盯住脚尖，心怦怦跳，身上起鸡皮疙瘩，好像全身都在发抖。她不愿与班上同学接触，觉得别人讨厌自己，最怕见男生，即使在教室里见到男生也不知所措。更糟糕的是，她和邻居说话也开始觉得不自然了。

害羞的大学生

某男，20岁，大学二年级学生，生于河南农村。他自幼丧母，童年在舅舅家生活，舅妈脾气不好，动辄骂人、训斥人，这导致他从小养成了孤独、少语、不合群的内向性格。他7岁上学，成绩良好，19岁考入大学。入大学后，在与同学们接触时，常感到自己来自农村，经济条件差，穿戴各方面都不如别人好，自认为受人歧视，故很少与同学们交往。慢慢地感觉自己的皮肤黑，两条腿不一样粗细，阴茎比别人的短小，不敢与人一道上厕所、进浴池，更不敢和同学一起谈话、上街，他从见人就紧张、脸红、心慌、出汗，逐渐发展到一进教室就紧张、心慌、出汗、甚至小便失禁，后来甚至不能进行正常的学习和生活。为此，学校教务处劝其退学。该学生异常痛苦，前来咨询求助。

点评：上述两个案例均是由于人际交往中的自卑心理所导致的社交恐惧症，但两者的发病原因却大不相同。

从柳某的叙述中，我们可以看出这是一种典型的社交恐惧症。这种症状的起源是由于大学生在入学前由于升学的压力，其意识主要指向学习，较少指向其他方面。而在进入大学以后，升学压力消除，他们更关注自己的形象效果，然而由于理想的自我与现实的自我常常是不吻合的，所以造成了自卑心理的加剧，久而久之便造成了交往恐惧。像柳某这种情况，在大学生的初期即大一、大二比较常见，大多数大学生，尤其是农村的大学生表现得比较严重，因此在我们辅导中尤其要注意对这部分学生的关注，使其树立起自信心。

而案例二中的同学一方面因其自幼在舅妈训斥、谩骂，缺乏母爱的环境中生活成长，从小胆怯、惧怕的感受和内向性格导致了他自卑的心理，而这种自卑、恐惧易在新的环境中加剧。另一方面是因为不正确的医学知识及观念引起不必要的顾虑，加重自卑心理，越自卑越怕与人交往。因此，该学生的上述两方面处在互为因果的恶性循环中，严重影响了正常的学习和生活。因此在治疗过程中我们采用疏导心理疗法：首先详细了解患者的病史、生长史和生活史，与其建立良好的信任关系，激发患者的求治意向和自信，促使患者具体地、真实地讲出病态心理和行为，形成自我认识，并做出自我分析。再带其到泌尿外科及相关科室检查，证实其生理发育正常后，对该生进行疏导心理治疗。

自卑与自负的性质相反，却存在某种联系，即外在的自卑由内在的自负引起，外在的自负则源于内在的自卑。出于自负，一个人常做出力不能及的事，最终受挫而丧失自信，导致自卑；出于自卑，又不愿意承认自己的落后状态，表现出外在的自负。无论是自卑还是自负，都是导致交往障碍的两个极端。因此在人际交往中，大学生应该首先树立自信心，其次采取渐进的手段，从自己能够实现的事情开始做起，逐渐建立起自己的和谐关系网，以免操之过急，造成人际交往的负性心理。

三、人际交往中的多疑心理

多疑是人际交往中一种不好的心理品质，可以说是友谊之树的蚀虫。正如英国哲学家培根说的："多疑之心犹如蝙蝠，它总是在黄昏中起飞。这种心情是迷陷人的，又是乱人心智的。它能使你陷入迷惘，混淆敌友，从而破坏人的事业。"具有多疑心理的人，往往先在主观上设定了他人对自己不满，然后在生活中寻找证据。带着以邻为壑的心理，必然把无中生有的事实强加于人，甚至把别人的善意曲解为恶意。这是一种狭隘的、片面的、缺乏根据的盲目想象。

案例分析

老师的误解带来的后遗症

吴某，女，19岁，某大学二年级学生。她在上高中时有一次和同学发生争执，错不在她，而老师却不相信她，还狠狠地批评了她。她的自尊心受到了很大伤害，现在她不相信任何人。同学们在悄悄谈论什么时总觉得是在说自己的坏话，在和别的同学交往时总觉得她们别有用心,她现在几乎没有朋友,很寂寞。说话也很冲,宿舍的人都不愿意和她交往。她很困惑。

刘某,女,18岁,某大学二年级学生。“我觉得很寂寞,心里很烦。上了大学以后,没有一个真心的朋友,和宿舍同学的关系不好,她们每天都是一对一对的,就我一个人,很孤单。我觉得她们很排斥我,经常唧唧咕咕地说我的坏话,有时候我也想和她们谈谈心,可是我觉得她们并不喜欢我。我该怎么办?”

点评:上述案例中的吴某因为老师的批评对自己的自尊心造成了很大伤害,这件事在她内心一直无发释放,因此在她以后的交往中形成了多疑的心理,也因此造成了人际交往的困难。

对于吴某的困惑,首先吴某要消除多疑的心理,要信任别人。对于吴某的治疗,我们首先要使其认识到自己之所以会出现上述情况完全是由于自己的多疑心理,建议其在自己的同学中找一个自己认为最可信的人,主动与她交往,把自己的心里话试着说给她听,渐渐地增加自己的社交活动。经过一段时间的努力后,吴某的状态逐渐好转。对于刘某的情况也可采用同样的办法,以消除他对他人的戒备心理。

四、人际交往中的嫉妒心理

西班牙作家塞万提斯指出:“忌妒者总是用望远镜观察一切,在望远镜中,小物体变大,矮个子变成巨人,疑点变成事实。”忌妒是对与自己有联系的、而强过自己的人的一种不服、不悦、失落、仇视,甚至带有某种破坏性的危险情感,它可以向积极和消极两方面转化。对于嫉妒,有的人能克制住自己不采取攻击性行为,控制它、适应它,使之逐渐淡化,甚至能够利用它转化为积极的竞争行为;而有的人由于不能把握这种感情,使之向消极一面转化,产生痛苦、忧伤、攻击性的言论和行为,导致人际冲突和交往障碍。当看到与自己有某种联系的人取得了比自己优越的地位或成绩时,便产生一种忌恨心理;当对方面临或陷入灾难时,就隔岸观火,幸灾乐祸,甚至借助造谣、中伤、刁难、穿小鞋等手段贬低他人,安慰自己。正如黑格尔所说:“有忌妒心的人自己不能完成伟大事业,便尽量去低估他人的伟大,贬低他人的伟大性使之与他本人相齐。”因此在交往中我们要有一颗宽容之心。

案例分析

电灯下的凶案

最近网上有一条新闻说某大学一博士将自己的同学推出窗外,起因是看着同学很年轻,却有和自己一样的成果,心理不平衡,因此吵了几句嘴便起杀心将其害死。

在审问中他这样描述自己的心理。

“那天,我心情很不好,回来后躺在床上,没有开灯,想自己一个人静一静,过了一会儿,他回来了,他说:‘为什么不开灯?’我说心烦,先别开灯,他说:‘我开一回,我要看书,一会儿就好了。’可是,我看到他在灯下年轻的背影,而我已经三十好几了才奋斗到今天,而他好像并不费什么劲已经是博士了。想到这里,我就生气,于是就关掉灯,而他也好像很不高兴,就这样我们俩你开,我关。后来我看到窗户开着,于是一气之下将他推出窗户。”

点评：我们可以看到悲剧的发生在于嫉妒心理的产生。

五、人际交往中的羞怯行为

案例分析

“不正经”的大学女生

我特别怕别人的眼睛与我对视，每当这时我就羞得要命，不仅面红耳赤，连手心都汗淋淋的，必须马上躲开，否则双腿就抖个不停，连迈步都艰难。开始只是对男性，现在对女的也是如此，为此我常躲开视线，可是又情不自禁地用眼睛的余光扫视对方，给对方以很不体面的感觉，说我这人很“不正经”。我自己也特别恨我这双眼睛，有时甚至都想把它挖掉。

点评：羞怯心理是绝大多数人都会有的一种心理。具有这种心理的人，往往在交际场所或大庭广众之下，羞于启齿或害怕见人。由于过分的焦虑和不必要的担心，使得人们在言语上支支吾吾，行动上手足失措。长此下来，会不利于其同他人正常交往，产生交往障碍。

面对人际交往中的羞怯行为，有4种方式可以对其进行调节。

（1）每天坚持写观察日记，着重观察周围人的举止言行和对你的态度。

（2）每天做2～3次想象——放松训练。在想象中将最想见又最怕见的人（如某位男生）、想回避又回避不了的人（如任课老师）突然呈现在自己面前，体察自己的情绪反应和心理反应，然后放松，使情绪和肌体产生由紧张到松弛的反应，最后产生意象上的适应并扩展到现实行为中。

（3）为其布置“大目标小步走”的与人接触、交谈的作业。

（4）加深对障碍产生原因的认识，淡化负性心理印痕，提高挫折承受力，树立正确的交往观。

当然上述的几种人际交中的心理误区体现在现实生活中并不一定是单独出现的，大多数时候，是几种心理综合在一起产生的复杂的人际心理障碍。

6. 人际交往中的认知偏差

（1）克服人际交往中的首因效应。我们通常所说的印象实际上指第一印象（First Impression）或最初印象（Primary Impression）。在社会心理学中，由于第一印象的形成所导致的在总体印象形成上最初获得的信息比后来获得的信息影响更大的现象，因而也被称为首因效应（Primary Effect）。

心理学告诉我们，人的知觉具有综合的倾向。尽管产生的第一印象所需的信息量是很有限的，但人会自动地把这些不完整、不充分的信息用想象去予以填补，从而形成整体的印象。因而，第一印象是容易出现偏差的。

美国心理学家洛钦斯于1957年首次对首因效应进行实验，他设计了四篇不同的短文，均是描述一位名叫杰姆的人。第一篇文章整篇把杰姆描述成一个开朗而友好的人；第二篇文章前半段把杰姆描述的开朗友好，后半段则描述得孤僻而不友好；第三篇文章前半段说杰姆孤僻而且不友好，后半段则说他开朗友好；第四篇文章全篇将杰姆描述得孤僻且不友好。洛钦斯请四个组的被试者分别读这四篇文章，然后在一个量表上评估杰姆的为人到底属于友好还是不友好。结果为：读第一篇文章的人中有95%认为杰姆友好；读第二篇文章的人中有78%认为杰姆友好；读第三篇文章的人中有18%认为杰姆友好；读第四篇文章的人中有3%认为杰姆友好。显然，同样的内容只因排列的前后顺序不同，就导致了评价结果的明显差异。78%和18%的差异，说明首因效应的确存在。

心理小贴士

不可忽视的第一印象

一位大学生刚入大学时出色的自我介绍在同学的头脑中留下了强有力的第一印象，但是之后他的表现却不如以前，然而同学们认为不是能力问题，而是不够尽力；相反，如果在寻求职业时留下很不称职的第一印象，那么要转变他人的看法需要很多长时间。

最初获得的信息及由此信息形成的第一印象在总的印象形成过程中作用更大，因为我们在最初接触陌生人的时候，注意的投入完全而充分，此时感受到的印象最为鲜明、强烈，而后继信息输入时，我们的注意会游离，从而使其对我们的影响下降。人们已习惯于用先入为主的最初印象解释一些心理问题。

当然我们在人际交往中一方面要避免首因效应的影响，另一方面在与人交往的过程中也要利用首因效应的影响力，给别人留一个好的影响，为自己以后的交往打好基础。

（2）近因效应。在总的印象形成上，新近获得的信息比原来获得的信息影响更大的现象，被称为近因效应（recent effect）或最近效应。第一印象一经建立，它对于后来获得的信息的理解和组织有着强烈的定向作用。由于人的认知平衡和心理平衡的作用，人们必须使后来获得的信息的意义与已经建立起来的观念保持一致。

心理学家洛钦斯做了这样的实验：分别向两组被试者介绍一个人的性格特点。对甲组先介绍这个人的外倾特点，后介绍内倾特点；对乙组则相反，先介绍这个人的内倾特点，后介绍外倾特点。最后考察这两组被试者留下的印象，其结果与首因效应相同。洛钦斯把上述实验方式加以改变，在向两组被试者介绍完第一部分后，插入其他作业，如做一些数字演算、听历史故事之类不相干的事，之后再介绍第二部分。实验结果表明，两个组的被试者，都是第二部分的材料留下的印象深刻，近因效应明显。

近因效应不如首因效应突出，它的产生往往是由于在形成印象过程中不断有足够引人注意的新信息提供，或者是原来的印象已经随时间推移而淡忘。近因效应还与个性有关，一个心理上开放、灵活的人倾向于产生近因效应，而一个高度一致、稳定倾向的人，他的自我一致和自我肯定会产生首因效应。

首因效应和近因效应虽然看似矛盾，实际上却并不矛盾。这两个心理活动的规律告诉我们一个很简单但很有价值的道理：在一般情况下，第一印象和最近印象对人际认知的影响比较大，所以，我们既要重视好的开始，也要重视好的结尾。

心理学的研究还表明，在人与人交往的初期，即在彼此还生疏的阶段，首因效应的影响重要；而在交往的后期，即在彼此已经相当熟悉时，近因效应的影响也同样重要。

（3）晕轮效应。人们将从已知的特征推知其他特征的普遍倾向概化为晕轮效应。其正面效应是通过某一方面建立有关别人的印象最迅速、最经济，帮助人们尽快适应多变的外部世界；其消极的一面在于以偏概全，使人们对别人的印象与他们本来面目相去甚远。人们习惯于按照自己对一个人的一种品质的存在推断出他还具有一些其他品质。

例如，知道某人是正直的，则容易把这人想象成具有刚直不阿、真诚可信、办事认真、可信赖等优秀品质的人，甚至爱屋及乌。外表的吸引力有着明显的晕轮效应（halo effect）。当一个人的外表充满魅力时，其与外表无关的特征也会得到更好的评价。晕轮效应是快速认识他人的一种策略、方式，但有时却可能会产生有害的结果，这是一种以偏概全的判断方式，容易出现认知上的偏差。

关于晕轮效应的一个经典而有趣的实验，是美国社会心理学家柯莱于1950年用现场实验法进行的。他以经济学系的大学生为被试者，宣布经济学教授因事请假，由一位研究生代课。同时，给每位被试者发放了一份该研究生的资料，并要求课后填写一份问卷，描述对代课教师的印象。所发资料有两种：一种是："柏兰克先生是本校经济研究所的研究生，曾有一年半的教学经验，现年26岁，服过兵役，已婚；认识他的人都说他是一个热忱、勤奋、敏锐、实际而又果断的人"。

另一种资料，其他文字完全一样，只是把"热忱"二字换成"冷淡"。

调查结果表明：凡是看过前一种资料的大学生，答卷上多选用"体谅人""不拘小节""富有幽默感""好脾气"等字眼，而且在课堂上也愿意主动参加问题讨论，与教师合作；而看到后一种资料的大学生，所做的回答与前面的结果差别很大，多选用带贬义的词汇。

戴恩等亦做过实验，给被试者呈现外表美、丑、一般的三种不同形象的照片，然后要求被试者评定几项与其外表无关的特征，如职业地位、做父母的资格、社会职业、快乐程度等。结果，美与丑产生了晕轮效应。

（4）刻板效应。有些人习惯于机械地将交往对象归于某一类人，不管他是否表现出该类人的特征，都认为他是该类人的代表，而且总是将对该类人的评价强加于他，从而影响人们对交往对象的正确认知，特别是当这类评价带有偏见时，还会损害人际关系。如有的大学生认为南方人小气、自私；家庭社会地位高的学生傲气、不好相处等。这种刻板印象容易形成先入为主的定式效应，妨碍大学生正常人际关系的形成。刻板印象的形成途径主要有两类：亲身经验和社会学习。当人们第一次与一个群体接触时，他们与其成员的互动就成了刻板印象形成的基础。一个群体中特殊的成员对刻板印象的形成有着重要作用。一个群体的行为对我们的知觉起着很大作用，群体的社会角色往往限制了我们所看到的行为，即一个群体所承担的社会角色，所要完成的工作往往决定了他们该如何做。刻板印象还可以从父母、老师、同学、书本及大众媒体习得，如通过西方影视作品，受众认为仆人都是黑人形成的刻板印象便是明显的例证。刻板印象的好处是能快速地了解一个陌生或不太熟悉的人或群体的特征，但刻板印象也有其弊端：一是夸大了群体内成员间的相似性，从而对个体的知觉产生先入为主、以偏概全的偏差；二是夸大了群体间的差异性，容易产生偏见与歧视。

苏联社会心理学家包达列夫做过这样的实验:将一个人的照片分别给两组被试者看,照片的特征是眼睛深凹、下巴外翘。给两组分别介绍情况,对甲组介绍情况时说“此人是罪犯”;给乙组介绍情况时说“此人是位著名学者”。然后,请两组被试者分别对此人的照片特征进行评价。评价结束后,甲组被试者认为,此人眼睛深凹表明他凶狠、狡猾,下巴外翘反映着其顽固不化的性格;乙组被试者认为,此人眼睛深凹,表明他具有深邃的思想,下巴外翘反映他具有探索真理的顽强精神。而两组被试者之所以会出现这样的区别,是由于人们对社会各类的人有着一定的定性认知,先前的知识定式影响了他们的判断。再比如苏联的社会心理学家曾经做过的关于小鸡刚出生时的实验发现,小鸡出生后的几小时如果看到的是鸭子,小鸡会认为鸭子就是自己的母亲。这说明了无论是人类还是动物都存在刻板效应。

(5)定式效应。定式效应是指人们头脑中存在的某种固定化的意识,影响着人们对人和事物的认知和评价。当我们与他人接触时,常常会不自觉地产生一种有准备的心理状态,对一种固定了的观念或倾向进行评判。如成语“邻人偷斧”所述故事就是定式效应的例子。再如大学里对学生的评价:好学生与差学生。这些评价往往是对学生单纯的学业成绩的评价而非对学生全面的评价。同样,我们与陌生人开始进行人际交往时,往往要借助于定式效应,其实这些都是很片面的。

(6)投射效应。即“以小人之心,度君子之腹”,指与人交往时把自己具有的某些不讨人喜欢、不为人接受的观念、性格、态度或欲望转移到别人身上,认为别人也是如此,以掩盖自己不受人欢迎的特征。如自私的人总认为别人也很自私,而那些慷慨大方的人认为别人对自己也应不小气。由于投射作用的影响,人际交往中很容易产生误解。

第四节　保持良好人际关系的途径

一、适当的“距离”产生美

案例分析

朋友之间要有距离

有一个女孩最近很苦恼。她有一个好朋友,对她实在是太好了,好得让她烦恼。我说:“朋友对你好还不好吗? 你应该感到幸福啊,为什么还会感到苦恼呢?”她说:“开始自己也觉得挺好的,可是时间一长,就觉得跟她做朋友有点太累,又有点没意思。她每天都跟着我,我说什么她都同意。有时候真想让她有点不同意见,所以我就故意提一些明显荒谬的建议,她的回答仍是好。最让我受不了的是,她还限制我交朋友。我最近和另一个女孩接触得比较多,她就不高兴了,见到我说那个女孩如何不好,可我觉得那个女孩挺好的,跟那个女孩在一块我的思维会特别活跃。我让她也跟那个女孩一块儿玩,她却坚决不去。我真是不知如何是好。”

点评:朋友之间,需要保持一定的距离。无论是怎么样的朋友,无论关系多么亲密，距离都是非常重要的。面对一个朋友，不能太过于重视，否则会给对方很大的压力，但又不能过于疏忽，否则可能就不会再有联系了。

我们都喜欢用“亲密无间”这个词来形容很好的朋友，但其实真的到了亲密无间的程度往往又会适得其反。朋友之间保持一定的距离是很有必要的，只是对不同程度的朋友，其距离的大小可有所区别。这里所说的距离，主要指的是应有的礼貌和尊敬。

有些人一旦和别人混熟了，就丢掉了分寸感，进入了所谓的不分彼此的境界。但是物极必反，一旦到了这种程度，友情就快走向反面了。那么原因何在呢？根源就在于一个人一旦到了“不把他当外人”的时候，就自然会把一些看似小节，但实际挺重要的问题放在无关紧要的地位，如说话的态度和方式等。这样就势必增加误会或摩擦的可能性。比如恋人在婚前相思相恋，一天不见就吃不下饭、睡不着觉，可到结婚后关系变了味，重要的原因之一就是都不把对方当外人了。叔本华曾说过这样一段话：“社交的起因在于人们生活的单调和空虚，社交的需要驱使他们聚在一起，但因各自具有许多令人厌憎的品行又驱使他们分开。终于他们找到了能彼此容忍的适当距离，那就是礼貌。”曾有人用豪猪打比方：豪猪浑身长满了刺，在天冷时就想相互利用体温避寒，于是尽量靠近，可因为浑身有刺都无法靠得太紧，于是只能在谁也刺不到谁的前提下靠近。人与人之间的交往也应保持一种“豪猪的距离”。那么对于上面所述的案例中的朋友，可以采用善意的劝说，使朋友明白，朋友之间也是需要距离的。

二、保持一颗宽容的心

案例分析

难以琢磨的室友

最近一位同学给我发了一份邮件，邮件上表示她最近心里很烦。

“同一个宿舍的一位同学刚来时，我得知她家庭条件很不好，而我的家境还可以，所以两年来我总是在生活上帮助她，也想和她做朋友，可是她对我一直都是若即若离的。最近感觉她还在有意无意的和我作对，回到宿舍，她也不知道怎么就和我大吵大喊的，好像我欠她的似的。我觉得她很不值得我这样做，有时候也想和她吵一架，翻就翻了，可是我就是做不出来。真的感觉挺烦的。”

点评：由于家境不好，她产生了自卑心理，而你给她提供的帮助可能使她误以为你在心里是瞧不起她的。很多事情都有其两面性，在出现问题时，要学会站在对方的角度思考问题。

的确，在生活中，我们会遇到许多伤害我们的事，愤恨不平是正常反应，但不要对此给予太多的在意和关注，因为你会因此刻意追求对别人的报复，而忽略了自我的生活，到头来最大的受害者还是自己。所以，心中多一些宽容，生活就会变得轻松。而且，遇事要多想些朋友的好处和难处，努力尝试着去宽容她们，这样的心灵才能祥和美丽，自己才能真正快乐。宽容是一个人乐观自信、意志坚定、胸怀宽广的表现。宽容是人际交往中很关键性的东西，但宽容并不是丧失自我，而是在坚持原则和自爱的基础上，以博大的胸怀接纳别人，让他人和自己幸福快乐每一天。

三、真诚相待

对于青年大学生来讲，要想找到知心朋友，必须有一颗真诚的心。真诚是做人之本，是美好品德的体现。真诚待人是人际交往中最有价值、最重要的原则。人之相识，贵在坦诚。大学生无论与什么人交往，都要摈弃虚伪，在交往中表里如一。只有真诚相待、言行一致、信守承诺，才能赢得别人的拥戴，才能延续和人的交往，使人际关系得到巩固和发展。

1997年，武汉市鄱阳街的老建筑——景明大楼的业主突然收到一份来自英国的信函，这封远隔千山万水的信函出自一家建筑设计事务所。函件称，景明大楼为本事务所1917年设计，设计年限为80年。现在，该大楼已经到了设计年限，特此提醒业主注意。此事让景明大楼的住户感慨不已。

从这个事件中，我明白了诚信不仅是一种民族文化的沉淀，更是一种人文精神、道德规范和国民素质的体现。它不仅是经济利益的实现途径，更是连接友情的轨道。

四、塑造良好的个人形象，增进个人魅力

社会交往中，个体的知识水平与涵养直接影响着交往的效果，良好的个人形象应从点滴开始，从善如流，“勿以恶小而为之，勿以善小而不为”，优化个人的社交形象。

1. 提高心理素质

人与人之间的交往是思想、能力、知识及心理的整体作用，哪一方面的欠缺都会影响人际关系的质量。有的学生在人际交往中存在着社交恐惧、胆怯、羞怯、自卑、冷漠、孤独、封闭、猜疑、自傲、嫉妒等不良心理，这些都不利于良好人际关系的建立。因此，大学生应加强自我训练，提高自身的心理素质，以积极的态度进行交往。

2. 提高自身的人际魅力

应该说，每个个体都有其内在的人际魅力。人际魅力是一个人的综合素质在社交生活中的体现，这就要求在校的大学生丰富自己的内心世界，从仪表到谈吐，从形象到学识，多方位提高自己。心理学研究表明，初次交往中，良好的社交形象会给对方留下深刻的印象，而随着交往的深入，学识更占主导地位。特别是大学生应注重个性培养，以拓展自己的内涵。

五、善用交际技巧

1. 换位思考

换位思考对建立良好的人际关系很重要。如我们经常想：“如果我在他的位置上，我会怎样处理？”经常站在对方的角度去理解和处理问题，一切就会变得简单多了。一般而言，善于交往的人，往往善于发现他人的价值，懂得尊重他人，愿意信任他人，对人宽容，能容忍他人有不同的观点和行为，不斤斤计较他人的过失，在可能的范围内帮助他人而不是指责他人。他们懂得“你要别人怎样对待你，你就得怎样对待别人”；懂得

“己所不欲，勿施于人”；懂得“得到朋友的最好办法是使自己成为别人的朋友”；懂得“别人是别人而不是自己，因而不能强求”。与朋友相处时应存大同、求小异。

2. 善用赞扬和批评

心理学家认为，赞扬能释放一个人身上的能量，调动人的积极性。“赞扬能使羸弱的身体变得强壮，能给恐怖的内心以平静与依赖，能让受伤的神经得到休息和力量，能给身处逆境的人以务求成功的决心”。有报载，一位欧洲妇女出门旅行，她学会了用数国语言讲“谢谢你”“你真好”“你真是太棒了！”等，所到之处，都受到热情接待。真心真意、适时适度地表示你对别人的赞扬，能够增进彼此的吸引力。另外，要善于落落大方地说谢谢。我们经常认为特别亲近的人不需要说谢，太小的事不需要说谢，我们在生活中不太愿意直接表达我们的感谢，而是愿意记在心中。事实上，真诚的发自内心的感谢闪烁着人性的光辉。

一般情况下，应多赞扬、少批评，批评是负性刺激。通常只有当用意善良、符合事实、方法得当时，才有可能产生积极的效果，才能促进对方进步。批评时应注意场合与环境，应对事不对人，不能对一个人全盘否定，这样会挫伤对方的积极性与自尊心，应就现在的一件事而不是将以前的事重新翻出来，措辞与态度应是友好的、真诚的。

3. 主动交往

对一个风华正茂的大学生来说，需要有丰富的人际关系世界，并在这个世界里经历帮助与被帮助、同情与被同情、爱与被爱、共享欢乐与承受痛苦。在社会交往中，那些主动参加交往活动，主动去接纳别人的人，在人际关系上就较为自信。主动交往的稀少有两方面的原因：一是缺乏自信，担心遭到拒绝，担心别人不会像自己期望的那样理解、应答，从而使自己处于窘迫的局面，伤害自己的自尊。事实上，问题远没有我们想象的那么严重，因为人际关系中，双方都需要适应，需要人际关系支持陌生情境。二是人们在人际关系方面有许多误解，如先同别人打招呼，在别人看来低人一等，“那些善于交往的人左右逢源，都有些世故，有些圆滑”“我如此麻烦别人，别人会认为我无能，会讨厌我”等。大学生的主动交往也很重要，特别是当面临人际危机时，主动解释，消除误解，重新建立良好的人际关系非常重要。

4. 移情

人际关系的本质是人与人之间情感的联系与沟通，情感的沟通越充分，双方共同拥有的心理领域就越大，人际关系就越亲密。移情不是同情，而是交往双方内心情感的共通与同一。人是经验主义者，对别人理解高度依赖于自己的直接经验，因此，自我经验的丰富是理解与移情的必要前提。

5. 帮助别人

心理学家发现，以帮助与相互帮助开端的人际关系，不仅容易确立良好的第一印象，而且人与人之间的心理距离可以迅速缩短，使良好的人际关系迅速建立起来。日常生活中的患难之交正说明了这点。

心理小贴士

人际沟通的十三把小飞刀

(1)记住对方特别的日子或特别的事情。

(2)了解对方的兴趣和爱好,投其所好。

(3)从否定到肯定的评价。

(4)赞美具体化。

(5)给对方没有期待的评价。

(6)主动和对方打招呼。

(7)适度指出对方身上的变化。

(8)当一个捧人的角色。

(9)与自己对比。

(10)逐渐增强的评价。

(11)似否定,实肯定。

(12)信任刺激。

(13)见到,听到对方谈论他自己得意的事时要赞美。

总之,正如比尔·盖茨所说的那样:“我不再像以前那样地认为智商是无可替代的。想要成功,你还必须要知道该如何做出明智的选择,以及拥有更宽广的思考。”

思考与学习

(1)大学生人际交往的特点是什么?

(2)大学生人际关系交往中应该注意哪些问题?

(3)怎样才能保持良好的人际关系?

心理训练营

心理团体辅导——风雨人生

1. 活动准备

(1)每人准备一只眼罩。

(2)利用自然环境设计盲道。

(3)室内、室外都可以。

2. 活动流程

(1)参与活动的学生可根据选择分为两组:一组戴上眼罩扮演“盲人”;另一组扮演引导者,即“拐杖”。

(2)活动规则:引导者将变成“哑巴”,不能说话,一直持续到活动结束。“盲人”将在活动中保持盲人的角色,直到回到终点,在主持人引导下方可摘下眼罩。在整个路线中,将有组织人员引导路线,保证安全。

(3)活动开始时,“盲人”将在原地转十圈,暂时失去方向感,然后在引导者帮助下,沿着指定的路线,开始体验“风雨人生路” 。

3. 分享与交流

回到终点后，“盲人”和“拐杖”将被分开，在主持人的引导下，在柔和的音乐中，所有的参与者将可以畅所欲言在活动中的感受。

心理小测试

人际关系自测量表

这是一份人际关系行为困扰的诊断表，共28个问题，在每个问题上，选“是”的打“√”，计1分；选“非”的打“×”，计0分。请你认真完成，然后对照后面对测验结果做出的解释，检查自己的人际关系是否和谐。

(1)对自己的烦恼有口难言。(　　)

(2)和生人见面感觉不自然。(　　)

(3)过分的羡慕和妒忌别人。(　　)

(4)与异性交往太少。(　　)

(5)对连续不断的会谈感到困难。(　　)

(6)在社交场合感到紧张。(　　)

(7)时常伤害别人。(　　)

(8)与异性来往感觉不自然。(　　)

(9)与一大群朋友在一起，常感到孤寂或失落。(　　)

(10)极易受窘。(　　)

(11)与别人不能和睦相处。(　　)

(12)不知道与异性相处如何适可而止。(　　)

(13)当不熟悉的人对自己的倾诉他的生平遭遇以求同情时，自己常感到不自在。(　　)

(14)担心别人对自己有什么坏印象。(　　)

(15)总是尽力使别人赏识自己。(　　)

(16)暗自思慕异性。(　　)

(17)时常避免表达自己的感受。(　　)

(18)对自己的仪表缺乏信心。(　　)

(19)讨厌某人或被某人所讨厌。(　　)

(20)瞧不起异性。(　　)

(21)不能专注地倾听。(　　)

(22)自己的烦恼无人可倾诉。(　　)

(23)感受到别人的排斥与冷漠。(　　)

(24)被异性瞧不起。(　　)

(25)不能广泛地听取各种意见、看法。(　　)

(26)自己常因受伤害而暗自伤心。(　　)

(27)常被别人谈论、愚弄。(　　)

(28)与异性交往，不知如何更好地相处。(　　)

计分办法:将所有的题目分数相加。

结果解释:

如果你得到的总分是在0～8分之间,那么说明你在与朋友相处上的困扰较少。你善于交谈,性格比较开朗,主动关心别人,对你周围的朋友都比较好,愿意和他们在一起,他们也都喜欢你,你们相处得不错。而且,你能够从与朋友相处中得到许多乐趣。你的生活是比较充实而且丰富多彩的,你与异性朋友也相处得很好。一句话,你不存在或较少存在交友方面的困扰,你善于与朋友相处,人缘很好,获得了许多人的好感与赞同。

如果你得到的总分是在9～14分之间,那么你与朋友的相处尚存在一定程度的困扰。你的人缘很一般,换句话说,你和朋友的关系并不牢固,时好时坏,经常处在一种起伏波动的状态之中。

如果你得到的总分是在15～20分之间,那就表明你在同朋友相处上的行为困扰较严重;分数超过20分,就表明你的人际关系的行为困扰程度很严重,而且在心理上出现较为明显的障碍。你可能不善于交谈,也可能是一个性格孤僻的人,不开朗,或者有明显的自高自大、讨人嫌的行为。

第五章　愿得一心人，白头不相离
——大学生恋爱

一花一世界，一叶一追寻。一曲一场叹，一生为一人。
用我三生烟火，换你一世迷离。
孤单不是与生俱来的，而是由你爱上一个人的那一刻开始。

你或许正在渴望爱情，也或许已经体验过爱情甚至失恋的滋味，那么，你的字典里是如何定义爱情的呢？

积极心理学认为，决定一个人幸福的第一要素是他的重要人际关系，特点是亲密关系的质量。换言之，要想获得幸福，一个人一定要学会经营亲密关系，学会不断提升亲密关系的质量。恋爱，恰是你最好的老师。

心理定律

异性效应——男女之间相互吸引

有句话叫：男女搭配，干活不累。和异性在一起的时候，我们会更加注意自己的形象。在人际关系中，异性接触会产生一种特殊的相互吸引力和激发力，通常会对人的活动和学习有积极的影响。

第一节　爱情的本质

所谓爱情，是一对男女基于一定的社会基础和共同的生活理想，在各自的内心形成的相互倾慕，并渴望对方成为自己终身伴侣的一种强烈、纯真、专一的感情。性爱、理想、责任是构成爱情的三个基本要素。爱情与人世间的其他情感，如亲人之爱、朋友之请或同志之义有明显的区别，使爱情成为特殊的“情爱”。

心灵故事

什么是爱情

柏拉图有一天问老师苏格拉底，什么是爱情？苏格拉底叫他到麦田走一次，要不回头地走。在途中要摘一棵最大最好的麦穗，但只可以摘一次。

柏拉图觉得很容易,充满信心地出去。谁知过了半天他仍没有回去。最后,他垂头丧气出现在老师跟前,诉说空手而回的原因:

"很难得看见一株看似不错的,却不知是不是最好,因为只可以摘一次,不得已只好放弃,再看看有没有更好的,到发现已经走到尽头时,才发觉手上一棵麦穗也没有"。这时,苏格拉底告诉他:"那就是爱情"。

一、爱情的本质

我们每一个人,都希望自己能是爱情里的王子和公主,有人宠着照顾着、呵护着。被暖暖地爱着,是每一颗心灵深处最本真的渴望。爱,有时就像风铃在风中奏起的乐曲。然而,生活并不会如我们所愿。它常常会让我们尝尽凄风苦雨。我们不禁会问:"到底什么才是爱情呢?"

马克思主义爱情本质论认为:爱情是人类的自然属性和社会属性的统一。爱情的自然属性是指成熟健康的男女自身的性欲和性需求以及性爱,它们是爱情产生的最基本的生物前提。因此,性爱、理想、责任是构成爱情的三个基本要素。

(1)爱情是建立在性的基础上的。性的吸引是爱情产生的自然前提和胜利基础。法国大思想家罗素说:"爱情源于性,又高于性。"

(2)爱情是社会性情感活动的产物和要求。爱情是生理需要与社会需要的统一,是生理因素与心理因素的统一,是性爱与情爱的统一。在爱情中,人们体验爱与被爱、尊重与被尊重、需要与被需要的感觉,而且要求男女双方共同承担相应的社会责任与义务。

(3)爱情是发生在一定历史条件下的。随着时间的推移、条件的变化,爱情也许会消失或变化。曾经的海誓山盟,曾经的惺惺相惜,也许会随着时间与条件的变化而荡然无存。贵州一大学生因为单相思导致精神崩溃而杀人,其目的却是"用匕首收割爱情"。中国又有多少现代人一直在上演历史上陈世美式的人生。美国有句流行的结婚誓言:"我们的爱情能走多远,我就有多忠诚;我能爱你直到我们分手,我愿意直到我不愿意为止。"

(4)爱情是一定社会条件下的情感关系,不受法律的约束。爱情是两个人的事情,婚姻却不是。爱情中的爱与被爱不受法律约束,而婚姻却是一种契约关系,受法律保护。因此,有人敢坦然地说"我爱你",而不敢轻易地说"我要娶你""你嫁给我吧";一些"新新人类"经常把"我可以给你爱情,但不能给你婚姻"挂在嘴边,而一旦爱情鸟飞走了,就只有哭闹与跳楼。

心灵故事

哪一种爱不千疮百孔

她是保姆的女儿,从小没了父亲,长在深宅大院。16岁时,她与东家少爷同居,后被少爷的哥哥介绍去电影公司试镜。导演因"她身上有永远抒发不尽的悲伤,惹人怜爱"而相中她,于是她成为一个演员。她的身材瘦削干净,旗袍下有着美丽的长腿,五官云淡风轻地组合在一起,眼神里那一抹软弱的伤感始终惊艳。

一个女孩能够不费吹灰之力地成为明星,在20世纪二三十年代,是很幸运的。然而，她又是不幸的，她的不幸由男人开始。与她同居的少爷张达民对她有爱时，因为张母的极力阻挠而无法给她名分，当爱在岁月中渐渐褪了颜色，张却迷恋上了赌博，他输光了自己的家产后，只是将她当成ATM机。当时的她，一年拍几部电影，收入颇丰。当女人被男人当成ATM机，却又无力挣脱他，女人能赚钱就成了一个巨大的讽刺。但凡女人，谁不想抱着一棵摇钱树，甜蜜地依靠着，尤其是如她这般妖媚的女子。茶叶商人唐季珊让她找到了这样的感觉。他为她置办了一幢三层的豪宅，卧室中放着她喜欢的雕花红木家具和珠宝首饰。在这间卧室里，她看到了被唐季珊甩掉的明星张织云的信，她说："我的今天就是你的明天。"在这间卧室里，她发现唐季珊要送给梁赛珍（另外一个演艺新人）的红宝石项链。在这间卧室里，她吞下了致命的30片安眠药。

越来越多的人相信，那封著名的"人言可畏"的遗书是唐季珊为了摆脱关系伪造的，她真正的遗书由梁赛珍交给了香港的一家小报（事后，梁赛珍便从江湖上消失了）。在那封遗书中，她写道："我死之后，将来一定会有人说你是玩弄女性的恶魔，更加要说我是没有灵魂的女性，但那时，我已不在人世了，你自己去受吧！过去的织云，今日的我，明日的谁，我想你自己知道就是。"

她只是一个女人，而不是一个斗士。她畏的不是不相干的人说些什么，而是没有一个可信任、可倚靠的男人。在发现唐季珊靠不住之后，她去找曾经合作过《新女性》的导演蔡楚生。她明白蔡是喜欢她的，于是抱着最后一丝幻想，要求他与自己结婚，结果，蔡大导演吓得差点把茶杯从手里掉下来。男人不明白女人这是怎么了，就算我喜欢你、欣赏你、想与你肌肤之亲，你也不能像狗皮膏药似的说贴就贴吧。其实，女人也不明白男人是怎么了，你不是喜欢我吗？为什么不能给我安稳，救我于水火？女人总是把男人想得太强大，却不知道，在许多时候，男人擅长的不是负责任与尽义务，而是做岸柳与墙头草。

她，一个擅长饰演悲剧角色的忧郁女明星，一个16岁就开始与男人同居的女子，既痛恨男人的无情无义，又无法忍受哪怕一天没有男人可依靠的日子。她选择死，便是死于这样一种求而不得的绝望。

"张达民把我当摇钱树，唐季珊把我当专利品，他们谁也不懂什么是爱情……"她马不停蹄地从一个男人流浪到另外一个男人的怀里，这不是爱，而是软弱。她的舞跳得好，戏也演得好，在她25岁辞世之前，已经拍了29部电影。在她家里有爱她的母亲与乖巧的养女，即使不依附于男人，以当时的名气与收入，她也可以将小日子过得不错。可惜，往往一个女人得到了许许多多意外的幸运，却依然会对一件意料之中的不幸抱有幻想，那就是——男人是可以依赖的。

"我太软弱了！我这个人经不起别人对我好。要是有人对我好，我也真会像疯了似的爱他！"她像一株藤，或者将树缠得无法呼吸，或者在树逃离时轰然倒塌。"遇人不淑"是她的悲剧人生的表象，真正逃不掉的实质却是：她总是纵容自己软弱，无论境遇好坏，都将快乐与幸福寄托在他人身上。显然，她根本无力与自我相处，又如何能够与他人、与世界相处？他人的好坏，是他人的事；你过得不好，终究是你的事。

二、爱情的特点

(1)平等互爱性。真正的爱情以互爱为前提,相互爱慕是爱情的首要特征。爱情是男女双方发自内心的基于一定的客观现实做出的自主选择。这种平等是指一对男女间基于一定的客观现实基础和共同生活理想的对等,是指两者人格地位的完全平等,也是指双方爱的对等,是以互爱为基础的。

(2)专一排他性。爱情的专一性使人全身心投入、集中精力去爱其所爱,不允许他人介入,彼此成为对方唯一的忠贞爱情,专一排他性是衡量爱情的重要标尺。

(3)强烈持久性。爱情使男女双方真诚地相爱,渴望对方成为自己的终身伴侣,是一种极为强烈持久的情感关系。

(4)交织融合性。爱情使两个人、两段人生的相互参与、相互交织融合。真正的爱情是两个"一半"重新回归完整的过程,既是身体上的亲密接触,又是两个精神上的互知互懂和由此而生的默契。

(5)责任奉献性。爱情必须是有道德责任感的。爱情同人的善恶观紧密相连。19世纪德国哲学家黑格尔曾经说过:"爱情里确实有一种高尚的品质,因为它不只停留在性欲上,而且显示出一种本身丰富的高尚优美的心灵,要求以生动活泼、勇敢和牺牲的精神和另一个人达到统一。"苏霍姆林斯基在教导他儿子时曾说:"爱首先意味着奉献,意味着把自己的精神力量献给爱侣,为她缔造幸福。"

三、爱情心理理论

爱情的现象可以去理解、去描写、去解释、去研究…但爱情的美只能在感动中得以体会,那是一个充满了想象与超脱现实的生命经验。为什么一个人可以那样地去爱另一个人?在心理学的眼中,有着各式各样的爱情理论,主要有两类范畴:社会的和人格的。以下是心理学上常见的爱情理论,在这里我们先介绍社会心理学家的爱情理论。

1. 爱情态度理论

Rubin(1970)开始将爱情定义成对某一特定的他人所持有的一种态度之后,使得爱情得以并入人际吸引之社会心理学主流内,并能使用一般测量方法研究爱情。

他假设爱情是可以被测量的独立概念,可视为一个人对特定他人的多面性态度。他从文艺著作、普通常识及人际吸引之文献资料中,寻找拟定叙述感情的题目,经过项目分析、信度考验、效度考验建立了爱情量表(love scale)和喜欢量表(liking scale)。他发现爱情与喜欢有质的差别,而其爱情量表中包含三种成分:亲和和依赖需求、欲帮助对方的倾向、排他性与独占性。

2. Lee的爱情观类型理论

加拿大社会学家John Alan Lee(1973)经由文献收集及调查访谈两阶段的研究,将男女之间的爱情分成6种形态:情欲之爱(eros)、游戏之爱(ludus)、友谊之爱(storge)、依附之爱(mania)、现实之爱(pragama)及利他之爱(agape)。

所谓的"情欲之爱",是建立在理想化的外在美,并且是罗曼蒂克、激情的爱情。

游戏之爱是把爱情视为一场让异性青睐的游戏，并不会将真实的情感投入其中，常更换对象，且重视的是过程而非结果。

友谊之爱是指如青梅竹马般的感情，是一种细水长流的、稳定的爱。

依附之爱者对于情感的需求非常大。

现实之爱者则是会考虑对方的现实条件，以期让自己的酬赏增加且减少付出成本的爱情。

利他之爱者则带着一种牺牲、奉献的态度，追求爱情且不求对方回报。

承接Rubin将爱情视为态度的方向，有些研究者编制了《爱情态度量表》来验证Lee的爱情类型理论，研究结果发现的确有6个向度，因此验证了Lee的理论。此量表有6个分量表，分别代表不同的爱情类型，每个分量表各有7题，总共有42题，采五点量表的反应方式对各陈述句的同意程度做出回答。日后，大多研究都以此量表为测量工具，也受到多位学者的认可。

3. 爱情成分理论

除了上述Rubin发展的爱情量表中将爱情成分分成三类之外，Sternberg(1986)爱情三角理论(Triangular theory of love)是目前最重要且令人熟知的理论。他认为爱情包括三种成分：亲密(Intimacy)、激情(passion)及承诺(commitment)。

所谓的亲密，是指与伴侣间心灵相近、互相契合、互相归属的感觉，属于爱情的情感成分。

激情是指强烈地渴望与伴侣结合。它是促使关系产生浪漫和外在吸引力的动机，也是与“性”相关的动机驱力，属于爱情的动机成分。

而承诺则包括短期和长期两个部分，短期的部分是指个体“决定”去爱一个人，长期的部分是指对两人之间亲密关系所做的持久性承诺，属于爱情的认知成分。

随着认识的时间增加及相处方式的改变，上述的三种成分将有所改变，因其中所组成元素的增减，爱情的三角形的形状与大小也会跟着改变。三角形的面积代表爱情的质与量，据Sternberg(1986)的说法：“三角形越大，爱情就越丰富。”

Sternberg(1986)进一步提出：在三种成分下有8种不同的爱情关系组合。

(1)喜欢：只包括亲密成分。

(2)迷恋：只存在激情成分。

(3)空爱：只有承诺的成分。

(4)浪漫之爱：结合了亲密与激情。

(5)友谊之爱：包括亲密和承诺。

(6)愚爱：激情加上承诺。

(7)无爱：三种成分俱无。

(8)完整的爱：三种成分齐聚于一个关系当中。

第二节 大学生的恋爱心理

大学校园历来都是新思想、新文化的发源地，在恋爱观上更有革故求新的特殊条件。莘莘学子，才情荟萃，正值青春妙龄，其生理早已成熟，一旦进入大学校门，心理上立即萌生势不可挡的、生机盎然的爱情意识，这就使追求自由与爱情成为大学校园永恒的话题。

一、大学生恋爱现状

1. 恋爱普遍化、公开化

在大学生中流行这样一句话："恋爱是大学的必修课，如果你在大学期间，没有谈过恋爱，那你就不算是一个合格的大学生。"于是，在教室、食堂、操场、道路上等公共场合随处可见一双双、一对对的大学生恋人们的身影。在恋爱中，一些同学也抛开了应有的矜持与含蓄，表现得越发投入与大胆，投身于轰轰烈烈的恋爱洪流中去。在教室、食堂、操场等公众场合旁若无人，这种表现在师生中间产生了不良的影响，破坏了大学生的良好形象。

2. 女生的恋爱比例高于男生

女生的恋爱比例高于男生的原因有二：一是女生的生理和性心理比男生成熟得早，加之女生有较强的依赖性，因而她们对"感情港湾"和性爱的需求程度要强于男生；二是女大学生的绝对数小，占在校生的比例低于男生，所以在"对偶式"的爱情世界中，女生总是处于"供不应求"的优势地位。只要自己愿意，自身条件不占优势的女生同样会找到钟情的知音，而素质较差的男生在校园"情场"上则要相对受冷落些。

3. 恋爱动机的多样化

据调查统计，以"建立家庭"为恋爱目的的大学生只占30%，更多的是以"丰富生活""摆脱孤独寂寞"为目的，也有为追求金钱、名誉和地位的。他们只注重恋爱过程的情感投入和体验，走出了"交往—恋爱—结婚"的传统爱情三部曲，认为恋爱不必托付终身。于是，校园里便出现了"契约式恋爱"，在校时卿卿我我，心理上相互填补空白，甚至有人在校外租房同居，但毕业时互相说声"拜拜"。这种缺乏责任感与严肃感的盲目的"寂寞期恋爱"，是十分危险的游戏，是不可取的人生态度。

4. 男生主动性高于女生

由于在校大学生的男女比例悬殊。一般情况下，男生只有自己主动出击才能找到心仪的恋人。相对来讲，女生就可以在众多的追求者中选择适合自己的恋人。

5. 文科生的恋爱比例高于理工科生

文科生的恋爱比例高于理工科生主要是由于专业性质的影响。文科学生平时的课程较松，思想充满了浪漫主义的色彩，谈恋爱正好可以充实闲暇生活，也满足了他们的浪漫主义思想。理工科学生的实验多，课后作业重，学习压力大，因而恋爱比例要低些。也许还可能是由于文科学生在总体上比理工科学生的"情商"高一些。

6. 恋爱成功率低

由于恋爱随意性大，在校期间的恋爱成功率就低。另外，大学毕业后不能在一起工作，也是导致大学生恋人分手的主要原因。每年的五六月份是毕业的季节，也是分手的季节。

7. 恋爱观念日趋开放

据中国青年报对大学生对待婚前性行为的看法调查结果显示：2002年表示同意婚前性行为的为50%，2018年表示同意的为70%，其中86%为男生，14%为女生；还有30%的学生发生过性行为，其中67%为男生，33%为女生。从数字看，这是一个增长的趋势。大学生谈恋爱，由于受到学生身份的限制，因而许多人认为此时的恋爱应该保守一些，但也有人认为，大学生已经是成年人，可以自由选择恋爱方式。在关于恋爱行为尺度调查中有5种恋爱行为，分别是拉手、接吻、爱抚、进行性行为、同居。半数以上男生选择了"同居"这一项，而女生普遍认为接吻或爱抚都是很正常的行为。

8. 网恋日益盛行

除了传统的恋爱形式外，随着网络的发展与普及，恋爱又有了其虚拟形式：网恋。无形的网络开始取代月老的红线，许多未曾谋面甚至远隔重洋的男女，通过网络相识、相恋。网恋几乎成为年轻人的生活新方式，也成为"e时代"少男少女的一种新时尚。大学校园本来就充满着浪漫气息，大学生又对新事物有强烈的猎奇心理，且高校的网络已十分普及，因此在高校里上网聊天和网恋很流行。

9. 恋爱观不够明确

据调查统计，有相当一部分的大学生谈恋爱仅仅是为了满足自己的虚荣心和其他需要。现在大学生中流传着这样一句话：不求天长地久，只求曾经拥有。一些大学生把恋爱当作一种爱情体验，及时行乐，借以寻求刺激，满足精神享受；一些大学生是为了充实课余生活，解除寂寞，填补空虚，把恋爱当作一种消遣文化。只重恋爱过程，轻视恋爱结果，实质上是只强调爱的权利，而否认了爱的责任。

二、大学生恋爱的特点

恋爱对人的个性因素和社会情感的发展有重大意义。只有经历了恋爱过程，人才会真正成熟起来。随着当前社会的迅速发展，各种文化传播速度不断提高，人们的思想日益开放，越来越早地步入成熟。恋爱这一现象也日趋低龄化且人数呈上升态势。大学生作为一个特殊的群体，具有较高的文化素质，其心理自主性很强，同时存在着不成熟和不稳定性。由于缺乏必要的社会阅历和经济条件，他们往往不能正确对待恋爱中的种种问题,同时心理和生理发育的不平衡也给大学生的恋爱带来了困惑。因此,在恋爱问题上,大学生具有与其他群体不同的特点。

1. 自主性强

大学生在恋爱问题上,个性突出,重感情、易冲动,不受传统习俗的局限,在确定恋爱关系前,甚至在确定恋爱关系后,一般都不征求双方父母的意见。

2. 恋爱动机简单化

许多大学生在恋爱中没有考虑结婚,没有清楚地、自觉地意识到应选择一个终身伴侣,他们谈恋爱只是因为需要爱和被爱。

3. 自控力与耐挫力较弱

大学生一旦陷入热恋之中,往往不善于控制自己的情感,任感情随意放纵,缺乏理智的驾驭能力,对恋爱对象过分依赖,稍有波折就痛苦万分。一旦恋爱受挫,就会情绪失控,无法自拔,对学习造成严重影响。

4. 不成熟性与不稳定性

当前大学生的恋爱,呈现低年级化,人数呈上升趋势。一年级就开始谈恋爱已不是个别现象。这些低年级学生由于社会阅历浅,思想单纯,很多学生对于自己的人生目标和需要还没有一个很清楚的概念,从而造成其在对待恋爱问题上表现得简单、幼稚和不成熟。这种恋爱问题上的不成熟性,加之他们在就学期间经济上尚未独立,使其恋爱过程中的感情和思想是易变的,极易造成恋爱的周期性中断,或在恋爱对象的选择上犹豫不决,恋爱的成功率很低。他们的恋爱是为恋爱而恋爱,是出于单纯地需要爱和被爱,没有更多地考虑未来和责任。

三、大学生恋爱的类型

从大学生对恋爱的观念、态度、价值观取向等方面分析,大学生的恋爱可以分为以下几类。

1. 慰藉型

刚刚走进大学,很多大学生表现出对独立生活的不适应,于是,慰藉型的恋爱就应运而生。这些恋爱中的男女期望从对方身上获得关心、帮助、理解和包容。在恋爱关系上往往表现出不平衡性,一旦付出多的一方发生变化,恋爱关系就会迅速解体。

2. 友情型

这种恋爱类型具有较为稳固的基础,恋爱的双方一般是早就熟识的同学或者朋友,是在长期的交往中逐渐发展成为恋爱关系的,这种类型在大学生恋爱人群中占有相当大的比例。

3. 理想型

理想型的恋爱缺乏冷静思考,对爱情充满理想色彩,一旦认定某个异性与自己理想中的模型相合，就会不顾一切地追求。

4. 志趣型

这是大学生恋爱的最高形式。志趣型是建立在男女双方的共同理想和目标的基础上的，彼此尊重、相敬如宾，在思想上能够产生交流和共鸣，在目标追求上相互认同，在学业和恋爱的关系上处理妥善。

5. 功利型

具有良好的家世背景是功利型恋爱关系建立的基础，这种具有典型实用主义倾向的恋爱关系，其发生、发展都是围绕着一方家庭的物质基础或社会地位展开的，其根本目的是将恋爱作为谋取功名的手段。

6. 情欲型

大学生生理成熟，有明确的性需要，尤其是受到一些不良因素的影响，把恋爱当成满足自己性欲望的一种手段，通过玩弄对方来达到满足自己生理需要的目的，是一种典型的不良恋爱类型。

7. 从众型

在“大学不体验恋爱就不完整”的普遍认同下，有部分人会赶潮流似地恋爱。对恋爱的对象不加考究，只要有机会，就开始恋情。当然，一部分人假戏真做，最后成就一段姻缘，但大部分从众的恋爱，都无果而终或不了了之。

破译心灵密码

我的梦中情人

“问世间情是何物，直教生死相许？”请你将你的梦中情人具有的特征，记录在下面的卡片上。

我的梦中情人：__________

外貌特征：__________

性格特征：__________

社会品德特征：__________

第三节　大学生的性心理

一、性的本质

我们每个人都是由性塑造的生命，如果没有性，人类就不能完成种族的繁衍。人类生命的诞生、性成熟、性繁衍等性生理属性是性的自然属性；个体的动机、态度、情绪、人格及行为的综合体现是性的心理属性；在一定的历史条件下和具体的社会关系中，人类性活动所表现的性角色的形成、性的社会化、性活动与环境的关系、性观念、性习俗、性文化等是性的社会属性。

由此,人类的性是由生理属性、心理属性、社会属性形成的一个整体。其中,生理属性是性活动的物质基础,心理属性是人类性活动区别于动物的特性,而社会属性则是人类性活动的本质属性。这三个因素是有机联系的统一体,而起决定性作用的是性的社会属性,即社会属性是性的本质属性。

二、性的心理及其发展

心理小贴士

弗洛伊德与性本能理论

性心理发展阶段(Psychosexual Development)最早是由奥地利心理学家西格蒙德·弗洛伊德在19世纪末20世纪初提出的一个概念,是心理学理论的核心概念。他认为人的精神活动的能量来源于本能,本能是推动个体行为的内在动力。他认为人类最基本的本能有两类:一类是生的本能,另一类是死亡本能或攻击本能。生的本能包括性欲本能与个体生存本能,其目的是保持种族的繁衍与个体的生存。弗洛伊德是泛性论者,在他的眼里,性欲有着广义的含意,即是指人们一切追求快乐的欲望,性本能冲动是人一切心理活动的内在动力,当这种能(弗洛伊德称之为"力比多")积聚到一定程度就会造成机体的紧张,机体就要寻求释放能量的途径。弗洛伊德将人的性心理发展划分为5个阶段:口唇期、肛门期、性器期、潜伏期、生殖器期。

(1)口唇期:从出生到1岁,性本能的主要区域集中在口唇,因为婴儿从吮吸、咀嚼、咬等口唇活动中可以获得快感。喂食是特别重要的。例如,婴儿突然断奶或断奶太早,后来可能会过分纠缠配偶或者过分依赖配偶。

(2)肛门期:1～3岁,自发排便是满足性本能的主要方法。大小便训练可能引起父母与儿童之间较大的冲突。父母创造的情绪氛围有持久影响。例如,儿童如果因上厕所时发生的意外而受到惩罚,就可能会变得抑制、肮脏或浪费。

(3)性器期:3～6岁,愉快来自于性器官的刺激,儿童对异性父母有乱伦的愿望(恋母情结或恋父情结)。这种冲突引发的焦虑,会导致儿童内化性别角色的特征和与之竞争的同性父母的道德标准。

(4)潜伏期:5～11岁,性器官的创伤引起性冲突的压抑,性冲动转移到学习和充满活力的游戏活动中。随着儿童在学校获得更多的解决问题的能力和对社会价值的内化,自我和超我将持续不停地发展。

(5)生殖器期:12岁以后,青春期的到来唤醒了性冲动,青少年必须学会以社会可接受的方式表达这种冲动。如果发展是健康的,那么婚姻和抚养孩子能够满足这种成熟的性本能。

人类的性活动绝不仅仅是生物的本能反应,它包含着丰富的心理活动,并受到社会的制约。这是人类性活动区别于动物的根本点。

1. 性心理

性心理(SEXPSY)是指在性生理的基础上,与性征、性欲、性行为有关的心理状态与心理过程，也包括了与他人交往和婚恋时的心理状态。性生理是性心理发展的生物学基础，性生理发育的障碍或缺陷会使性心理的发展出现偏差。世界卫生组织对性心理健康所下的定义是：通过丰富和完善人格、人际交往和爱情方式，达到性行为在肉体、感情、理智和社会诸方面的圆满和协调。性心理健康是人类健康不容忽视的重要组成部分，近年来越来越受到人们的重视。

性心理健康必须具备以下四个条件。

（1）个人的身心应有所属，有较明显的反差。如果阴阳莫辨，就难以实施健全的性行为与获得美满的爱情。

（2）个人有良好的性适应，包括自我性适应与异性适应，即对自己的性征、性欲能够悦纳，与异性能很好地相处。

（3）对待两性一视同仁，不应人为地制造分裂、歧视或偏见。对曾因种种历史原因形成的一切与科学相悖的性愚昧、性偏见及种种谬误有清醒的认识，理解并追求性文明。

（4）能够自然且高质量地享受性生活。

性心理健康作为身心健康的一部分，与人的身体构造、生理功能、心理素质和社会适应密切相关，因而影响性心理健康的因素也是多方面的。一是父母的素质。在相当大的程度上，遗传基因和胚胎发育决定了身心的状况。二是本人。因为个人自懂事起，便对自己的身心发展拥有一定的支配能力和责任。三是家庭与社会的教育。凡是在生活中能够科学文明地对待社会和家庭环境的人，往往都能自然、自主而愉悦地面对性、对待性；而在谈性色变的家庭或社会环境里，人被迫对性产生肮脏、神秘、不光彩的心理，这种逆自然性的精神状态与自然的人生需求的矛盾和抗争，往往会扭曲人性，这不仅导致性心理的不健康发展，而且还会对人的一生产生不良影响。

2. 性心理的发展

青春期是儿童向成人过渡的中间阶段，有人把它称为“人生历程的十字路口”。它既与儿童有别，又与成人不同。贯穿青春期的最大特征是性发育的开始和完成，与此同时，男女青年在心理方面的最大变化，也反映在性心理领域：他们对性的意识由不自觉到自觉，对性对象由同性转为异性，对性的兴趣由反感到爱慕到初恋……这几乎是每个人必经的历程。但由于在整个青春期中，青年人的情绪非常容易变化，如果不注意及时引导，常可为过度好奇、热情、幻想、冲动、性欲等驱使而不能自制。若再受社会上不良现象的影响，常可使某些青年滋长不健康的性心理，以致早恋早婚、荒废学业，有的甚至触犯刑法，走上犯罪道路。因此，不论青年自身、家长或老师，均应对青春期的性心理变化有一定了解，要培养出体质健美且有健康性心理的青年一代。

青春期内性意识的发展一般可分为四个时期。

（1）性抵触期。在青春发育之初，有一段较短的时期，青少年总想避开异性，以少女表现得尤为明显。这主要与生理因素有关。由于第二性征的生理变化，使青少年对自身所发生的剧变感到惘然与害羞，本能地产生对异性的疏远和反感。此期约持续1年左右。

（2）仰慕长者期。在青春发育中期，男女青年常对周围环境中的某些在体育、文艺、学识以及外貌上特别出众者(多是同性或异性的年长者),产生精神上的共鸣,仰慕爱戴、心向往之,而且尽量模仿这些长者的言谈举动,以致入迷。

(3)向往异性期。至青春发育后期,随着性发育的渐趋成熟,青年人常对与自己年龄相当的异性产生兴趣,并希望在接触过程中吸引异性对自己的注意。但由于青少年情绪不稳,自我意识甚强,因而在与异性接触过程中,容易引起冲突,常因琐碎小事而争吵甚至绝交,因此交往对象常有转移。

(4)恋爱期。青春发育完成,已达成年阶段,青年把友情集中寄予一个自己钟情的异性身上,彼此常在一起,情投意合,在工作、学习中互相帮助,生活中互相照顾,憧憬婚后的美满生活,并开始为组织未来的家庭做准备工作,这时的青年对周围环境的注意减少。女青年常充满浪漫的幻想,向往被爱,易于多愁善感;男青年则有强烈的爱别人的欲望,独立感得到满足时,他们的心情往往较兴奋。

有人类就有爱情,有生活就有爱情。青年男女对性爱均有所求,这是生活中自然现象,也是人生的必经之途。我们既反对封建道学家们所谓"男女大防"的危言耸听,也抵制资本主义社会中"性开放""性商品化"的错误倾向。掌握心理规律,普及科学的性知识,不仅能使我国广大青年人正确对待性的问题,也有助于青年人树立革命人生观,更好地推动我国的"四化"建设。由于青春男女的性心理尚未成熟,因此过早恋爱,不仅影响学业、工作,而且由于缺乏正确的择偶标准,往往不能保证终身幸福。因此,青年人应在成年后再物色理想的爱人,在恋爱过程中应互相尊重,用理智控制感情,保证爱情的纯洁性,这才是当代中国青年应有的健康的性心理。

三、大学生的性心理特征

大学生是人群中一个独特的群体,在生理上已经发育完全,然而,还未走向社会,在心理上尚未成熟。大学生在性心理发展上具有四个特征。

1. 对性知识的渴求

在第二性征发育之后,首次遗精与初潮现象的出现使个体对自身性角色的认识发生了质的变化,在此时个体的性角色基本定位并产生良性分化。伴随着性生理的变化,青少年普遍产生了对性知识的强烈渴求,非常关心自己和周围同伴的发育变化,对性知识既好奇又敏感。心目中有很多疑惑等待找到答案,想知道发生在自己身上的变化是否正常。所以,青少年常常会有意识地通过一些途径寻求性知识,如翻阅医学书刊、收听专栏节目、暗中与他人比较等,以便获得更多的性知识。

2. 性意识的强烈性与表现形式上的隐蔽性与文饰性

随着性机能的成熟,大学生的性欲望和性冲动此时会表现得更加强烈,希望接近异性,与异性交往,以得到性的生物性满足。然而,由于我国谈性色变得保守观念依然影响着当代青年,认为谈论性的事是下流、肮脏、难以启齿的。有些青少年强迫自己否认、回避性需求,心里特别想体验亲昵的动作,表面上却好像很讨厌。正是这种心理上的需要与行为上的矛盾表现,使其产生了心理冲突。

3. 性心理的动荡性与压抑性

青春期是人的一生中性能量最旺盛的时期，但由于许多大学生的性心理还不成熟，尚未形成稳固的、正确的性道德观和恋爱观，自控力较差，因而性心理容易受外界不良信息的影响而动荡不安。一部分学生对性冲动持否定、抵制的态度，采取压抑的方式；有的学生由于性能量得不到合理的疏导和升华，从而出现过分性压抑，少数人以扭曲的方式，甚至以变态的行为表现出来，如“厕所文学”“课桌文学”“窥阴癖”“恋物癖”等，严重者还会导致性变态和性过错；还有一部分学生对性持有无所谓和放纵的态度，采取放荡的方式，多个性伴侣等被部分学生接受，以致精神空虚、情趣低下，甚至发生性过失、性犯罪。在对陕西10所在校大学生的问卷调查中发现，10.6%的学生感觉自己有性心理偏差；14.7%的学生有过同居行为；有婚前性行为的学生占到23%，其中艺术类专业的学生达到33%。调查中有将近50%的学生对婚前性行为表示理解，不支持也不反对；对性服务者，58.5%的学生理解他们的存在，甚至有的大学生也加入到他们的行列中。

4. 性心理的性差别性

大学生的性心理因性别的不同而有些差异。在对异性感情的流露上，男生表现得较为外显和热烈，女生往往表现得含蓄和深沉，但更细腻和执着；在内心体验上，男生更多地表现为新奇、喜悦和神秘，女生则更多地表现为惊慌、羞涩和不知所措；在性行为表达方式上，一般是男性较为主动，女生较为被动，女生往往采取暗示的表达方式。男性的性冲动易被唤起，则女性易在听觉、触觉刺激下引起性兴奋。

心理小贴士

世界各地的性教育

1. 瑞典：通过电视实施性教育

瑞典是世界上最早开设性教育课程的国家之一。瑞典的性教育被称为“避孕教育”。早期的瑞典学校性教育是国际上公认的青春期性教育成功模式之一。

1942年，瑞典开始对7岁以上的儿童进行性教育，教师采用启发式、参与式和游戏式的教学方法，内容是在小学传授妊娠与生育知识，在中学讲授生理与身体机能知识，到大学则把重点放在恋爱、避孕与人际关系的处理上。

1966年，瑞典又尝试通过电视实施性教育，打破了家长对谈性难以启齿的局面。瑞典性教育的经验是与孩子们交流，让他们知道性究竟是怎么回事。

多年来，瑞典的性教育和咨询活动成效显著，在1991—1996年的5年间，15～19岁青年的艾滋病感染率下降了32.4%，淋病和梅毒的感染也分别下降了65.8%和55.9%。

2. 英国：5岁开始强制性性教育

英国法律规定，必须对5岁的儿童开始进行强制性性教育。英国的性教育以学校教育为主体，所有公立中小学根据国家必修课程的具体规定来进行性教育。按不同年龄层划分为4个阶段：5～7岁，主要是初步了解人体各部器官名称，知道人类可以孕育下一代，并会区分身体上的异同等；8～10岁，主要掌握人类生命周期各主要阶段，包括生殖、生长发育等；11～13岁，懂得青春期所带来的各种生理和心理变化，以及什么叫月经和受精等；14～16岁，学习生殖激素对人体的作用，医学上使用生殖激素来控制和提高生育力的情况和男女性别的决定因素等复杂问题。

除了这些必修内容，各学校还会根据学生的特点适当增加有针对性的内容，如性健康、人与人之间的关系、情感释放、肢体语言等。

3. 美国：有1/3的学校进行禁欲教育

美国从小学一年级就开始传授生育、两性差异、性道德等知识，初中阶段讲生育过程、性成熟、性约束等，高中阶段讲婚姻、家庭、性魅力、同性恋、性病、卖淫现象、性变态等，并向学生发放避孕套。

最近10年里，全美有1/3的学校增加了禁欲教育，提倡将性行为推迟到婚后，并告诉学生进行安全性行为的做法。1996年，有的州通过立法，在5年时间里，有4.4亿美元的资金用于宣传禁欲，有的学校还提供在何处可获得控制生育器具或如何使用避孕套的资讯。现在全美14个城市的32所公立学校都建有性咨询室，回答咨询的也是孩子，其内容对教师和父母都保密。

目前，在英、美等国家较为流行的“同伴教育”，是利用朋辈间的影响力，通过发展青少年的自我教育和自助群体，抵御来自社会的消极影响。这一方式破除了青春期性教育中传统教育者（老师、家长）与受教育者之间的沟通障碍。由于教育的双方都是青少年，具有更多的共同语言便于交流。“同伴教育”以生物学、社会学和心理学知识为基础，有讲课、讨论、游戏、讲故事、知识竞赛等多种形式，并配合多种传播载体和实物模型，既生动又有效。目前，这一方法已被亚洲、南美的一些国家引入。

4. 芬兰：《一千零一夜》般的性教育

从20世纪60年代，芬兰政府就开始实施性教育计划。20世纪70年代，性教育进入了芬兰中小学教学大纲，连幼儿园中也有正面的性教育图书，建立了性教育咨询电话、儿童保护机构等，随时为青少年提供帮助。在世界人口与发展大会上，芬兰性教育作为成功经验受到推崇。1975—1994年间，15～19岁的芬兰女孩的堕胎率从21.2%下降到9%。

芬兰的性教育图书《我们的身体》备受各国专家推崇。书中有“细胞”“皮肤”“视觉”“听觉”“呼吸”“骨骼”“消化”等章节，家长可以像讲《一千零一夜》那样对孩子每天讲一节，性教育就这样自然而然地开始了。

在“出生”这一章节中，小女孩问爸爸她是怎么来的时，爸爸回答：“在夏天的郊外，你不是看到有蝴蝶趴在一起吗？昆虫这样做是为了生小宝宝，爸爸妈妈是因为相爱。有一天，妈妈说，我们制造一个小宝宝吧。爸爸的精子钻到妈妈的卵细胞中，这就是你。当时你只有针尖那么一点点大，你在妈妈的肚子里慢慢长大，后来钻出来，我们就有了一个宝宝。”在这一节后面还有昆虫交尾、精子冲击卵子的画面，有不同发育阶段的胎儿，形象地解释了孩子不容易理解的事。

5. 日本：性知识从小学教到高中

日本的青春期性教育经历了3个阶段。第一阶段为二战后至20世纪60年代。该阶段为“纯洁教育”,强调对青少年授以正确的性知识,使其保持身心纯洁。第二阶段是20世纪60年代至20世纪70年代。日本受到西方“性自由”浪潮的冲击,从而开始了以传授性科学知识为主的阶段。第三阶段是20世纪70年代以后。日本进入“性指导”阶段,不仅让学生懂点性科学,还要懂得友爱重要和生命可贵。20世纪80年代以来,他们在性教育中特别强调性约束、性道德,认为性教育首先是性的文明教育、伦理教育和道德教育,要尊重人的精神,反对恃强凌弱,讲究男女平等,而性卫生教育是第二位的。他们制定的性教育目标为:把性作为人格的基本部分综合看待,树立男女平等的正确异性观,使自己的行为符合社会规范,形成高尚的人格。

日本的性教育是通过3个渠道进行的:第一是文部省直属的教育系统。该系统以医疗保健为核心,通过课程、道德教育和一些特殊活动进行性教育。第二是民间团体。其中开展活动较早的是日本性教育协会,“人与性”教育研究协会的活动也卓有成效;另外,杂志《健康俱乐部》等的作用也较大;第三是学术团体研究活动。

日本文部科学省出版的小学第一册教科书《卫生》的封面就有女性和男性的身体和性器官图片。小学时,一年中有1～2个小时的特别讲座,内容是男女之间的身体差异、月经和怀孕的原理等。初中时,一年当中也有1～2小时的特别讲座,在体育保健课里面也会讲到,学校呼吁不要进行危险的性行为,学生还可以学到避孕和性病知识。高中是在体育保健课和家庭生活课里有性教育的课程,讨论关于避孕、性病以及伦理道德方面的问题。日本每所学校都有由专家学者组成的“协助者协会”,负责向学生提供各种性咨询、性教育,并编写性教育指导手册。虽然家长也会主动和孩子讲一些相关知识,但日本学生的性知识主要是从学校获得的。

6. 香港:隐蔽式教育

香港的性教育始于20世纪70年代,当时青少年的性观念日渐开放,性知识水平下降,政府教育署积极开展学校、家庭的性教育。

教育署赞成的是“隐蔽式”或“综合式”的性教育,不以性教育为独立科目,不单独设立课程,而是将性的有关知识分布到有关学科之内,由各科教师指导。他们在实施性教育的过程中,除了提供性生理知识外,价值观念的教育也是不可或缺的,最终目标是协助学生对性建立开明而负责任的态度,使其懂得自主及理智地处理性问题,了解对人对己的责任和对他人的尊重,进而认识个人的价值。

中学性教育的目标是:

(1)使学生了解人类生长过程的知识。

(2)帮助学生建立对自己行为负责的观念,使他们认识到个人行为对他人可能造成的影响。

(3)协助学生认识恋爱婚姻、为人父母及家庭生活所应负担的责任及重要性。

(4)教授学生有关两性的生理和心理方面的词汇,以便他们能与家长、辅导员及其他成年人坦诚沟通思想。

第四节　大学生常见的恋爱困扰和性困扰及调适

一、大学生常见的恋爱困扰及其调适

“问世间情是何物，直教生死相许？”爱情是什么？什么样的爱情才算是真正的爱情？处于大学期间的男女经常为“情”所困，主要包括选择困惑、恋爱自卑、单相思、失恋、网恋等问题。

1. 两难选择的困惑及其调适

大学生在恋爱过程中，常出现的两难选择一般包括以下5种。

(1)大学生可以谈恋爱吗？刚刚能走进大学的学生，仍然受“两耳不闻窗外事，一心只读圣贤书”的影响，然而，由于大学生生理的成熟，加之生活环境的变化、周围同学恋爱的影响，很多学生会存在是否应该谈恋爱的两难选择。对于这部分大学生，我们首先应建议其对爱情树立正确的态度。如果自己还不知道该不该谈恋爱，那说明在你的心里还没有自己喜欢的异性，只是因为看到许多同学都在谈恋爱，才产生了自己是否谈恋爱的想法。什么是真正的爱情，在此刻应有明确的态度。当真正的爱情还没有来到的情况下，不要盲目去寻找爱情。这种情况下寻找的爱情并不一定是真正的爱情。

(2)我爱你，你也爱我吗？自己爱上了对方，但不知道对方是否也爱自己，想表白心迹，又怕遭到拒绝，左右为难。对于这样的困境，首先要学会正确认识对方对自己的情感。如果经过观察甚至巧妙的考验，发现对方根本就对自己没有那个“意思”，就没有必要向对方表白自己的心迹。因为你的表白不但得不到回报，而且会使对方为难；如果两人是同班同学，还会影响两个人之间的关系。如果经过观察，发现对方也对自己有一定的感情，就可以大胆地向对方表明自己的心迹了。

(3)如何拒绝别人的爱。面对他人的求爱，当你不准备接受时，一般应当在不伤害对方自尊心的情况下委婉地拒绝，如果对方进一步追求，而你无论如何也不可能接受对方的爱情，那就应该明确地拒绝。另外，大学生也应当注意，不要为了害怕伤害对方的自尊心，或者为了自己的虚荣心，在自己没有产生爱情的情况下，盲目接受对方的爱，因为这不但是对对方的一种伤害，而且对自己也是一种伤害。

(4)在恋爱的过程中发现对方不适合自己，而对方依然爱着自己，不知道如何提出分手才不会伤害对方的自尊心。在这种情况下，要明确爱情是不能强求的，如果一方发现对方不适合自己而准备结束恋爱关系也无可厚非。当然，最好是让对方有一定的思想准备，比如，用一些暗示性的语言表明两个人不合适。在对方有思想准备的情况下，再提出分手，对方可能好受一些，感觉到的伤害也会少一些。

(5)能做恋人的异性朋友难寻。这种恋爱心理困扰的原因主要在于对友情和恋情的认识还很肤浅，并缺乏对社会中的人际关系的科学认识。正确的做法是认真审视、调整自己的择偶标准,在寻求爱情的过程中,既要有主观上的用心,又要顺其自然、不可强求。

案例分析

你永远不懂我伤悲

李某和吴某是同班同学,刚开始,在班上寥寥无几的几个男生中,吴某也就是看李某比较顺眼,因此关注他也就相对多点。当吴某知道李某喜欢班上另一个女生后,她对此虽然不是很开心也并没有很大的感觉。最后,李某和那个女生也并没有在一起。

到了大二,两人的接触渐渐多了起来,又加上两边朋友不停起哄,于是,两个可能都没想过恋爱这个问题的人就这样被凑到一起,谈起了恋爱。两人之后的相处也算不错,并没有什么大问题出现。直到吴某以前认识的一个男人的出现,这段恋情出现了巨大的问题。那个男人是吴某在认识李某之前出现的,但当时的吴某并没有和他产生什么感情。可是,当这个男人知道吴某谈恋爱后,他感觉很痛苦,因为他没想到吴某会这么快就有了男朋友。面对这个男人的痛苦与过往的缘分,吴某也产生了难以言表的痛苦,她开始迷茫,她不知道自己到底爱谁。

她把事实告诉了李某,这一次,虽然她感觉到了李某的爱,却越发可怜独自在异地承受痛苦的那个男人,经历两次选择后,她果断地选择了那个身在远方的男人。而李某承受不了这种打击,苦苦哀求吴某,可吴某已经不想听任何人的意见了。李某认为是吴某让他懂得了什么是爱,一直不肯放手,甚至因接受不了这个事实而离开学校。后来,李某回来了,说要等吴某回心转意,可是不久觉得无望又受身边朋友的影响取消了这份等待。

在这个过程中,发生了许多事,李某因一时冲动做出了一些过激的事,也越来越恨吴某,说了她许多坏话;还和别人说,自己看错了人,曾经的爱已不在……

点评:

(1)吴某和李某的交往是仓促的,甚至于有点盲目。两人在大学里交往不深,互相也不是很了解,只是看到各自好的方面而相互喜欢。在这种基础上产生的爱情很容易出问题。这也是恋爱过程快餐化的一种表现,在大学里也是很常见的,许多大学生认为校园恋爱浪漫而温馨,上大学如果不谈恋爱,会是一种遗憾。

(2)目前大学生中滥情现象较多。案例中的李某、吴某就是如此:李某一开始喜欢一女子,由于没成功转而喜欢上吴某;吴某后来也是同时喜欢着两个男人。大多数大学生分不清喜欢与爱,而且他们心理不是很成熟,没能真正地理解爱的真谛——一个人可以喜欢很多人,但是却只能爱一个人。而在当代大学生中,却常常出现三角恋情,甚至于出现更多的人纠缠在一段恋情中的情况,导致经常会有大学生为了爱情而做一些过激的事情。年轻时的恋爱大都只看重对方的外表和对对方的基本认识,而两个人若只因表面的互相爱慕而走到一起,没有深入地了解对方,也没有进行合理的判断,那么这段感情是很容易出问题的。

(3)爱情的非理性观念。部分大学生认为是失恋是人生重大的失败,爱情是靠努力可以争取到的,即付出总有回报。失恋引起的主要情绪反应是痛苦和烦恼。大多数失恋者能正确对待和处理好这种恋爱受挫现象,愉快地走向新生活。然而,也有一些失恋者不能及时排解这种强烈的情绪，导致心理推移，性格反常。案例中的李某也是因为受不了失恋的打击而离校出走的，这在当代大学生中是很常见的。由于失恋而对学习、生活失去信心，甚至有些人因不愿放手而对对方做出一些过激的行为，这些都是出于一种自私心理。大学生的社会心理没有完全成熟，他们的社会责任感、道德观念、恋爱态度以及他们对恋爱与学习关系的处理等都是不成熟的。

(4)分手后双方感情以及关系的变化。当恋爱失败或受挫后，将注意力放到所爱之人的错误和缺点上，对他人细微的错误的反应十分灵敏，却对自己的问题与弱点不闻不问。他们考虑更多的是如何指责对方或者教育对方。那么，两人之间的爱情关系就成为相互投射。恋爱时认为对方好，而分手后却开始恨对方，那时才说发现了对方的缺点。总而言之，这些问题的出现还是归结于大学生的心理不成熟，再加上冲动、做事不考虑后果等因素，从而导致大学生的恋爱问题在如今的大学校园里变得越来越常见。出于攀比心理而急于找一个人来谈恋爱的，也不是真正的恋爱！

恋爱中两难选择问题的调适方式包括以下4种。

(1)爱是自我成长。对于人生而言，个体心理的成熟也能够正确客观地理解爱情。正确地理解爱情，才可能与幸福同行。

(2)学会爱自己。一个自爱的人是自知的，一个心理成熟的人是自然而坦然地表达自我的。自爱是要成为你自己，特别是女性，更要积极关注恋爱中的自我。爱自己即要学会珍惜自己的感情，尊重自己的感情，对自己负责。恋爱不是让我们放弃自我，而是让我们学会更加负责地生活。所以失恋后的自爱也是爱自己的表现。

(3)学会爱他人。人们只有认识对方、了解对方才能尊重对方。我们只有用客观的目光看待他人，而把对自己的兴趣退居二位时，才能了解对方。爱不是一种消极的冲动，而是积极追求所爱之人的发展和幸福。

(4)理解爱情。首先爱情是给予不是得到。真正的爱一个人是希望对方幸福而不是一定要拥有对方。有些同学可能说这是电视剧里才会出现的情节，现实生活中不可能出现的。如果你的爱对对方来说是一种负担或痛苦的话，放手是对彼此来说都是最好的选择。其次，爱是责任。人只有认识对方，才能尊重对方。“我爱，因为我被人爱”“我爱你，因为我需要你”均是不成熟的爱情，成熟的爱情是“我被人爱，因为我爱人”。

2. 单相思的苦恼及其调适

单相思是指在异性关系中一方倾心于另一方却得不到对方回报的单方面的“爱情”。爱情错觉是单相思的另一种形式，是指在异性间的接触往来关系中，一方错误地认为对方对自己“有意”，或者把双方正常的交往和友谊误认为是爱情来临。它常会使当事人想入非非，自作多情。单相思是恋爱心理的一种认知和情感的失误。单相思使某些学生陷入痛苦的境地，处于空虚、烦恼，甚至绝望之中。如果处理不好，对以后的恋爱婚姻生活都有消极的影响。

(1)形成单相思的原因。

①爱幻想。这是造成单相思的主观因素。如果在现实生活中难以适应正常的恋爱生活，爱幻想者往往会依据丰富的想象力，在幻想中得到异性的爱。

②信念误区。单相思者往往以为爱仅仅是投入，不要承诺，不要回报，认为不顾一切的精神恋爱才是世界上最伟大的恋爱。

③认知偏差。有的单相思者是由于自己的认知偏差造成的。他们不能正确地对待被拒绝的事实，仅仅为了自己的自尊心（其实是虚荣心），就强迫自己追求到底。

(2)单相思的调适方法。

①冷静思考，用理性去对待。不要过分地相信自己的感觉，要努力使自己平静下来，冷静、客观、仔细地回忆和观察对方待人接物的行为举止。要学会用联系的观点去分析问题，尤其是认真地分析对方待己的态度和行为是否与待其他异性的态度和行为有所不同。

②转移注意力。一旦发现追求的对象对自己根本没有爱的意思，就应当及时改变生活目标，转移感情的注意力。最好把主要精力放在学业和事业上，等待心理恢复平静后，可在更高的心理境界上考虑择偶。事实证明，在个人的恋爱受挫时以另一种可能成功的活动来代替，可以获得成功的心理慰藉。

③勇敢面对，大胆追求。当经过理性分析确认对方也爱自己后，可以先通过适当的方式试探对方，如果对方确实有意，则无须羞羞答答，而要勇敢地去面对，大胆地将单恋转化为双恋，爱的快乐就取代了痛苦。值得注意的是，当陷入单相思而不能自拔的时候，千万不能把受滞的情感拼命地压在心底，否则即使可能求得暂时的心理平衡，时间长了也会引起恶性心理疾病，那样的后果是不堪设想的。

3. 失恋及其心理调适

失恋是指恋爱过程的中断。在大学期间，失恋的场景并不鲜见。恋爱的一方因已无意继续这段感情而提出分手，而另一方却仍沉浸于对恋情的怀念之中。在大学校园里，失恋是一种比较常见的挫折形式，是一个人的人生中，特别是青少年时期可能遭遇的最严重的心理挫折之一，对被动一方的身心伤害是巨大而持久的。对有的同学来说，失恋是一种“永远的痛”，是一种爱情丧失的综合表现形式。失恋后的人一般容易有一些消极心理与行为特征，若不能及时排除这种强烈的情结，会导致心理失衡、性格异常，严重者甚至会精神分裂。如抑郁，表现为焦虑、沮丧、痛苦、退费、冷漠等；报复，这是一种比较常见的发泄手段，是极度的占有欲受挫后而唤起的过激的心理与行为；自杀，由于失恋导致的强烈的自卑、悲观、空虚、悲愤、羞辱感和挫败感等极端的负性情绪，使失恋者会用自杀的方式去寻求解脱。

案例分析

你走了，正如你轻轻地来

陈某，女，21岁，某高校2005级艺术设计专业学生。陈某入校前文化课成绩比较突出，专业课成绩一般。入学时比较内向，除了与舍友及个别同学外，较少与他人交流；平时遇到不开心的事情均是用哭来发泄。大二时，陈某交有一男友，对他用情专一且付出很多，后因男友用情不一，最终分手。失恋给陈某带来极大的伤害，为此陈某经常哭泣。同班的同学感觉到了她的变化,几位关系较好的同学开导陈某,但见效不大;进而陈某不稳定的情绪给宿舍的同学带来了困扰,舍友表示自己愉快的情绪经常被陈某的哭泣破坏;此时,陈某与宿舍间的人际关系已相对紧张,成绩也出现滑坡现象。陈某有大量的情绪和认知困扰。爱情上虽失意,却仍不由自主地沉浸在过去的恋爱时光,心里极度矛盾与痛苦,不知如何从失恋中走出来;失恋也导致了其学业上的荒废,不知如何进入学习状态,心里非常着急。陈某自身也认识到自己的心理承受能力较差,其性格导致与班上同学,甚至是舍友的关系越来越差。陈某还说,自己从小与爷爷奶奶一起居住,由他们抚养长大,父母经常在外打工,对她的关心相对较少。尤其是母亲一直强烈要求她不要与男生交往,所以她不会和父母交流在校的感情生活,也导致她与母亲之间存在一定的矛盾。

点评:虽然说放下并不简单,但如果真的不爱了,就要果断放手,不要因为寂寞、挫败而试图去联系他或沉浸其中。不要因为难过想找个依靠,就使恋情死灰复燃,这样的恋爱是没有意义的。

失恋时的心理调适方式有四种。

(1)适当运用酸葡萄心理机制。当一个人失恋之后,如果总是回想过去恋人的种种优点,就会越发怀念过去的恋人;同时也就越发否定自己,觉得自己一无是处。结果形成恶性循环,使情绪越来越消沉,心理越来越压抑。当一个人失恋之后,如果难以从失恋的阴影中摆脱出来,不妨运用酸葡萄心理机制。所谓酸葡萄心理机制,就是对自己无法得到的东西降低好感及其对自己的重要性。也就是说,当一个人失恋之后,可以尽量多想想过去恋人的缺点,少想或者不想过去恋人的优点,心理就容易平衡些。

(2)学会积极的自我暗示。当一个人失恋之后,如果总是责备自己,觉得是由于自己的不好才导致分手的,就会使自己越来越压抑。这时应学会积极的自我暗示,如用"幸亏他(她)现在提出分手,如果他(她)结婚后才提出分手,岂不更糟""他(她)不爱我,并不说明我不可爱,只是说明两人的性格和观念不合"以及"天涯何处无芳草"等。

(3)转移注意力。失恋后如果总是沉溺于这个沉重的打击中,就很难尽快地从失恋的阴影中走出来。这时,就应当设法把自己的注意力从失恋这件事情转移到能够分散自己注意力的事情上去,以冲淡内心因失恋而造成的挫折感和压抑感,如听听音乐、看看电影、跳跳舞、打打球等。

(4)升华法。古今中外,有不少著名的历史人物恰恰是受到失恋的打击后而发奋追求事业,从而流芳百世、名垂青史的。大文豪歌德如果不是失恋,也许就写不出《少年维特之烦恼》。因此,把因失恋而产生的挫折感、压抑感升华为奋斗的动力是十分有益的。一旦你全身心地投入到一项更有意义的事业中去的时候,你定会觉得因失恋而痛苦不堪的往事之好笑和不值一提。

在失恋之后,应注意:失恋不失德,失恋不失命,失恋不失志。所谓失恋不失德,是一个大学生应当有的态度和人格,也是恋爱的重要原则,要做到不报复、不打击、不伤害、不破坏对方的名誉和人格,不破坏对方重新建立生活的努力。失恋不失命是指爱情只是人生的重要内容而非全部,不可因失恋而毁掉自己的生命。人生除了爱情之外,还有其他一些美好的东西,爱情虽离你而去,事业却永远伴随着你,只要你有追求精神,爱情之花迟早还会为你开放。失恋不失志，即不能因为失恋而丢掉自己的理想和志向。理想是个人进步的动力目标，在为理想而奋斗的过程中，逐渐平复由失恋而造成的心理创伤，就会重新获得幸福的爱情。

心灵故事

苏格拉底谈失恋

苏格拉底：孩子，为什么悲伤？

失恋者：我失恋了。

苏格拉底：哦，这很正常。如果失恋了没有悲伤，恋爱大概也就没有什么味道。可是，年轻人，我怎么发现你对失恋的投入甚至比对恋爱的投入还要倾心呢。

失恋者：收到的葡萄丢了，这份遗憾和失落，您非个中人，怎知其中的酸楚。

苏格拉底：丢就丢了，何不继续向前走去，鲜美的葡萄还有很多。

失恋者：我要等到海枯石烂，直到她回心转意向我走来。

苏格拉底：但这一天也许永远不会到来。

失恋者：那我就用自杀来表示我的诚心。

苏：如果这样，你不但失去了恋人，同时还失去了自己，你会蒙受双倍的损失。

失恋者：踩上她一脚如何？我得不到的别人也别想得到。

苏格拉底：可这只能使你离她更远，而你本来是想与她更接近的。

失恋者：您说我该怎么办？

苏格拉底：真的很爱？那你希望你所爱的人幸福吗？

失恋者：那是当然。

苏格拉底：如果她认为离开你是一种幸福呢？

失恋者：不会的！她曾经跟我说过，只有跟我在一起的时候她才感到幸福！

苏格拉底：那是曾经，是过去，可她现在并不这么认为。

失恋者：这就是说她一直在骗我？

苏格拉底：不，她一直对你很忠诚。当她爱你的时候，她和你在一起，现在她不爱你，她就离去了，世界上再没有比这更大的忠诚了。如果她不再爱你，却还装得对你有情意，甚至跟你结婚、生子，那才是真正的欺骗呢！

失恋者：可我为她所投入的感情不是白白浪费了吗？谁来补偿我？

苏格拉底：不，你的感情从来没有浪费。因为在你付出感情的同时，她也对你付出了感情，在你给她快乐的时候，她也给了你快乐。

失恋者：可是，她现在不爱我了，我却还苦苦的爱着她，这多不公平啊！

苏格拉底：的确不公平，我是说你对她不公平。本来，爱她是你的权利，但爱不爱你则是她的权力，而你却想在自己行使权利的时候剥夺别人行使权利的自由。这是何等的不公平！

失恋者：可是您看得明白，现在痛苦的是我而不是她，是我在为她痛苦！

苏格拉底：为她而痛苦？她的日子可能过得很好，不如说是你为自己而痛苦吧。明明是为自己，却还打着为别人的旗号。

失恋者：依您的说法，这一切倒成了我的错？

苏格拉底：是的，从一开始你就犯了错。如果你能给她带来幸福，她就不会从你的生活中离开，要知道，没有人会逃避幸福。

失恋者：可她连机会都不给我，您说可恶不可恶？

苏格拉底：当然可恶。好在你现在已经摆脱了这个可恶的人。你应该感到高兴，孩子。

失恋者：高兴？怎么可能呢？不管怎么说，我是被人给抛弃了。

苏格拉底：被抛弃的并不是就是不好的。

失恋者：此话怎讲？

苏格拉底：有一次，我在商店看中一套高贵的衣服，爱不释手，营业员问我要不要。你猜我怎么说，我说质地太差了，不要！其实，是因为我口袋里没有钱。年轻人，也许你就是被遗弃的衣服。

失恋者：您真会安慰人，可惜您还是不能把我从失恋的痛苦中引出。

苏格拉底：时间会抚平你心灵的创伤。

失恋者：但愿我也有这一天，可我的第一步该从哪里做起呢？

苏格拉底：去感谢那个抛弃你的人，为她祝福。

失恋者：为什么？

苏格拉底：因为她给了你忠诚，给了你寻找幸福的新的机会。

失恋的痛苦深沉而剧烈，为了使自己尽快从失恋的痛苦中挣脱出来，恢复心理平衡、保持心理健康，大学生应注意以下几点：

(1)克服“爱情至上”的观点。爱情是重要的，但它不是生命的全部，人世还有事业、亲情和友情等其他重要的事。

(2)进行环境的转移。失恋后即刻换个环境，暂时与能触动恋爱回忆的情景、事物、人隔离，不失为聪明之举。

(3)多为对方着想。既然对方觉得这样更幸福，就让他离开你吧，不然，两个人纠缠、勉强在一起的生活既不幸福也不稳定。

4. 恋爱中的自卑心理及其调适

这种心理主要表现为对自己缺乏正确的认识，在交往中缺乏自信，还可能伴随着办事无胆量，畏首畏尾，随声附和，没有自己的主见，一遇到有错误的事情就以为是自己不好。同时，这些原因也会导致他们失去交往的勇气和信心。在恋爱中，总拿自己的短处相比较，而导致其不敢向异性求爱和表白。

5. 网恋及其心理调适

随着信息社会的到来，在网上谈情说爱也成为大学生热衷的一种时尚。所谓网恋，是指在网络空间里，异性之间形成和发展到一定程度的情感依恋关系。它包含两种形式：第一种是纯粹意义上的网恋，即纯粹在网络上认识、恋爱，完全没有现实的接触；第二种是网络与现实相结合，即以网络为媒介，借用网络聊天工具互相认识、了解，进而相恋，有现实接触。有调查显示，87.8%的大学生认为，网恋是满足情感需要的一种方式。由于网恋是虚拟的，会让自己感到轻松。超过一半的学生会在失落、无聊、感情受挫等情绪状态下发生网恋。但是在参与的同时，大学生们也存在困惑和疑虑。加上网络本身具有虚拟性与隐藏性等特点，如果不能正确对待，可能会引发一些问题，甚至会对学生成长产生负面影响。因此对于“网恋中的安全与自我保护”“选择网恋对象的标准”“如何看待网络恋人”以及“网络交往”过不同程度的网上恋爱，两人一聊钟情，彼此相互吸引，然后网上甜言蜜语，网下电话传情，接着会不远千里去追寻。这种新潮的网络恋爱看似浪漫、多情，实则荒诞不经，到最后大多数只不过是一场游戏、一场梦，梦醒之后终究只是一场空。

心理小贴士

男女恋爱观八大差异

(1)漂亮的异性都会让人产生好感。美，本身就有巨大的吸引力，但是男人会比女人更多地为对方的外貌所吸引，这也说明在爱情问题上男人的识别能力比女人要低一些。

(2)男人会比女人更快陷入情网。心理学家做过一个调查：研究者对500位青年男子和450位青年女子做了一项“浪漫爱情的测验”，发现四分之一以上的男性在4天之内就匆匆地爱上了某个女性，但是同样情况的女性只占15%。

(3)女子对爱情的态度远比男子实际。男性对爱情的态度往往是浪漫且狂热的，而通常会考虑婚姻与将来。她们评估爱情关系时更加面向现实，对经济问题与环境问题考虑得比较多。

(4)在求爱的问题上，男子一般比较大胆、主动，富于进攻性，有时甚至过于鲁莽；而女子则往往瞻前顾后，欲进而止，有时甚至会有与内心相反的行为表现。

(5)在恋爱交往过程中，男子往往表现得更加狂热，甜言蜜语很多，而且“爱情的温度”一下子就会升得很高；可是多数女子却喜欢“温热”，要求适度，过“热”的爱情反而可能使她们有所顾虑。

(6)女子更易被对方的甜言蜜语所迷惑。在坠入爱河以前，女子的重重考虑比男子多，但在坠入爱河后，却比男子更容易轻信对方。有人说，陷入热恋的男人，一半是理智，一半热情；而陷入热恋的女人，全部都是热情，有时甚至不考虑其他问题。

(7)在恋爱中，男人更容易产生性冲动，从而提出性要求。女子在这方面一般不处于主动地位，并有自然的抗拒心理；但是如果屈从了一次，以后就依附于对方了。

(8)对失恋的痛苦，女子远比男子痛苦。在开始时，男子虽然可能也很剧烈，但持续的时间一般比女子短。

破译心灵密码

爱的判断：如何判断一个人确实喜欢你？

真正相爱的人可以听得见彼此心里的回声，但某些戴着玫瑰色眼镜的人有时却会发生爱的错觉。当一个人深深地倾慕某个异性时，会不自觉地把自己的情感投射到对方身上，以为对方也有同样的意思，这时的观察和试探都会带上主观色彩，如：别人只是为了一般的礼节才同你交往，你却以为人家是喜欢和你在一起；你不小心闯了祸，别人好心帮你善后，却成了献殷勤的行为……那么，如何判断一位异性确实喜欢你呢？

请你判断一下这些情况是否属实：

(1)对方经常找借口和你在一起,而且愿意待上很长时间。

(2)对方对你及你家里的情况很感兴趣,喜欢听你讲自己的喜怒哀乐和经历。

(3)对方对你细小的变化很敏感,如情绪的变化、发型的改变。

(4)对方有意向你提一些与爱情有关的问题,并试探你是否喜欢某个人。

(5)对方对你说的话都郑重地记在心上。

(6)对方在兴趣方面有同你接近的趋势。

(7)对方经常向别人打听你的情况。

(8)对方很乐意将你介绍给他的朋友、家人。

(9)对方不喜欢你和别的异性在一起。

(10)对方收到你爱的信息时,给予及时、明确的反馈。

如果你认为这些情况都属实的话,那么对方确实喜欢你。不过,由于实际生活会比想象中复杂得多,所以,你有时还应该考虑一下对方的性格、社会背景等因素,以避免闹误会。

二、常见的性困扰

1. 性认知方面的偏差

许多大学生对“性”持有不同的认识。据调查显示,36%的大学生认为性是神秘的,17%的大学生有性恐惧,53%的大学生对性感到敏感,还有10%的大学生认为性是肮脏的。这种对性的认知,在情感和态度上存在偏差,是不健康的性心理的表现。不健康的性心理甚至会引起一系列性心理障碍,如性敏感、性恐惧、性压抑,极端的还会形成性禁忌、性放纵、性罪错等。

案例分析

谁破坏了我的大学

徐某,大学二年级学生,父母均为公务员,从小父母对她要求严格。高考时,她没有填好志愿,来到了西安某大学,但是自己一心想要好好学习,将来能够有更好的平台。可是上大学后,感觉完全不是这样。同宿舍的同学,每天酗酒,去夜店跳舞,还有的甚至会乱交。“有一次,她们叫我和他们一块儿出去玩,抹不开面子就去了。可是,她们开房。而且是那种,都算不上是朋友的人,一个男孩和两个女孩同时上床那种。这大学怎么是这样的?”

点评:大学是浪漫自由的乐园,大学生恰处于年少、懵懂、冲动的青春期,对许多事情都充满了好奇,这其中也包括对爱情的向往、异性的探究。性,这个有些神秘的字眼,开始和大学生活联系得更加紧密。大学生对于性的表达也呈现出多种形式。然而如何能客观地认识性,恰当地处理与性相关的问题,是大学生成长过程中必须面对的问题。近20年来,在中国人的各类性行为当中,变化最大的也许就是婚前性行为的大量增加和婚前性行为规范的大幅度改变了。1989年,北京市随机抽样调查表明,无论两人确定关系与否,有过婚前性关系的占样本的15.5%。而根据2017年的调查资料,婚前性行为在中青年人群中已经达到71%。这个比例直追西方性革命之后的婚前性活动水平。

大学生在决定性行为之前请先思考几个问题。

(1)这与我的价值观和文化观相冲突吗？

(2)我是因为周围人的影响吗？

(3)我是想证明自己的魅力吗？

(4)我能为对方负责吗？

(5)我了解对方的历史吗？

(6)我会后悔吗？

(7)我有避孕和预防性疾病的有效措施和心理准备吗？

2. 性冲动的困扰

有大学生形容道："性的一半是天堂，一半是火焰。"一方面，他们对异性抱有美好的情感，渴望追求纯洁的爱情；另一方面，又常有赤裸裸的性冲动和充满欲望的性幻想。性冲动是青年男女正常的生理反应和心理反应。它是在性激素和外界刺激的共同作用下产生的，是每一个正常的成年人都会有的反应。据一项针对大学生的调查显示，自我觉察曾有性冲动的占被调查者的87%(男生中有96.3%，女生中有68.7%)，对自己的性冲动感到羞愧的占36%，感到自责的占33%，感到困惑的占22%，感到厌恶的占17%。一方面是性的自然冲动，另一方面是对性冲动持否定的态度，从而造成了强烈的心理矛盾。

3. 自慰的困惑

随着大学生生理发育的成熟、性意识的高度发展，他们的性欲也达到了最旺盛的时期。但是由于所处的环境、文化传统以及道德习俗的约束，并且在性欲没有合法的满足途径，强烈的性冲动又难以抑制的情况下，自慰就成为大学生尤其是男性大学生释放性能的首选办法。自慰，俗称"手淫"，指用手或物等刺激自己的生殖器以引起性快感，获得性满足的行为。许多大学生由于自身对性的认识存在偏差，对手淫有着强烈的罪恶感，产生多疑、自责、担忧、焦虑、羞愧、害怕等一系列的负面情绪，产生巨大的心理压力。一方面是需要释放的性能，另一方面是"手淫"的罪恶感，两者在内心交织，产生巨大的冲突，使得大学生身心倍煎熬。

4. 性焦虑感

性心理的冲突、矛盾及各种性适应不良都会引起广义上的性焦虑，这里所讲的性焦虑主要是指对自己的外形、性角色以及性功能上的焦虑。

5. 不当的性行为

大学生中不当的性行为主要表现为两种：一种是婚前性行为，一种是性心理偏差行为。当前，大学生对婚前性行为持比较开放的态度，在2002年对大学生婚前性行为的看法的一项调查中显示，32%的大学生认为"双方愿意就可以"，22%的大学生认为"自己不可以，对别人表示理解”，8%的大学生认为“会引发社会问题，应受道德谴责”。还有调查结果显示，对于大学生在校期间的性行为，有70%的人表示赞同甚至已经尝试过；63%的人不反对“珍视贞操是传统对人性的压抑”的观点。由此可见，一半以上的大学生对婚前性行为态度比较认同，性观念也不再保守，这有积极的一面。但是我们也应看到由性开放带来的消极影响：女大学生堕胎增多、同居被抛弃后的自杀行为增多，大学生性交随意性引起的各种心理问题也增多，如后悔、紧张、焦虑、恐惧等。有的大学生因为过度看重同居生活而导致荒废学业，甚至无法取得毕业资格。

6. 同性恋

同性恋，又称同性爱，是性取向之一，是指只对同性产生爱情和性欲的人，而具有这种性取向的个体被称之为同性恋者。在人类以外的其他动物中，也普遍存在同性性行为，但这与基于高级情感的人类同性恋不可同日而语，这也是人类多元化发展的一种具体表现。

心灵故事

象牙塔里的“同性爱”

西安某大学，一位大学四年级男生说：“上初中的时候，我发现自己不喜欢女孩，对男孩倒很感兴趣，在这种对性十分懵懂的情况下，我慢慢知道自己是个同性恋。很多年，我不知道世界上是不是只有自己是这样，内心很痛苦，又不敢和爸妈、老师说，整个人都特别压抑。”

高校里的大学生同性恋者究竟有多少？据中国人民大学性社会学研究所所长潘绥铭介绍，他于2001年对全国大学本科生性观念与性行为状况进行了一次随机抽样调查。调查显示，有大约6%的大学生在大学期间首次发生了同性之间的性接触。调查中，有同性恋心理倾向和同性接触的男生和女生一样多。长期致力于同性恋相关研究的卫生部艾滋病咨询专家委员会政策组成员、青岛大学教授张北川介绍，所谓认同，是指同性恋者对自身性取向的认可、赞同程度。异性恋者由于受到主流文化的支持，所以很少出现自我认同问题。“同性恋者则不然，他们所接受的文化与性取向之间的矛盾，常常引发认同的艰难，有时会影响生活和学习。”因此，对于同性恋大学生来说，要保持乐观的态度，而对周围的其他同学来说，也应该客观、平等地看待身边的同性恋者。

破译心灵密码

为何我不喜欢异性

同性恋的原因与异性恋的原因没有什么不同，两者同样都是有意义的生活方式，其差别只是选择对象的性别不同而已。那么，同性恋的形成是由什么原因引起的呢？第一种看法是以遗传因素、激素水平和大脑结构来考察同性恋问题的。第二种观点包括精神分析观点和行为主义观点。

（1）生理因素。有些学者认为，可能是先天遗传的原因导致一个从幼儿起便产生性倒错，进而形成同性恋倾向。比如有的女孩子生来就具有男孩气质，她们不喜欢花衣服、洋娃娃这些女性的物品或玩具，而喜欢刀枪、棍棒，因此她们被称为"假小子"。可以说，她们的思维和行为方式以及整体气质都是男性化的，角色认同于男性，因此她们没有一般女孩子的娇柔，喜欢和一些弱小的女孩一起玩，去保护她们。这种做法强化了她们内心男性化的欲望，显示了同性恋的倾向。

进入青春期，她们的性取向依然是男性化的，异性对她们并不能产生很强的吸引力，因此她们的性对象很容易转向同性，进而形成同性恋。对双胞胎的性爱指向研究发现，同卵双胞胎兄弟中若一人是同性恋，那么另一人也是同性恋的概率高达50%以上。一项以4对同性恋兄弟为对象的DNA分析发现，其中3对兄弟的X染色体的一个特殊区域内，兄弟两人有5个基因相同。

然而，这些兄弟并无明显的女人气，除了性倾向，他们俩是不同的。说明遗传可能会影响一个人的性取向，但并不是产生同性恋的唯一原因。还有一些研究揭示了同性恋形成的先天因素，如胎儿在脑分化阶段所受的性激素刺激，以及母亲在怀孕期间所受到的心理创伤等也可能影响胎儿未来的性倾向。

关于性激素水平，有科学家做动物实验时发现，向怀孕的母鼠子宫里注射激素，确实能够极大地改变其子代的性行为，因此，有人推测是不是类似的情形也同样会发生在人类身上，即通过胎儿期的激素注射改变其性心理和行为。

但鉴于人类道德法律问题，这些实验无法在人体进行，因而也没有确凿的证据。此外，有科学家分别测量了同性恋者和异性恋者的激素水平，发现同性恋现象与激素水平有关，但难以确定究竟是激素水平的变化导致了同性恋，还是同性恋的心理及行为引起了激素水平的变化。

关于大脑结构与同性恋关系的研究，脑科学研究至今还没有做出令世人公认的同性恋完全是先天形成的结论。

(2)心理社会因素。精神分析学说认为，3～5岁是人类性心理发展过程中的关键阶段。这一时期的幼儿对自己的异性生身亲长即父亲或母亲产生特殊强烈的依恋之情，特别是怀有本能的性欲渴求，同时伴随产生的是对同性生身亲长的敌对感。这就是恋父情结或恋母情结。在此阶段，双亲对儿童的性本能采取既不过分抑制，又不过分刺激的合理态度，儿童就会顺利通过这一阶段。相反，如果儿童在此期间心理遭受到创伤，那么恋父情结或恋母情结就会潜藏在意识里，并继续影响个体的心理发育，最终在性成熟后发生相似的心理异常。

行为主义特别重视伙伴关系、偶然的机遇以及特殊的经历。一个人在与异性的交往中受挫，有过不愉快的经验，异性恋情感得不到正常发展的同时受到同性的引诱，就会产生同性恋的倾向。比如童年时期的性别认同错误，家庭教育中性教育被忽视，或者被拒绝，或者被歪曲(异性化教育环境)行为等这些偶然的或者特殊的经历会改变一个人的性取向，形成同性恋。

单性环境中也容易促使同性恋的形成。单性环境一般指那些与异性完全隔离的小环境，比如监狱、修道院、军队、大通铺式的工地宿舍。在这些环境中，异性往往很少或根本见不到。因此，当人们有性发泄的要求时，目标就会转向同性。

可以说，同性恋的形成有着复杂的生理因素和社会心理因素。由单性环境因素引起的同性恋不稳定，一旦脱离这种环境，多数同性恋者会终止同性恋伙伴关系。恋母情结或恋父情结引起的同性恋通过心理治疗如精神分析可能会有所改善。而遗传因素所致的同性恋多半从儿童期就形成，且难以矫正。

尽管我们可以对同性恋持宽容的态度，但无论是从生理、心理和社会等各个角度看，它毕竟是一种偏离正常的现象。而且，男性同性恋是艾滋病的重要传播途径。

三、大学生性心理的调适

1. 掌握科学系统的性知识，消除不良性认知

大学生自身应主动获取健康的性知识，应培养从良莠不齐的信息中获取有益的性知识的能力。高校作为专门的教育机构，如何对大学生进行有效的性教育也是其一大任务。但在目前，学校课程中涉及这方面知识的并不多。

2. 塑造高尚的性人格

性人格是人类个体在性方面的做人原则。大学生应在实际生活中逐渐树立高尚的性人格，即自愿、相爱、忠贞、合法、私密和安全。

3. 积极参与异性间的正常交往

要大方而潇洒的与异性交往，男女交往有利于性压抑的减缓，有助于培养大学生健康的情感，从而调节深层的本能，使之趋于高尚。

四、大学生的恋爱教育与性健康教育

1. 健康的大学生恋爱

(1)树立正确的恋爱观。懂得爱情是一种相互理解，是相互信任，是一份责任和奉献。同时，大学生应该把学业放在首位，摆正爱情与学业的关系，不能把宝贵的时间都用于谈情说爱而放松了学习。因为学业是大学生价值感的主要支柱。

(2)发展健康的恋爱行为。恋爱过程中要平等相待、相敬如宾，不要拿自身的优点去比较对方的不足，以此炫耀抬高自己，戏弄贬低对方；也不宜想方设法考验对方或摆架子，这些都可能挫伤对方的自尊心，影响双方的感情；恋爱言谈要文雅，讲究语言美。交谈中要诚恳、坦率、自然；要善于控制感情，理智行事。

(3)培养爱的能力与责任。爱的能力包括施爱的能力和接受爱的能力。一个人心中有了爱，在理智分析之后，要敢于表达、善于表达，这是一种爱的能力。一个没有爱心的人是个自私自利的人。

(4)提高恋爱挫折承受能力。大学生的恋爱受多种因素的制约，因而在追求爱情的过程中遇到各种波折是在所难免的。单相思、爱情错觉、失恋等恋爱挫折对大学生的心理承受能力就是一种考验。如果承受能力较强，就能较好地应付挫折，否则就有可能造成不良后果。因此，提高恋爱挫折承受能力对大学生的心理健康是非常重要的。

2. 维护大学生的性健康

(1)要正确认识性意向。男女双方的爱情是包括性意向的，而且性意向在爱情中有时占有重要成分，但性意向并不是构成爱情的唯一因素。因此，如果任意抬高性意向在爱情中的地位，夸大它的作用，则会使爱情变得庸俗、低级趣味。

(2)要以坚强的意志克制自己。因为人的性爱是可以通过高级中枢神经来控制的，男女双方在性冲动来临时，可以理智地用意志力克制自己。

(3)要注意选择谈情说爱的场所。在一起是有时要避开人少的地方，选择电影院、公园等公共场所。

(4)要提高责任心。婚前性行为一定涉及两个人对家庭婚姻的一个诚信问题，牵涉两个人的情感、命运，并且有可能产生第三个生命，如果没有对他人、对社会高度的责任感去克制性冲动，而任其发展，对男女双方都可能造成极大的心理伤害，不但会毁了甜蜜的爱情，还有可能会悔恨终生。因此，对性冲动这个极敏感和极严肃的问题，一定要本着对他人、对社会、对自己高度责任的态度来对待，不能放纵自己。

(5)女同学更要把握住分寸，男同学要尊重对方。正在热恋中的女同学切莫让爱冲昏了头脑，一定要清醒地认识到持久的爱的内在因素在于自尊、自爱和自重，对男友的非分要求，要坚决拒绝，态度明确。如果你的男友不能为了双方的长远利益克制自己，或者因为你未能满足他的要求而冷淡你，那就应冷静思考你们爱的基础是否牢固。

思考与学习

(1)大学生的恋爱特点是什么？

(2)结合自己的生活，谈谈大学生性教育该如何开展？

(3)大学生应该如何开展恋爱观教育？

心理训练营

心理团体辅导——走进爱情

1. 活动准备

(1)准备卡纸、录音机。

(2)室内、室外活动均可。

2. 活动流程

(1)所有成员抽取一张卡片，写下自己理想的爱情。

(2)一男一女为一组，面对面站好，其中一人要大声向对方表达爱意，请求对方成为其恋人，另一方要予以拒绝。要求目光直视对方，时间为3分钟。

(3)互换角色。

(4)成员讨论，分享活动中的体会和感受。领导者引导成员懂得面对爱情要自信，不仅需要大胆表白，还需要果断地拒绝。

(5)小组讨论：怎样延长爱情保鲜期？帮助成员懂得恋爱中要不责备、不躲避、不委曲求全,要学会包容与自省。

(6)聆听歌曲《开始懂了》。

心理小测试

大学生的恋爱观测试

(1)我对爱情的幻想是(　　)。

A. 能满足自己人生神秘的欲望和需求

B. 能令人心花怒放,充满无限欢乐和诗意

C. 能实现自己远大理想的阶梯,使人振奋向上

D. 没有想过

(2)我希望我开始谈恋爱是(　　)。

A. 由于一次偶然的相遇结下了一段微妙的因缘,从而逐渐发展成爱情

B. 由于两人青梅竹马,情深意长,最终成为爱情

C. 由于在工作和学习中产生爱情

D. 无法回答

(3)我认为爱情是(　　)。

A. 男女间的性爱

B. 男女间最纯洁的一种感情

C. 异性间的相互爱慕,渴望对方成为自己伴侣的感情

D. 不清楚

(4)我希望我的恋人(　　)。

A. 待人和蔼可亲、相貌较漂亮、有权有势

B. 有漂亮的容貌、健美的身体、待人接物周到、举止优雅

C. 长相一般、用心体贴自己、为人忠厚老实

D. 无法回答

(5)我喜欢我爱人拥有(　　)。

A. 外貌美

B. 姿势、仪表、发式美

C. 心灵美

D. 拒绝回答

(6)我想象中的小家庭的业余时间是这样度过的:(　　)。

A. 各人干各人的事,互不干涉

B. 有共同的事业,互相商讨,共同进取

C. 虽然自己对某事没兴趣,但还是愿意陪对方消磨时间

D. 不想回答

(7)我对爱情的字面解释是(　　)。

A. 爱情、性爱是男女之间友谊的高级形式

B. 有爱并不一定有情,而有情必定有爱

C. 爱情两字是不能拆开的，他是男女之间的感情
D. 没想过
(8)我喜欢的爱情格言是(　　)。
A. 爱情，这疯狂的字眼，为了你，还有什么不能办到呢
B. 生命诚可贵，爱情价更高。若为自由故，两者皆可抛
C. 痛苦中最高尚、最纯洁的和最无私的乃是爱情的痛苦
D. 都有点喜欢
(9)恋爱后自己有一位异性朋友时，(　　)。
A. 没有必要告诉对方，这是自己的自由权利
B. 让对方知道，但不允许对方干涉自己
C. 让对方知道，并且在对方同意的情况下才与他交往
D. 不能回答
(10)我认为，幸福的爱情是(　　)。
A. 如一切故事和传说中一样，美好的婚姻都是幸福的
B. 以共同的情操、思想和社会活动作为基础的
C. 互相尊重对方，包括尊重对方的感情
D. 无法回答
(11)我认为，追求和对付高傲的异性的办法是(　　)。
A. 若无其事，完全做出一些与自己意志相反动作
B. 大献殷勤，做对方要求做的一些事情
C. 自己也变得很高傲
D. 不愿意回答
(12)我认为，(　　)。
A. 人是因为美才可爱
B. 美与可爱是同时产生的
C. 人不是因为美才可爱，而是因为可爱才美丽
D. 没想过
(13)一旦发现我的恋人变心时，(　　)。
A. 我会把爱转变成恨
B. 无所谓，只当自己看错了人
C. 我认为是庆幸的，可以从中吸取教训
D. 不知如何是好
(14)下面的8个字中，我最喜欢的是(　　)。
A. 郎才女貌，爱如鱼水
B. 形影不离，心心相印
C. 志同道合，忠贞不渝
D. 不知道
(15)我对离婚的看法是(　　)。

A. 感觉很平常，一旦发现更值得爱的人就抛弃原来的

B. 感到很惊讶，坚信自己的婚姻不会这样

C. 认为离婚很正常，不过离婚者的爱情是不幸的

D. 不知如何回答

评分标准：

选A得1分，选B得3分，选C得3分，选D得0分。然后累计，得出总分。

总分在35分以上者，说明恋爱观正确；在25～35分之间者，说明恋爱观基本正确，有需调整之处；在25分以下者，说明恋爱观存在问题，应树立健康正确的恋爱观。如果所选答案为D的个数在6个以上，说明恋爱观还没确定。

第六章　问君能有几多愁，恰似一江春水向东流
——大学生情绪

能控制好自己情绪的人，比能拿下一座城池的将军更伟大。

一个人如果能够控制自己的激情、欲望和恐惧，那他就胜过国王。

在成功的路上，最大的敌人其实并不是缺少机会，或是资历浅薄，成功的最大敌人是缺乏对自己情绪的控制。愤怒时，不能制怒，使周围的合作者望而却步；消沉时，放纵自己的萎靡，把许多稍纵即逝的机会白白浪费。

心理定律

情绪效应——完全不可轻视

情绪效应又称情感效应，是指一个人的情绪状态可以影响到对某一个人今后的评价。尤其是在第一印象形成过程中，主体的情绪状态更是具有十分重要的作用。第一次接触时，主体的喜怒哀乐对于双方关系的建立或是对于对方的评价，可以产生不可思议的差异。与此同时，交往双方可以产生“情绪传染”的心理效果。主体情绪不正常，也可以引起对方不良态度的反映，从而影响良好人际关系的建立。

第一节　情绪的定义

在生活中，情绪是一个人心理状态的“晴雨表”，它反映着每个人内在的心理状态。无论我们是欣喜若狂，还是悲痛欲绝；是孤独不安，还是热情奔放，我们都在体验着各种各样的情绪变化。大学生正处于青年期，情绪波动较大，情感体验复杂而丰富，经常会面临着各种各样的情绪困扰。对大学生情绪心理的正确认识和疏导，将对大学生的学习、生活很有裨益。

心灵故事

一滴血引发的血案

在非洲草原上，有一种不起眼的动物叫吸血蝙蝠。它身体极小，却是野马的天敌。这种蝙蝠靠吸食动物的血生存，它在攻击野马时，常附在马腿上，用锋利的牙齿极敏捷地刺破野马的腿，然后用尖尖的嘴吸血。野马受到这种外来的挑战和攻击后，马上开始蹦跳、狂奔，但却总是无法驱逐这种蝙蝠。蝙蝠却可以从容地吸附在野马身上，落在野马头上，直到吸饱吸足，才满意地飞走。而野马常常在暴怒、狂奔、流血中无可奈何地死去。

动物学家在分析这一问题时，一致认为吸血蝙蝠所吸的血量是微不足道的，远不会让野马死去，野马的死亡是它自己的狂奔所致。对于野马来说，蝙蝠吸血只是一种外界的挑战，是一种外因，而野马对这一外因剧烈的情绪反应，才是导致其死亡的真正原因。

一、情绪的定义

关于情绪的概念，心理学家、哲学家已经辩论了100多年。情绪有20种以上的定义，尽管它们各不相同，但都承认情绪是由以下三种成分组成的。

(1)情绪涉及身体的变化，这些变化是情绪的表达形式。当人的身体注意到外界发生的事件(或人物)时，认知系统就会自动评估这件事的感情色彩，进而触发接下来的情绪反应。例如，当得知自己考试没过时，大学生的认知系统会把这件事评估为对自身有重要意义的负面事件，从而导致神经系统觉醒度降低，进而产生全身乏力、流泪等现象。

(2)情绪涉及有意识的体验。当我们感知事物时，就会存在情绪体验，每个人对于同一件事情的意识体验是不同的。

(3)情绪包含了认知的成分，涉及对外界事物的评价。

因此，心理学家认为情绪是指个体对本身需要和客观事物之间关系的短暂而强烈的反应，是一种主观感受、生理反应、认知的互动，并表达出特定的行为。情绪的产生是一种自然的反应，本身没有好坏，我们不需要谈“情绪”色变，但是不同的情绪所引发的行为则会带来不同的后果。

破译心灵密码

詹姆斯关于情绪的故事

假设你正在森林中欣赏周围的自然美景时，突然随着一声吼叫，一只熊出现在你面前。你马上停了下来，心跳加快、口干舌燥、肌肉紧张，感到非常害怕。在这个例子里，当你在树林里遇到熊时，你的情绪表现是很害怕、恐惧。害怕的同时随着生理上变化，如口干舌燥、肌肉紧张、心跳加速等。此外，你的害怕还以准备行动为特征——要么打要么逃。害怕的另一部分是感受，你感受到了害怕。最后是认知成分，即你之所以感到害怕，是因为你意识到熊对你的生命构成了威胁。

二、情绪与情感的异同

情感是人对客观事物是否满足自己的需要而产生的态度体验。情绪和情感都是人对客观事物所持的态度体验，只是情绪更倾向于个体基本需求欲望上的态度体验，而情感则更倾向于社会需求欲望上的态度体验。但实际上，这一结论一方面将大家公认的幸福、美感、喜爱等较具有个人化而缺少社会性的感受排斥在情感之外；而另一方面又忽视了情绪感受上的喜、怒、忧、思、悲、恐、惊和社会性情感感受上的爱情、友谊、爱国主义情感在行为过程中具有的交叉现象，如一个人在追求爱情这一社会性的情感过程中，随着行为过程的变化同样也会有各种各样的情绪感受，而爱情感受的稳定性和情绪感受的不稳定性又显然表明了爱情和相关情绪是有区别的。基于这两点，将情感和情绪以基本需要、社会需求相区别，或者是将情感和情绪这两者混为一谈，显然都不合适。因此，情绪和情感关系密切，既相互联系又相互区别，主要表现在以下几点：

(1)从所联系的心理层次看，情绪的心理层次低一些，是先天与生理需要相联系的；情感则与人的社会性需要相联系，属于高级心理现象。

(2)从所具有的品性看，情绪一般不稳定，具有较大波动性；情感则较稳定，持续时间较长，甚至会影响人的一生。

(3)情绪与情感相互依存。情感是在情绪的基础上产生的，进而发展成为情绪的深层核心，并通过情绪得以实现；情绪包含着情感，受已经形成的情感的制约，是情感的外在表现。两者相互依存、制约和发展。

三、情绪的分类

长期以来，众多的学者对情绪的类别进行了许多研究，但关于其分类依然说法不一。我国古代名著《礼记》中有记载，人的情绪有“七情”，即喜、怒、哀、惧、爱、恶、欲；《白虎通》记载，情绪分为“六情”，喜、怒、哀、乐、爱、恶；近代的研究中，常把快乐、愤怒、悲哀、恐惧列为情绪的基本形式。美国心理学家普拉切克提出了8种基本情绪：悲痛、恐惧、惊奇、接受、狂喜、狂怒、警惕、憎恨。还有的心理学家提出了9种类别。虽然类别很多，但是苏联心理学家根据情绪发生的强度、持续性和紧张度把情绪状态划分为心境、激情与应激三种形态。

1. 心境

心境是一种微弱、平静和持久的情绪状态。生活中我们常说的“人逢喜事精神爽”，是指发生在我们身上的一件喜事会让我们很长时间保持着愉快的心情；但有时候一件不如意的事也会让我们很长一段时间忧心忡忡、情绪低落。这些都是心境的表现。心境对人们的生活、工作和健康都有很大的影响。心境可以说是一种生活的常态，人们每天总是在一定的心境下学习、工作和交往。积极良好的心境可以提高学习和工作的绩效，帮助人们克服困难，保持身心健康；消极不良的心境则会使人意志消沉、悲观绝望，无法正常工作和交往，甚至导致一些身心疾病。所以，保持一种积极健康、乐观向上的心境对每个人都有重要意义。

2. 激情

激情是一种爆发强烈而持续时间短暂的情绪状态。人们在生活中的狂喜、狂怒、深重的悲痛和异常的恐惧等都是激情的表现。和心境相比,激情在强度上更大,但维持的时间一般较短暂。激情具有爆发性和冲动性,同时伴随有明显的生理变化和行为表现。当激情到来的时候,大量心理能量在短时间内积聚而出,如疾风骤雨,使得当事人失去了对自己行为的控制力。例如,《儒林外史》中的范进听到自己金榜题名,狂喜之下,竟然意识混乱、手舞足蹈、疯疯癫癫;有些人在暴怒之下,双目圆睁,咬牙切齿,甚至对别人拳脚相加。但这些激情在宣泄之后,人又会很快平息下来,甚至出现精力衰竭的状态。

3. 应激

应激是出乎意料的紧张和危急情况引起的情绪状态,如在日常生活中突然遇到火灾、地震,飞行员在执行任务中突然遇到恶劣天气,旅途中突然遭到歹徒的抢劫等情况下产生的情绪。无论天灾还是人祸,这些突发事件常常使人们在心理上出现高度警醒和紧张,并产生相应的反应,这都是应激的表现。在应激状态下,会使人心律、血压、呼吸和肌肉紧张度等发生显著的变化,从而增加身体的应变能力。在应激状态下,人们往往能做出平时难以做到的事,使人尽快地转危为安。但是人在紧急情境中的应激状态下,也会导致知觉狭窄、行动刻板、注意力被局限;过于强烈的应激情绪,会导致人的临时性休克甚至死亡,还会出现心理创伤。一个人长期或频繁地处于应激状态中,会导致身心疾病和心理障碍。

四、情绪的功能

情绪是人对外部环境(包括周围社交)的正常反应,适度的情绪表达有益于个体的身心健康。但是过激的情绪表达可能会影响他人的情绪,从而不利于个体对环境的适应。总之,情绪的功能是帮助个体适应环境。

1. 信号功能

情绪的信号功能表现在个体将自己的愿望、要求、观点、态度通过情感表达的方式传递给别人以影响他们。它是非语言沟通的重要组成部分,在人际沟通中具有信号意义。

2. 组织功能

情绪作为脑内的一个检测系统,对其他心理活动具有组织的作用。这种作用表现为积极情绪的协调作用和消极情绪的破坏、瓦解作用。

3. 动机功能

情绪的动机功能又称为情绪的调节功能,是指情绪对人的活动起到发动、促进和调控的作用。适度的情绪兴奋,可以使身心处于活动的最佳状态,进而推动人们有效地完成任务。

4. 健康功能

人对社会的适应是通过调节情绪来进行的，情绪调控的好坏会直接影响到一个人的身心健康。

五、情绪的理论

情绪是如何产生的？几百年了，不同的心理学家对其争论不休，综合几派学说，主要有以下几个理论。

1. 詹姆斯-兰格理论

有些人认为情绪激发起行动，如我们哭泣是因为难过，逃跑是因为害怕。詹姆士-兰格理论则给出相反的解读：刺激引发自主神经系统的活动，产生生理状态上的改变，生理上的反应导致了情绪。一些实验支持了这一理论，如人为操纵受试者的表情，受试者可以感受到相应的情绪。这些实验也被应用于治疗中，如大笑疗法、舞蹈疗法。

詹姆斯根据情绪发生时引起的植物性神经系统的活动和由此产生的一系列机体变化提出，情绪就是对身体变化的知觉。他指出："情绪，只是一种身体状态的感觉；它的原因纯粹是身体的。"又说："人们的常识认为，先产生某种情绪，之后才有机体的变化和行为的产生，但我的主张是先有机体的生理变化，而后才有情绪。"当一个情绪刺激物作用于我们的感官时，立刻会引起身体的某种变化，激起神经冲动，并传至中枢神经系统产生情绪。在詹姆斯看来，悲伤乃由哭泣而起，愤怒乃由打斗而致，恐惧乃由战栗而来，高兴乃由发笑而生。

兰格认为，情绪是内脏活动的结果。他特别强调情绪与血管变化的关系——"情感，假如没有身体的属性，就不存在了。""血管运动的混乱、血管宽度的改变以及各个器官中血液量的改变，乃是激情的真正的最初原因。"兰格以饮酒和药物为例来说明情绪变化的原因。酒和某些药物都是引起情绪变化的因素，它们之所以能够引起情绪变化，是因为饮酒、用药都能引起血管的活动，而血管的活动是受植物性神经系统控制的。植物性神经系统支配作用加强，血管扩张，结果就产生了愉快的情绪；植物性神经系统活动减弱，血管收缩或器官痉挛，结果就产生了恐怖的情绪。因此，情绪取决于血管受神经支配的状态、血管容积的改变以及对血管变化的意识。

2. 坎农-巴德学说

坎农对詹姆斯-兰格理论提出了三点疑问：

（1）机体上的生理变化在各种情绪状态下并无多大的差异，因此根据生理变化很难分辨各种不同的情绪。

（2）机体的生理变化受植物性神经系统的支配，这种变化缓慢，不足以说明情绪瞬息变化的事实。

（3）机体的某些生理变化可由药物引起，但药物（如肾上腺素）只能使生理状态激活，而不能产生情绪。

坎农认为情绪的中心不在外周神经系统，而在中枢神经系统的丘脑。由外界刺激引起感觉器官的神经冲动，通过内导神经，传至丘脑；再由丘脑同时向上、向下发出神经冲动，向上传至大脑，产生情绪的主观体验；向下传至交感神经，引起机体的生理变化，如血压升高、心跳加快、瞳孔放大、内分泌增多和肌肉紧张等。进而使个体生理上进入应激准备状态。例如，某人遇到一只老虎，由视觉感官引起的冲动，经内导神经传至丘脑处，在此更换神经元后，同时发出两种冲动：一是经过体感神经系统和植物神经系统到达骨骼肌和内脏，引起生理应激准备状态。二是传至大脑，使某人意识到老虎的出现。这时，某人的大脑中可能有两种意识活动：其一，认为老虎是驯养动物，并不可怕。因此，大脑即将神经冲动传至丘脑，并转而控制植物性神经系统的活动，使应激生理状态受到压抑，恢复平衡。其二，认为老虎是可怕的，会伤害到人。大脑对丘脑抑制解除，植物性神经系统活跃起来，加强身体的应激生理反应，并采取行动尽快逃避，于是产生了恐惧，随着逃跑时生理变化的加剧，恐惧情绪体验也加强了。因此，情绪体验和生理变化是同时发生的，它们都受丘脑的控制。

坎农的情绪学说得到巴德（Bard，1934—1950）的支持和发展，故后人称坎农的情绪学说为坎巴两氏情绪学说。

3. 认知理论-评定——兴奋理论

20世纪60年代初，美国心理学家沙赫特（S. Schachter）和辛格（J. Singer）提出，对于特定的情绪来说，有三个因素是必不可少的。

（1）个体必须体验到高度的生理唤醒，如心率加快、手出汗、胃收缩、呼吸急促等。

（2）个体必须对生理状态的变化进行认知性的唤醒。

（3）相应的环境因素。

为了检验情绪的三因素理论，他们进行了实验研究。把自愿当被试的若干大学生分为三组，给他们注射同一种药物，并告诉被试注射的是一种维生素，目的是研究这种维生素对视觉可能发生的作用，但实际上注射的是肾上腺素——一种对情绪具有广泛影响的激素。因此，三组被试都处于一种典型的生理激活状态。然后，主试向三组被试说明注射后可能产生的反应，并做了不同的解释：告诉第一组被试，注射后将会出现心悸、手颤抖、脸发烧等现象（这是注射肾上腺素的反应）；告诉第二组被试，注射后身上会发抖、手脚有些发麻，没有别的反应；对第三组被试不做任何说明。接着把注射药物以后的三组被试各分一半，让其分别进入预先设计好的两种实验环境里休息：一种令人发笑的环境（让人做滑稽表演），另一种是令人发怒的环境（强迫被试回答琐碎问题，并强词横加指责）。根据主试的观察和被试的自我报告结果，第二组和第三组被试在愉快的环境中显示愉快情绪，在愤怒环境中显示出愤怒情绪；而第一组被试则没有愉快或愤怒的表现和体验。如果情绪体验是由内部刺激引起的生理激活状态决定的，那么三组被试注射的都是肾上腺素，引起的生理状态应该相同，情绪表现和体验也应该相同；如果情绪是由环境因素决定的，那么不论哪组被试，进入愉快环境中就应该表现出愉快情绪，进入愤怒环境中就应该表现出愤怒情绪。实验证明，人对生理反应的认知和了解决定了最后的情绪体验。这个结论并不否定生理变化和环境因素对情绪产生的作用。事实上，情绪状态是由认知过程（期望）、生理状态和环境因素在大脑皮层中整合的结果。环境中的刺激因素，通过感受器向大脑皮层输入外界信息；生理因素通过内部器官、骨骼肌的活动，向大脑输入生理状态变化的信息；认知过程是对过去经验的回忆和对当前情境的评估。来自这三个方面的信息经过大脑皮层的整合作用，才产生了某种情绪体验。

将上述理论转化为一个工作系统，称为情绪唤醒模型。这个工作系统包括三个亚系统：一是对来自环境的输入信息的知觉分析；二是在长期生活经验中建立起来的对外部影响的内部模式，包括对过去、现在和将来的期望；三是现实情景的知觉分析与基于过去经验的认知加工之间的比较系统，称为认知比较器，它带有庞大的生化系统和神经系统的激活机构，并与效应器官相联系。

这个情绪唤醒模型的核心部分是认知，通过认知比较器把当前的现实刺激与储存在记忆中的过去经验进行比较，当知觉分析与认知加工间出现不匹配时，认知比较器产生信息，动员一系列的生化和神经机制，释放化学物质，改变脑的神经激活状态，使身体适应当前情境的要求，这时情绪就被唤醒了。

第二节　大学生的情绪

一、大学生的情绪特点

1. 丰富性与复杂性

大学生有着丰富、强烈而又复杂的感情世界，情绪体验快而强烈，喜怒哀乐常常一触即发，表现出热情奔放的冲动性特点。心理学家常用“急风暴雨”来比喻这种激情性的情绪特征。这种冲动性的情绪在群体中往往会变得更激烈。大学生有较强的群体认同感，喜欢模仿，易受暗示，容易受当时情境气氛的感染、鼓动，容易表现出比单个人时更大胆的举止。因为群体可以增强一个人的力量感，同时在群体中个人可以减少其相应的责任。

2. 冲动性与爆发性

大学生的情绪特点还在情绪体验上表现得特别强烈和富有激情，对任何事都比较敏感，有时一旦情绪爆发，自己都难以控制，甚至表现为一定的盲目、狂热和冲动。在处理同学关系、师生关系的矛盾和对待学业生活中的挫折时，常常易走极端，给自己和他人带来伤害。

3. 波动性与两极性

大学生的年龄正处于未成年人与成年人的转变阶段，在情绪状态上反映了两种年龄的情绪并存的特点。一方面，相较于中学阶段，大学生的情绪趋于稳定和成熟；而另一方面，与成年人相比，大学生的情绪带有明显的起伏波动性，容易从一个极端情绪走向另一个极端情绪，有时会表现为大起大落、大喜大怒的两极性。

4. 内隐性与掩饰性

大学生的情绪表现虽然有时也会喜形于色，但已经不像青少年时期那样坦率直露，不少大学生常会将自己的情绪隐藏和加以掩饰，体现为外在表现与内在体验并不一致。这也无形中给大学生之间的相互交流带来障碍，使一些学生出现孤独和苦闷的情感困惑。

二、情绪对大学生的影响

在中医学里，有这样一种说法："怒伤肝，忧伤肺，思伤脾，恐伤肾。"其实，长久的情绪不仅伤身体脏器，还会导致人的心理状况失衡，情绪高度紧张，神志恍惚。在这样恶劣的心理状态和强烈的不良情绪下，大脑中的"脑岛皮质"受到刺激，时间久了就会影响大脑的正常运作。对于部分女士来说，长期处于一个不好的情绪中，还容易导致免疫力下降，加速衰老。可见情绪对人的身心健康具有非常重要的意义。

对于大学生来说，大学生活是从学校教育走向社会实践过渡的缓冲期。大学生活的丰富多彩使得大学生的情绪活动对象扩大。我们也正处在意气风发、理想澎湃的时刻，大学的交际方面日益扩大，与同学、朋友、师长之间的情感交流越来越细腻、复杂，更有一部分同学在校外兼职，与社会上的各种人打交道，这都使得大学生产生了许多前所未有的情绪体验，其中就包括对大学生健康发展不利的情绪。情绪与大学生的生活、学习、人际交往、个人发展密切相关，对大学生的身心健康、学业发展和个人成长都具有直接的影响。

1. 影响大学生的身心健康

良好的情绪状态不仅有利于大学生的学习，而且也有益于大学生的身心健康。现代医学研究证明，人们生理疾病中，有70%会同时伴有心理上的病因。现代社会中的高血压、心脏病、癌症等直接威胁人类健康的重要病症，都与人的情绪状态有着直接的关系。在大学生活中，长期的学习压力造成一些学生出现的失眠、紧张、神经性头痛、消化系统疾病等，大都是因为情绪状态没能得到很好的调整。因此，保持良好的情绪状态是大学生心理健康的重要标志。

2. 影响大学生的学习

对于大学生来讲，情绪状态对于学业有着举足轻重的影响。不少大学生都有这样的体验：当自己的情绪积极乐观时，学习的效率倍增，而当自己的情绪处于低迷、忧郁或是烦躁不安时，学习往往会一团糟。一个人再聪明，如果没有一个好的心态，他的能力也是无法发挥出来的，而一个良好的心态，正是一个人最大限度地发挥自己的能力的基础和前提。

3. 影响大学生的人际关系

大学生不同的情绪状态会直接影响到大学生的人际关系状况。积极健康的情绪有助于大学生的人际交往；相反，焦虑、抑郁、冷漠，或者处在应激状态的情绪都会影响大学生的社会行为，从而影响其人际交往和人际关系。

4. 影响大学生的潜能发挥和成功发展

情绪不仅对大学生的身心健康至关重要，而且对于大学生的人格的形成与发展具有同样重要的作用。在弗洛伊德精神分析理论和埃里克森的心理社会发展阶段理论中，都强调了情绪在人格的形成和发展中的核心作用。良好的情绪有助于增加学习兴趣、提高学习效率、促进潜能开发，并有助于人的自信心的建立。培养积极健康的情绪，是大学生心理素质的重要内容。

破译心灵密码

情绪的颜色

研究表明，很多身体的疾病与心理因素密切相关。不良情绪是使人致病的一大"元凶"。美国一生理学家为了研究心理状态对健康的影响，设计了一个很简单的实验，把一支支玻璃试管插在冰水的容器中，然后收集人们在不同情绪状态下的"汽水"。结果发现，当一个人心平气和时，呼出的气溶于水后是澄清透明的；悲伤时水中有白色沉淀；生气时有紫色沉淀。

第三节 大学生常见的情绪问题及其调适

一、大学生常见的情绪问题

1. 焦虑

焦虑是十分常见的情绪，是一种类似担忧的反应或是自尊心受到潜在威胁时产生担忧的反应倾向，是个体主观上预料将会有某种不良后果产生的不安感，是紧张、害怕、担忧混合的情绪体验。

案例分析

焦虑的小周

小周，男，26岁，单身，理科专业大四学生，家庭经济状态良好。他因为个人成就发展方面的压力感到持续的焦虑感以及身体不适，自述从高考以来始终处于严重的焦虑状态，无法控制。大二开始，其胃溃疡的问题愈发严重，还伴有失眠、神经衰弱的症状。小周原本打算毕业后出国深造，但是在准备过程中感到压力太大、焦虑痛苦而无法承受，因此把原定好的GRE考试取消。在个人发展方面，他认为自己真正想要做的（出国深造）无法满足自己的安全感，为了满足安全感他必须做那些正常轨道上的，为大众更加接受和赞许的事（比如他目前的专业工作），但那些事并不是他真正想要做的，为此他也感到矛盾和困扰。

小周小时候受到母亲的严格控制，外出玩耍有严格时间限制，未能按时回家就会受到家长的责骂甚至是体罚。小周内心害怕父母责骂，但是仍然非常贪玩，经常不能按照母亲要求的时间准时回家。初中时，小周学业成绩优异，但仍然贪玩，经常受到各科老师的斥责。尤其害怕自然课老师的批评，几次被该老师批评哭，小周觉得该老师对自己的影响很大。小周内心非常希望自己成绩优异但是又不努力，竞赛失利后又感觉到挫败。高中时期，小周成绩下降，在尖子班中下游，自尊心受挫。高三上学期，小周开始努力学习，但是成绩并无起色。直到高考前两三个月，小周第一次感到极度焦虑，睡眠不好、烦躁不安、无法正常看书复习，当时小周到高中的心理咨询中心进行了2次咨询，焦虑状态到高考前1个月得到缓解。因为觉得高考失利，小周在大学阶段努力学习、做事，想要出国深造。同时一直出现睡眠问题，并出现神经衰弱。大二下学期后在考虑将来发展时感到迷茫，感到很大压力，觉得迷茫、焦虑，通过打游戏转移压力、回避焦虑。大四时开始准备出国，心理压力加大，胃溃疡和失眠问题也愈发严重，最终取消了英语考试才让焦虑情绪得到暂时的缓解。

点评：小周长期处于焦虑状态，感受到生存的不安全感，渴求得到他人的肯定。小周在成长过程中一直处于家人和老师的严格管教之中，体会到强烈的不自由和对权威评判的恐惧。因此，一方面，小周对于他人的要求和控制十分困扰，觉得不够自由、不能发展真正的自我；另一方面，小周又非常需要达成权威和大多数人的期望，十分害怕受到权威人士的批评。小周的自我功能较弱，但也在不断发展之中。他早年受到母亲的强势控制，需要不断满足家长和老师对于自己学业成就的期望，而这部分似乎是“假我”的部分，小周真实的自我部分没有足够的力量发展，因此小周感受到不自由和受束缚。随着成长经历的丰富，小周逐渐内化了母亲的价值、规条，超我的部分非常强大，对自己有很多苛求但是常因无法达到而感到困扰。

那么，在日常生活中我们该如何进行焦虑的自我调节呢？

(1)认识焦虑表现。焦虑是心理压力最直接的表现之一，是每个人都试图去避免的情绪。因此，人们总是不喜欢面对焦虑情绪，趋向于逃避现实。然而，这样对解决焦虑是毫无益处的。我们必须面对现实，首先要求我们去认识焦虑的表现，越早认识自己的焦虑状态，就越容易解决问题。

(2)寻找焦虑来源。对于许多人来说，我们似乎无法知道我们真正的痛苦是什么。人们都能体验到自己的焦虑，许多时候却并不知道焦虑的来源。这要求我们善于内省，养成内省的好习惯。许多我们忽视的生活细节，往往是形成焦虑的罪魁祸首。对你目前的工作学习情况越清楚、明确，你体验到的焦虑就越少。因此，我们可经常给自己开个清单，把每个可能引起焦虑的潜在因素记录下来，然后对它们逐个进行审查、分析。这样不但可以预防焦虑的产生，而且可以阻止焦虑的扩散。

(3)避免消极断言。避免消极断言，就是克服不合理的认识使我们产生的焦虑。如“一切都完了”等在不合理的基础上产生的消极断言表达着一种消极的心态，预示着一个消极的未来。似乎整个世界都走到了尽头，看不见前途的光明。避免消极断言的一种方式就是把消极的情感陈述转变为集中于此时此地的、就事论事的客观评价。

(4)调整个体的期望。处于焦虑情绪的大学生往往有较高的成就动机和社会期望，对自己在生活中所遇到的事件的不正确的认知和不正确的期望，导致情绪上的紊乱和行为上的异常。他们对自己的要求过高且常常绝对化，对自己或他人的期望过高，却不符合自己和他人的实际情况，因此，要帮助大学生改变对自己、对社会的错误认知，使其既不盲目乐观，也不低估自己，从而合理地确定活动目标，激发自己向上的努力，使自己处于自信而不自满、自尊而不自负、自善而不自弃的心理状态。

(5)培养健康的非焦虑心态。人与人在心理上有着一定的差异，但这些很小的差异却造成了人与人之间很大的差别。很小的差异就是所具有的心态是积极的还是消极的，巨大的差别就是成功和失败。持有积极心态的人总是善于用“我能成功”“我一定有办法”等积极的意念来激励自己，始终用积极的思考、乐观的态度、丰富的经验与辉煌的未来支配着自己的人生。而正确的心理态度和良好的习惯会产生积极的效果。心理学研究表明，思想、信念、观念、心态和行为是可以互相影响的。因此，在日常生活中保持积极的心态、必胜的信念与积极的想法，用鼓励去代替批评，用赞美去启迪人心，用肯定去取代批评，敢于抛弃“不可能”观念，培养乐观精神，实事求是地面对现实。

2. 抑郁

抑郁症状不单指各种感觉，还指情绪、认知与行为特征。抑郁最明显的症状是压抑的心情，表现为仿佛掉入了一个无底洞或黑洞之中，感觉正在被淹没或产生窒息感。其他感觉包括容易发火、感到愤怒或有负罪感。抑郁常常伴随着焦虑，对所有活动失去信心、兴趣，渴望一个人独居。抑郁也伴随着个体思维方式的转变，这些认知改变可以是一般性的，比如注意力不集中、记忆力衰退或者很难做出决定。在思考中可能有更多心境发生转变，易于消极地看待世界、自我和未来。

案例分析

情绪的阴雨天

小武是一个美丽而热情的女孩，但就是这样一个热情、充满活力的女孩却走上了轻生的道路。

她从小就在优越的环境中长大，生活衣食无忧。由于父母都是高中老师，工作比较忙，从小她就被送到乡下的奶奶家抚养。虽然在乡下条件比不上城里，但只要她要什么，奶奶总能满足她，父母也会定期来奶奶家看她，而且每次来总能拿上很多好东西，还给了她不少的零花钱，直到她上中学时奶奶病逝，才回到城里和父母生活。也许父母是因为从小没能很好地照顾她，感到有点愧对于她，所以回到家后的小武，更是受到父母格外地呵护，享受着“小公主”般的感觉，这样的生活一直伴随着她走进了大学。

刚进大学时，小武各方面表现得都还不错，积极而热情。但是大一时，她参加了学校和系上的各类学生干部、干事的竞选，结果都失败了。长这么大，第一次体会到如此“沉重”的打击，一向好胜的她陷入了自我否定的泥潭，情绪往往也会因为一件很小的事情而大起大落，反复无常。但她努力学习，成绩还不错，每次都能拿到学校的“优秀奖学金”。也许是她这种争强好胜的性格，在寝室里好与人争执，又很少忍让。长此以往，寝室的同学都不敢“惹”她了，小武的人际关系也因此出现了危机，总怀疑别人在议论她，于是她对每个室友都充满了敌意。每次看到别人高兴地在一起玩或学习时，内心充满了孤独感；晚上常常做噩梦，精神状态不佳；没有胃口；常常不知道自己为什么发脾气，也很难控制自己的消极情绪，最终变成了同学中的“另类”。她很痛苦，也努力尝试过改变自己,但坚持不下来。大二期间,她有些精神萎靡,对生活缺乏热情,自我否定几乎表现在她生活的所有内容中,甚至产生了自闭的情况。很多晚上都是睁着眼看着天花板发呆,痛苦极了,不知道该如何是好?

点评:本案例中的小武因生活中的琐事逐渐积累,产生抑郁情绪。大学生活是集体生活,四面八方的学子聚集到一起,难免出现风俗习惯、生活方式、人生观、价值观的差异。那些适应能力和沟通能力差的大学生,在大学校园里时常会有压抑感和孤独感。在图书馆、自习室、食堂、水房,因抢座、占座、买饭、打水时的插队而造成的人际摩擦屡见不鲜。也有一些学生因缺乏交往的经验、技巧和方法,为没有朋友而烦恼,出现不同程度的人际关系焦虑。以至于一部分同学为了避开人群,沉迷网络,生活在自己虚幻的世界中,表现出厌学自闭、情绪低落、精力不足、神情呆滞等抑郁心理症状。

那么大学生应该如何克服抑郁情绪呢?

(1)通过改变不合理认知,改善抑郁情绪。对于抑郁情绪,我们可以运用认知疗法。失真的思想与现实不符的观念是导致这种消极情绪的直接原因,当你换一个角度考虑问题,或许不会如此痛苦。例如,小明在路上遇见了辅导员吴老师,小明给吴老师打招呼,说了句:“老师好。”吴老师没有回应,匆匆忙忙向前走了。不同的认知会使小明有不同的情绪:

情绪1:“老师怎么没理我,是不是有什么急事?”然后开开心心的去上课去了。

情绪2:“老师怎么不理我,看不起我吗,嫌我是农村的。”自卑之感,油然而生。从此,见到老师都不敢大声说话了。

情绪3:“老师是个大骗子,刚在班里还说特别喜欢我们班同学,出来就不理我了,我再也不尊敬他了。”晚上睡在床上还在想,“老师以前说的话肯定都是假的,全世界的人都是骗子,我以后还能相信谁’好难过啊。”

情绪4:“老师肯定是讨厌我,刚约小军一起上自习,他也不陪我了,现在连老师也讨厌我,我就这么令人讨厌吗?在这个世界上没人喜欢我,我还不如死掉呢。”从此,看到老师都绕道走,每天郁郁寡欢,谁见他不打招呼,他就恨谁。

情绪1是比较积极的思维方式,情绪2过度夸大或者缩小了自己的情绪,情绪3犯了以偏概全的逻辑错误,情绪4属于极端思维。不合理的认知会让他陷入坏情绪的困境。

其实,今天吴老师的孩子病了,吴老师急着回家看孩子,没看见小明跟他问好。

通过这个事件可以看出,一件小事,我们通过不同的认知,会有不同的结果。你的痛苦不是别人给你的,是你自己把自己逼到情绪的万劫深渊的。而合理的认知可以让我们摆脱抑郁情绪。

(2)通过食物改变抑郁情绪。除了认知疗法,我们还可以通过食物缓解抑郁情绪。长期食素、久忌荤腥而造成蛋白质缺乏的人容易出现抑郁,脂肪摄入过量也容易产生抑郁情绪。心情抑郁的时候要想改变自己的坏情绪,可以食用动物肝脏、花生、鱼、蛋、奶、肉等含锌的食物;多食用干果、鸡肉、海鲜、谷类等含硒的食物可以使思维更加协调;菠菜含有丰富的镁,镁是一种能使人头脑和身体放松的矿物质,菠菜里还含有丰富的维生素C,可以很好地解除压抑的心理状态。控制情绪可以从此方面着手,在享受美食的同时，享受一份难得的快乐心情。

心理小贴士

抑郁情绪和抑郁症的区分

抑郁情绪是一般的心理问题，当你发现你有情绪低落、睡眠障碍、食欲下降、只想一个人待着、对任何事都不感兴趣但有不妨碍你的正常生活时，就是抑郁情绪。抑郁情绪有时也并不是坏事，它可以让你的思考变得更深刻、更敏锐。但抑郁症却不一样，歌星张国荣、作家三毛、诗人海子都是死于抑郁症。抑郁症只要治疗及时也会痊愈，主持人崔永元公开承认自己因为工作压力太大患上抑郁症，通过治疗现在又好了。区分抑郁症与抑郁情绪有四项标准：

（1）三低：情绪低落、思维缓慢、语言动作减少和迟缓。

（2）早醒。别人早上六七点才醒，抑郁症患者可能四五点就醒了。

（3）昼重夜轻的规律变化。白天昏昏沉沉没有精神，到了夜晚思维敏捷、精神百倍。

（4）三无导致三自，即无助、无望、无价导致自责、自罪、自杀。抑郁症患者和其他的精神病患者不太一样，对他人没有攻击性，他们善于把责任和错误都归结到自己身上，他们觉得自己永远是错的，人生是痛苦的，对他们而言只有自杀是唯一的出路。

3. 愤怒

愤怒是由于客观事物与人的主观愿望相违背，或因愿望无法实现时，人们内心产生的一种激烈的情绪反应。心理学研究表明，当愤怒发生时，可能导致心跳加快、心律失常、高血压等躯体性疾病，同时还会使人的自制力减弱甚至丧失，思维受阻、行为冲动，甚至可能干出一些事后后悔不迭的蠢事或造成不可挽回的损失。愤怒是大学生常见的一种消极情绪，精力充沛、血气方刚的青年时期的大学生，在情绪情感发展上往往容易产生好激动、易动怒的现象。

心灵故事

当愤怒来临

一天，陆军部长斯坦顿来到林肯那里，气呼呼地对他说一位少将用侮辱的话指责他偏袒一些人。林肯想了想，建议斯坦顿写一封内容尖刻的信回敬那家伙。

“可以狠狠地骂他一顿。”林肯说。

斯坦顿立刻写了一封措辞强烈的信，然后拿给林肯看。

“对了，对了。”林肯高声叫好，“要的就是这个！好好训他一顿，真写绝了，斯坦顿。”

但是，当斯坦顿把信叠好装进信封里时，林肯却叫住了他，问道：“你干什么？”

“寄出去呀。”斯坦顿有些摸不着头脑了。

“不要胡闹。”林肯大声说，“这封信不能发，快把它扔到炉子里去。凡是生气时写的信，我都是这么处理的。这封信写得好，写的时候你已经解了气，现在感觉好多了吧，那么就请你把它烧掉，再写第二封吧。”

4. 嫉妒

嫉妒是指因他人在某些方面胜过自己而产生的不快甚至是痛苦的情绪体验。西班牙作家塞万提斯说:"嫉妒是万恶的根源,美德的蠡贼。"

嫉妒是自尊心的一种异常表现,在大学生中普遍存在。它具体表现为当看到他人学识能力、品行荣誉甚至穿着打扮超过自己时,内心会产生不平、痛苦、愤怒等感觉;当别人身陷不幸或处于困境时则幸灾乐祸,甚至落井下石,在人后恶语中伤、诽谤。嫉妒是一种情绪障碍,它扭曲人的心灵,妨碍人与人之间正常、真诚地交往。

案例分析

既生瑜,何生亮

小A与小B是某艺术院校大三的学生,同在一个宿舍生活。入学不久,两个人成了形影不离的好朋友。小A活泼开朗,小B性格内向,沉默寡言。小B逐渐觉得自己像一只丑小鸭,而小A却像一位美丽的公主,心里很不是滋味,她认为小A处处都比自己强,把风头占尽,时常以冷眼对小A。大学三年级,小A参加了学院组织的服装设计大赛,并得了一等奖,小B得知这一消息先是痛不欲生,而后妒火中烧,趁小A不在宿舍之机将小A的参赛作品撕成碎片,扔在小A的床上。小A发现后,不知道该怎样对待小B,更想不通为什么她要遭受这样的对待。

点评:小A与小B从形影不离到反目成仇的变化令人十分惋惜,而引起这场悲剧的根源是嫉妒。

嫉妒通常是因为别人占有比自己较优越的地位条件,或者喜爱的东西被别人得到时所产生的感情。嫉妒的典型表现是:以自我为中心,不能正确评价别人和自己;认为谁都不如自己,不能忍受别人比自己强,一旦出现这种情形则躁动不安、图谋打击报复;抗挫折能力较弱,不能接受失败等。嫉妒行为的表现多种多样,有些人用退缩、抱怨或幻想对方失败的方式表现出来,更多的人则采用伤害对方、嘲讽对方和指责对方等方式表现出来。嫉妒被称为心灵的毒药,对于正处于人格形成时期的青少年朋友,其危害很大。当大学生意识到自己产生了嫉妒的情绪时,应该注意以下几点:

(1)正确认识。嫉妒心的产生往往是由于误解所引起的,即人家取得了成就,便误以为是对自己的否定,对自己是威胁,损害了自己的"面子"。其实,这只不过是一种主观臆想。一个人的成功不仅要靠自己的努力,更要靠别人的帮助。荣誉既是他的,也是大家的,人们给予他赞美、荣誉,并没有损害到自己。

(2)攻击嫉妒。当嫉妒心一经产生,就要立即把它打消掉,以免其作祟。这种方法需要人们不断积极进取,使生活充实起来,以期取得成功。培根说过:"每一个埋头沉入自己事业的人,是没有工夫去嫉妒别人的。"

(3)"想开些"。"想开些"即乐观些。人生总有不如意之事,所谓"人生不如意之事,十之八九"即是此理。当然,做到"想开些",也不是一件容易的事,但随着时间的流逝,个人的观点是可以改变的。如果正处在愤怒、兴奋或消极的情态下,能较平静、客观地面对现实,是能达到克服嫉妒的目标的。

(4)正确比较法。一般而言,嫉妒心理较多地产生于周围熟悉的、年龄相仿的、生活背景大致相同的人群中。因此，只有采取正确的比较方法，以人之长比己之短，而不是以己之长比人之短。比较的方法对了，烦恼情绪就会少了。

(5)自我驱除法。嫉妒是一种突出自我的表现。在这种心理支配下，待人处事常常以我为中心，无论什么事，首先考虑到的是自身的得失，因而会引起一系列的不良后果。若出现嫉妒苗头时，立即进行自我约束，摆正自身位置，努力驱除嫉妒心态，可能就会变得“心底无私天地宽”了。

5. 自卑

自卑是一种消极的自我评价或自我意识。自卑感是个体对自己能力和品质评价偏低的一种消极情感。自卑感的产生往往并非认识上的不同，而是感觉上的差异。其根源就是人们不喜欢用现实的标准或尺度来衡量自己，而相信或假定自己应该达到某种标准或尺度，如“我应该如此这般”“我应该像某人一样”等。这种追求大多脱离实际，会滋生出更多的烦恼和自卑，使自己更加抑郁和自责。自卑是人生成功之大敌。自古以来，多少人为自卑而深深苦恼，多少人为寻找克服自卑的方法而苦苦寻觅。

案例分析

自卑的男孩

王某是一个大二的男生。念高中时，有个单一又明确的目标，就是考上一所理想的大学，他和所有学子一样，都是奋勇拼搏，为了自己的目标，坚持不懈，最终考上了大学。他并不满意，因为是一所普通本科学校，想到自己原来成绩都是985、211线的，居然滑落到现在，而班上的很多同学都考了这所学校，他觉得高中三年的努力都白费了。所以，上了大学后，他不想继续努力念书了，于是就开始混日子，每天过着浑水摸鱼的日子。他封闭了自己，虽说是一个男生，可是性格内向、相貌普通的他并不太愿意向别人吐露心声，所以和别的同学也很少交流，最后一个朋友也没有，觉得可能班上的同学都很少注意到他的存在。但其实他的心里感到十分的自卑。在班里他不是一个出众的学生，有的任课老师甚至叫不出他的名字。他太平凡了，虽然每天他也像其他同学一样上学、放学，可他总感到自己是在做那些学习好的同学的陪读。有朝一日他们都毕业了或者考上研究生了，他的历史使命也就完成了。每天浑浑噩噩地生活，周一到周五，若有课，就拿着书本到教室找个后面几排的桌椅坐下，随意翻开书本，等待老师上课；若没课，就睡觉，睡醒了就吃饭。他一直想不明白自己的人生方向到底在哪里。

点评：在本案例中，王某的想法和行为就是典型的自卑情绪状态。他认为是给那些学习好的同学陪读，这个观点让人不敢苟同。我们每个人都有受教育的权利和义务，我们受教育是为了增进知识、提高个人道德修养和素质。不论我们将来从事什么行业，都不能没有知识。所以我们今天在学校里学习只是在为自己积累一笔无形的财富，这与其他人并没有什么关系。当然就算我们不能够如愿考上研究生，甚至毕业了也找不到如意的工作，也不必沮丧。实际上，社会上的大多数人都将平凡地度过一生，杰出的人物毕竟是少数，但这并不能成为不快乐的理由。就像伟人们自有他们的烦恼一样，平凡的人生也有快乐和幸福，只要我们生活的每一天都有目的和收获，一定也能获得幸福。

美国心理学家艾利斯的ABC理论认为，包括自卑在内的负性情绪体验主要是个体对事物的某些不合理观念造成的，因为成绩不好、外貌不如别人，就认为别人一定很看不起自己，就认为自己一无是处了，这是一种错误的评价。王某虽然采取避免与他人交往的方式来掩饰自身的不足，缓解自己的心理压力，但会产生孤独的体验，形成闭锁性的性格，从而产生更糟的情况。在进行了以上分析之后，要采取有效的措施从低落的情绪中早日解脱出来。

在心理学上，自卑是一种自我否定，主要是低估自己的能力，觉得自己各方面不如别人，可以说这是一种性格的缺陷。它主要的表现在对自己的能力、品质评价过低，还会有一些特殊的情绪体现，如害羞、不安、内疚、忧郁、失望等。长时间的自卑，不但会造成心理上的不健康，也会导致生理上出现亚健康状态，具体的危害表现为会使人心理上情绪低沉、郁郁寡欢，常因害怕别人看不起自己而不愿与人来往，只想与人疏远，缺少朋友，顾影自怜，甚至自疚、自责；缺乏自信，优柔寡断，毫无竞争意识，抓不到稍纵即逝的各种机会，享受不到成功的欢愉等。而在生理上会导致免疫系统功能下降，抗病能力随之下降，从而使人的生理过程发生改变，出现各种病症，如头痛、乏力、焦虑、反应迟钝、记忆力减退。那大学生应该怎么才能够消除这种自卑情绪呢？

（1）正确认识自己。学会从多角度看问题，全面辩证地看待和评价自己，不仅要如实地看到自己的短处，也要恰如其分地看到自己的长处，切不可因自己的某些不如人之处而看不到自己的如人之处和过人之处。要多发现自己的长处，树立自信心。要用理性的态度面对失败和挫折，做到大志不改，不因挫折而放弃追求。要善于挖掘自己的潜能和利用自身的特点，大胆尝试，勇于拼搏。一个人只有客观地评价自己和他人，与他们进行正确的社会比较，才有助于肯定自己，才可能克服自卑感。

（2）正确地归因。不能因一次失败，就认为自己能力不行。殊不知这次失败的原因很可能是多方面的，不一定是能力不足造成的。

（3）自我鼓励。当你在干一件事之前，首先应有勇气，坚信自己能干好。但在具体施行时，应考虑可能遇到的困难。这样，即使你失败了，也会由于事先在心理上做了准备而不致造成心理上的大起大落及心理失调。善于运用表扬与肯定的方法树立自己的自信心。对工作、学习、思想方面的积极表现、正确做法和细微的进步，要采取一定的方式给予及时的、恰当的评价和鼓励，并对自己提出新的要求，从而使自己受到鼓舞，增强自信心。在批评其缺点或错误时，也要适当地肯定其积极因素，做到批评中有鼓励。自卑的人一般都比较敏感脆弱，经不起挫折的打击。因此应当注意，要善于自我满足，知足常乐。在学习上，目标不要定得太高。适宜的目标可以使你获得成功，这对自己来说是一种最好的激励，且有利于提高自己的自信心。之后，可以适当调整目标，争取第二次、第三次成功。在不断成功的激励中，不断增强自信心。

（4）运用积极的自我暗示。当遇到某些情况感到信心不足时，不妨运用语言暗示，如“别人行，我也能行。”“别人能成功，我也能成功。”从而增强自己改变现状的信心。经常回忆因自己努力而成功了的事，或合理想象将要取得的成功，以此激发自信心。

（5）学会对比。在与别人比较时，为了避免自卑心理的产生，应该选择与自己各方面相类似的人、事比较。否则如果与自己悬殊太大，或者拿自己的弱点与别人的优点相比，总免不了产生自卑感。与人比较时要讲究“可比性”——选择适当的参照系，否则只有“人比人，气死人”。要学会扬长避短。例如，苏格拉底其貌不扬，于是在思想上痛下工夫，最后在哲学领域大放异彩。

第四节　大学生良好情绪情感的培养

由于受到心理特征、社会背景、就业压力等诸多因素的影响，我国大学生情绪存在易感性和易变性等特点。究竟是积极情绪还是消极情绪成为个体的情绪特征，将影响他们的思想品质、学习活动和身心健康。因此，研究大学生情绪释放的状况和途径，引导学生以正确的方式、方法去释放和宣泄不良情绪，对促进大学生身心健康的和谐发展具有重要意义。

一、指导学生优化个性

1. 自信而坚强

人的一生不可能不遇到困难，也不可能万事如意。关键是在遇到困难时要有信心和勇气去战胜它，而不是悲观失望。相信自己，这样有利于自己保持清醒，有利于自己总结经验教训，解决自己面临的问题，从而摆脱困境。“用笑脸来迎接悲惨的厄运，用百倍的勇气来应对一切的不幸。”

2. 宽容而豁达

世界上的任何事都不是十全十美的，每个人都有缺点，你有，我有，他也有。那为什么我们要每天一睁开眼就去看别人的缺点呢？为什么一张嘴就去讲别人的过错呢？这样你会快乐吗？比如说，在一个班上或寝室里，别人的能力比自己强，就去嫉妒他，甚至在心里恨他，有一天你实在忍不住了，对你所恨的人说：“我在恨你，你知道吗？”他告诉你：“我不知道啊！”这样你不是很可怜吗？所以，对人宽容一些，你会感到快乐、内心平静，也会收获微笑与友情。另外，当别人经常指责、批评你时，我们应当豁达一些，就当自己免费请了一个监督员来帮助自己改正错误。如果在生活中，你有一个非常讨厌的同学，他有很多的缺点和毛病，并常常找你麻烦，那你可以这样来认识他：“他并不是世界上最讨厌的人，比他讨厌百倍的大有人在，自己还算幸运的了，要是让那个比他讨厌百倍的人做我的同学的话，那我就更惨了，还是让他做我的同学吧，至少他要比别人好一些。”

3. 改变自己，胜过改变别人

“降伏百万大军并不伟大，降伏自己，才是世界上最伟大的人。”在现实社会中，我们常常发现同学、朋友之间出现吵架纷争，究其原因不外乎就是对人、对事的意见不相同，而吵架的目的就是为了让对方同意自己的观点，结果往往是不欢而散。所以当我们面对不同的人的时候，不要试图去改变别人，而是改变自己。比如说在寝室里，有人喜欢吹牛、聊天，搅得你无法看书学习，与其干涉别人，不如自己换一个地方（教室、图书馆)去看书学习,各得其乐。

二、帮助学生改变认知模式

心理学家艾利斯认为,人的情绪困扰并不是由诱发事件引起的,而是由对事件的非理性解释与评价引起的,如果改变了非理性观念,调整对诱发事件的认知,消极情绪就会消失。例如,对考试不理想的解释是自身能力差、水平低所致时,就会引发自卑自怨的情绪反应。如果认为一次成绩不理想并不一定是自己水平低,而是由于其他客观因素导致的,情绪困扰就会减轻。又如,桌子上有半瓶酒,一个人说:“唉,真倒霉,只剩半瓶酒了,还有什么意思呢?”于是他就闷在那里生气。另外一个人则说:“运气不错,还有半瓶酒,如果再来晚一点的话,恐怕连半瓶酒都没有了。”于是他就美美地享受起美酒来了。可见,改变非理性认识就会有“退一步海阔天空”之感。

三、培养学生积极乐观的生活态度

1. 善于在寻常中发现快乐

人生本是该快乐的。快乐,本是很平常的事,不需要去努力奋斗与追求。庄子在濠上观鱼,羡慕地说:“鱼儿真快乐啊!”是啊,鱼儿没有一分钱,没有社会地位,没有任何技能,没有上过名牌大学,没有显耀的家世背景,也没有任何奢侈品,看不到电视,坐不上汽车,身上一件衣服都没有……可是它们是快乐的。

宋代文豪苏东坡说,湖上的清风和山间的明月,取之不尽,用之不竭,还不花钱,就可以给我们极大的快乐。每个同学都可以回忆一下自己一生中快乐的时刻,就会发现那也都是一些很容易得到的时刻,如童年时,父母的一个小礼物、老师的一句表扬,甚至和小伙伴一起捉到一只蜻蜓都会给自己带来快乐。快乐是这么容易,为什么拥有快乐的人却那么少呢?人们都以为拥有快乐需要许多如金钱、地位、才华、漂亮的外貌、复杂的社会关系一样难以实现的条件,以为要付出巨大的努力和代价,才能换来少许快乐,其实,拥有快乐并不需要太多的条件,只需要你有一颗渴望快乐的心和一个积极乐观的生活态度即可。

2. 笑口常开

研究证明,人们的行为决定人们的情绪,整天板着脸,情绪也必定受到影响而处于低落状态。所以,一个人走路不要拖拉着脚步,应步伐轻快;不要低头缩颈,而要昂首挺胸。

人人都有自尊和被尊敬的需要。因此人们常有这样一种心理倾向,即喜欢那些喜欢自己的人,这是一种有意无意的报答倾向。如果自己总以一张面无表情的脸去对人,映入眼帘的也往往是对方面无表情的脸。所以,应以微笑待人,也许刚开始并不是很习惯,但渐渐地就会习惯诚恳地对人微笑,与此同时,也会看到对方的笑容。这时你会发现自己的心里很快乐。

3. 享受光明和快乐

世界上的任何事物都是矛盾的，对立面的存在总是结伴而行，因此有了光明与黑暗、快乐与痛苦、美丽与丑陋……而人的本性是“趋乐”的，也就是人总是喜欢光明、快乐、美丽，回避黑暗、痛苦、丑陋。正是因为这样，人类选择了在黑夜中闭上眼睛睡觉，当光明来临时睁开眼睛生活。所以在生活中，要充分地享受阳光带给我们的快乐，不要总是去寻找阳光背后的阴影。这样就会有一个快乐的心情，能感受到生活的美好。实际上，命运给了我们不少礼物，礼物是好是坏，全看你怎么看它了。从好的一面看，你就会快乐；反之，你得到的就是痛苦、烦恼。

马克·吐温笔下的调皮蛋汤姆，有一天被罚去刷墙。这个活是不快乐的，别的小孩也这么认为。于是一个小伙伴就嘲笑他说：“嘿，伙计，你还得干活呀！”汤姆回答：“你说什么，干活？……难道一个小孩是每天都有机会刷墙玩的吗？”把干活看成玩，于是其他小伙伴也要玩，他们用苹果、风筝、石弹等来向汤姆交换刷墙的权利。刷墙快乐吗？这就看你如何看待了！那些小孩傻吗？傻！但是他们没有吃亏，因为他们得到了快乐。

4. 对未来充满信心

人的一生会遇到很多困难：学习、生活、工作上不尽如人意，无端遇到人身攻击或不公正的评价、生理缺陷，甚至遭遇重大的不幸。这时，人们也许会消沉、痛苦或绝望，但是，要相信无论发生了什么事，生活还是需要继续下去，太阳明天还会照样升起。因此，擦干眼泪，继续向前走。

5. 为别人做些事

我国有一个成语叫“助人为乐”，说明先人很早就注意到了这一点，即帮助别人是快乐的，而快乐乃健康之源。这一结论不仅是人们实践经验的总结，更是有科学根据的。美国科学家为了观察社会关系对死亡的影响，曾对2700多人进行了长达14年的研究，结果发现参加社会活动能增进健康，因为帮助别人可以得到别人的感激和喜爱，而感激和喜爱带来的温暖，有助你免除精神紧张。当人真心做善事的时候，体内会分泌一种令人产生轻微兴奋和愉悦感的内啡肽，这种物质对身体健康十分有益。科学家还发现，多做好事有益于人的免疫系统，因为心情好坏和免疫系统密切相关。

四、指导学生掌握一些消除不良情绪的基本方法

1. 合理宣泄

当人的情绪处于压抑状态时，应当进行合理宣泄，以排解消极情绪，恢复正常的情绪状态。宣泄的方法有找人倾诉、畅快地哭一场、到运动场上猛跑一阵等，让不良情绪宣泄出来后，会有一种释放感、轻松感，思维会变得更灵活、更开阔。

2. 情景转移

当出现不良情绪时，头脑常常有一个较强的“兴奋灶”，如果此时能建立一个新的“兴奋灶”，使注意力得以转移，就可以排忧解愁了。例如，出去散步、听听音乐、写写日记等。

3. 积极的自我暗示

暗示法在调节情绪方面有明显的作用。我们可以运用内部语言和书面语言来调整情绪。

（1）书面语言。当因为别人或自己的错误而烦恼时，可以进行以下自我暗示：不要拿别人的错误惩罚自己，不要拿自己的错误惩罚别人，也不要拿自己的错误惩罚自己。

（2）内部语言。竞选和大赛在即，心情特别紧张、焦虑，可以暗示自己：我是最棒的，我会成功的！大家的水平相当，成败的关键在于对心态的把握，而我恰恰是心理素质极好的一个人！

自我暗示的心理作用是很大的，积极的自我暗示常常是调节情绪、走向成功的催化剂。当沮丧、失望时，对自己说："别泄气，人人都会遇到困难，这点小事压不垮我，笑一笑，打起精神，我能行！"这样，情绪状态就会得到改善。

4. 运用心理防御机制

心理防御机制是人在面对挫折时自发产生的心理反应，它能帮助人们暂时地缓解不良情绪。因此，有意识地运用心理防御机制，可以进行积极的自我心理调节，从而消除不良情绪。常见的心理防御机制有退化、想象、否认、认同、压抑、升华、幽默、反向等。

5. 表情调节法

表情调节法通过改变外部表情来改变内部的情绪。情绪的产生，一方面能够引起一系列生理过程的变化，另一方面也能引起面部和体态等外部表情的变化。例如，当学生兴高采烈时，便会手舞足蹈、满面笑容；当学生心情沉重时，就会垂头丧气、肌肉松弛无力。既然内部情绪与外部表情有着如此密切的联系，那么，通过有意识地改变外部表情就能够起到调节情绪的作用。

6. 自我放松法

自我放松法即按一定的练习程序，学习有意识地控制或调节自身的心理活动和生理活动，使身心放松以缓解焦虑。自我放松法包括呼吸放松法、肌肉放松法、想象放松法、自主训练法。例如，学生在考试之前、出场表演之前、当众讲演之前、面试之前、参加体育竞赛之前，都可以用深呼吸法来调整身心状态，减轻紧张情绪。肌肉放松法经常用于对抗紧张、恐惧、焦虑等情绪。利用想象也就可以调节学生的情绪。首先想一想自己最喜欢的、最放松的，能让自己心旷神怡、无拘无束的情境是怎样的；然后，以舒服的姿势坐下或躺下，闭上眼睛，在脑海中想象自己正置身于以上环境当中，细细体验身体和心情的轻松、舒适、愉快、平静；自主训练法是在指导语的暗示下，自己去体验沉重感、温暖感、缓慢感、舒适感等感觉。

心理小贴士

如何预防和调节自己的不良情绪

（1）多运动。欧洲有这样一个谚语："一切药物都代替不了运动，而运动却可代替一切药物。”人们常说运动可以宣泄心头不快，其实这是因为运动时大脑能产生一种叫脑啡呔的天然抗抑郁物质，脑啡呔可增强人的免疫能力，尤其能让人产生欣快感，从而使抑郁的情绪减轻或完全消失。

（2）美食。据说黛安娜心情不高兴时喜欢去吃点美食。吃美食实为用一种健康的享受来补偿心理损伤的方法，健康享受可让人忘记烦恼，恢复自信。一些美味的瓜果本身便具有抗抑郁的功效；碱性物质有助于改善人的情绪，食用后令人倍感轻松、愉快。

（3）听音乐。音乐对心理有积极作用。音乐具有振奋精神、改善气血运行、调整阴阳、调节心率、降低血压、促进消化等作用，不同风格的音乐具有不同程度的镇静或兴奋的作用。

（4）阅读。阅读可以活跃思维，打破固有的观念，改变情绪状态。

（5）写作。写作可帮助人们发泄心中的不快！从而以一种文明的方式调节心理或解决现实中的烦恼。

（6）多交朋友。友谊使人坚强。和朋友交谈交谈、倾诉倾诉，苦恼就会消失一大半。

思考与学习

（1）大学生情绪的特点有哪些？

（2）结合自己的生活谈谈大学生该如何培养良好的情绪？

（3）大学生常见的情绪问题有哪些？该如何调适？

心理训练营

我的心情我做主

1. 活动准备

（1）准备音乐、录音机。

（2）室内、室外活动均可。

2. 活动流程

（1）热身。

①全体成员围成一圈，伴随音乐，在领导者的带领下共同演唱《幸福拍手歌》。要求大声歌唱，并且要配合歌词做出相应的肢体动作。

②要求成员带着快乐、幸福的心情与相邻的成员微笑、挥手致意，并做简单自我介绍。

（2）主要活动。

①冥想放松。伴随舒缓的音乐，选择舒适的姿势，成员放松肌肉，回想近段时间生活中发生的事件，并注意自己情绪上的变化。

②纸笔练习。发给每个成员一张卡片，要求成员完成下列句子。

最近让我感觉高兴的事情是____________________。当时我的心情是____________________;现在想起这些事,我的心情是____________________。

最近让我感觉不高兴的事情是____________________。当时我的心情是____________________;现在想起这些事,我的心情是____________________。

每当心情好的时候,我会觉得____________________。

每当心情糟的时候,我会觉得____________________。

我的心情总是____________________。

活动目的是帮助成员梳理近一时期自己的情绪状态,体会不同情绪体验对生活和身心健康的影响。

(3)交流、分享。引导成员间进行交流,帮助成员了解自己的主导情绪,感受不同情绪体验对生活、行为、健康的影响,使其认识到积极情绪的重要性。

(4)领导者呈现生活中与情绪有关的小故事,启发成员思考。

①面对疾病时,不同情绪导致不同结果。

②心理学实验中,相貌平平的女大学生经常被人赞美,心情愉悦,面带微笑,一段时间后,人们一致评价她比原来漂亮多了。

(5)成员讨论。

心理小测试

情绪稳定性诊断量表

对下列题目做出“是”或“否”的回答(选择“是”记1分,选择“否”记0分)。

(1)尽管发生了不愉快的事情,仍能毫不在乎地思考别的事情。

(2)不计小隙,经常保持坦率、诚恳的态度。

(3)习惯于把担心的事情写在纸上并进行整理。

(4)在做事情时,往往具体规定有可能实现的目标。

(5)失败时仔细思考,反省其原因,但不会愁眉不展,整天闷闷不乐。

(6)具有悠闲自娱的爱好。

(7)常常倾听别人的意见。

(8)做事有计划地、积极地进行,遇挫折也不气馁。

(9)无路可走时,能够改变生活方式和节奏,以适应生活。

(10)在学业上,尽管别人比自己强,但仍坚持“我走我的路”。

(11)对自己的进步,哪怕只是一点点,都会高兴地表达出来。

(12)乐于一点一滴地积累有益的东西。

(13)很少感情用事。

(14)尽管很想做某一件事,但自己觉得不可能时也会打消念头。

(15)往往会理智、周密地思考和判断问题,不拘泥于小节。

评分标准:

0～6分:你的情绪不是很稳定,经常患得患失,又不能很好地生活。常常拘泥于一些小事情，无论做什么事情都过分认真，总是忙忙碌碌，耗费心机。难于做出重大的决策，一丝不苟反而使自己感觉迟钝。

7～9分：情绪一般比较稳定。

10～15分：你的情绪很稳定，大多擅长于处理事物的方法、判断及思考等，不拘泥于小事情，能积极大胆地处理一些事情，在各种困难面前毫不动摇。

第七章　不论天涯与咫尺，一线相连随人思——大学生网络心理

网络疏远了现实中人们之间的关系。

网络就像是监狱，本来是偷了个钱包进来的，等出去的时候什么都学会了。

网络使人与人之间的联系更加紧密。

心理定律

蕨菜和无名小花

有一朵无名小花和离它不远的蕨菜是很好的朋友。每当天一亮，蕨菜和无名小花就互相问候，不过由于距离远，它们都得扯着嗓子喊。随着时间的流逝，它们都把对方当成自己最知心的朋友。可是它俩感觉，每天这么扯着嗓子说话很不方便，于是就决定向对方靠拢，因为它们认为彼此之间的距离越近，交流就越容易，感情也就越深。

就这样，拼命地扩散自己的枝叶的蕨菜，蓬勃地生长，那舒展的枝叶就像是一柄大伞。而无名小花就尽量地朝着蕨菜的方向倾斜自己的茎枝，慢慢地，它俩的距离也变得越来越近了。

可是，因为蕨菜的枝叶像一柄张开的大伞，随着彼此距离的接近，它把无名小花的阳光和雨露都给遮住了。无名小花因为缺少阳光和雨露滋润而日渐枯萎。在伤心之余，它再也不与蕨菜共叙友情了，而且它还认为蕨菜动机不良，是故意谋害自己，所以在心里更痛恨蕨菜。

而蕨菜的情况也不大好，因为枝叶过于茂盛，在一次狂风暴雨之后，折断了不少的枝叶，身子变得光秃秃的。看着遍体鳞伤的自己，蕨菜也痛恨起无名小花来，它把这一切后果都归因于无名小花，要不是因为它，自己也绝对不会恣意让枝叶疯长的。

就这样，原本一对好朋友现在成了仇人。

刺猬法则告诉我们，距离是一种美，是人际关系的自然属性。那么，这种距离多远才合适？网络的产生是否打破了我们原有的法则？大学生整日沉迷于网络、手机是否与刺猬法则相关？

随着信息技术的发展，网络使得人们之间的交流越来越便捷。有的人说网络疏远

了人们之间的情感，有的人说网络使人们之间的距离越来越近，但是我们不能否认的是网络正广泛渗透到人们的工作和生活的各个方面，日益改变着我们的生活方式、学习方式和工作方式。大学生作为人类组成结构中重要的群体，其发展始终是社会关注的焦点。大学生的网络使用情况关系到大学生的成长和发展。一方面，大学生通过网络接触到前所未有的广阔空间，能更加有效和广阔地获取消息、学习知识、交流情感和了解社会；另一方面，由于大学生缺乏社会生活经验、信息处理能力、自控能力和鉴别能力，面对复杂的网络世界，不能合理地处理好相关问题。作为大学生，我们对网络的正确利用观念的塑造和培养很直接地影响着我们的学习生活。

第一节　网络及其对大学生的影响

一、网络的概念

网络，即互联网(International Network，Internet)，中文称国际互联网，也可译为“因特网”。它是指集通信网络、计算机、数据库以及日用电子产品于一体的电子信息交换系统，是以接收、存储、处理、传递全球信息为主要功能的国际互联网络。

互联网能使每个人随时将文本、声音、图像、电视信息传递给设有终端设备的任何地方、任何人。从这个角度上说，互联网已经不仅仅是一个单纯的计算机网络，它同时是一个庞大的、实用的、可享受的公共信息源，是一个面向芸芸众生的平台。它具有查询全球信息、浏览新闻、网上学习、收发电子邮件、网上聊天、发布信息、游戏娱乐以及其他远程服务等超强功能。

二、网络的特征

网络作为一种工具被人们所接受和使用。其传播和发展速度很惊人，以至于对我们的生活和心理产生了很大的影响，原因在于它具有其他大众媒体所不具备的特征。

1. 全球性和开放性

互联网最大的特点是全球性，同时它是一个空前开放的系统。网络文化表现出的全球性，使“地球村”成为现实。建立在互联网基础上的信息文化，具有内容丰富、传播迅速、影响广泛、参与平等、服务个性化等特征，是其他类型传媒文化无法比拟的。

2. 平等性和互动性

网络可以消除因为经济地位阶层的不平等带来的资源享用不平等。在网络上，人与人之间的联系是互动式的，相对于传统媒介，发布信息能得到及时反馈，可以参与媒体的传播活动，成为媒体的一分子。网络方便的交互式访问、信息资源的可复制性、共享性、实时传输等特点使信息获取方式更加快捷主动。

3. 便捷性和高效性

网络带来了高效、快捷、廉价的通信方式。例如,电子邮件可以同时传送图、文、声等,而且它的传播速度是普通邮件望尘莫及的。网络将信息高效处理,能满足我们的各种需要,做到足不出户知晓国内、国际大事,省时省力,提高了生活质量。

4. 虚拟性和隐匿性

网络生活中的一切主题都可以被虚拟化,它遮蔽了现实世界中显示人们身份特征的识别标志,只用一个数字代码来表明身份。网络上有句名言:"在网上没有人知道你是一条狗。"网络上可以匿名,可以隐藏性别、年龄、种族和社会地位等。

三、网络对大学生的影响

1. 网络对大学生的积极影响

(1)改变了大学生的学习方式。首先,网络是一个信息宝库。据研究表明,在网络、电视、广播、报纸、杂志等几种主要媒体中,网络当之无愧地成为大学生获得新闻信息最主要的途径。同时,网络提高了大学生的信息占有量和更新速度。网络是世界上最大的广告系统、信息和新闻媒体,是一个信息的海洋,各种信息无所不有,内容丰富而新鲜,并具有运行的快捷性、同步性和使用简便性的特点。大学生只需轻轻一点,就能在浩瀚的信息海洋中方便快捷地找到自己所需的信息。另外,大学生可以通过"远程教学""远程课程"直接获取想要的学习资源,可以通过进入网上图书馆阅读海量的图书,可以通过博客和BBS论坛在网上直接与某领域的专家交流沟通。大学生可以在网络上进行各种知识的学习,而且网络的快捷性和廉价性使得学习知识相对于传统的书籍和课堂而言,显得特别便利。网络正以全新的方式渗透到大学生学习的各个环节中,在很大程度上引发了大学生的"学习革命"。

(2)扩大了大学生的人际交往范围。随着网络的普及与发展,大学生突破了以往打电话、见面交谈等传统沟通方式,更多地采用电子邮件、网络游戏、BBS、网络聊天等进行沟通。这极大地丰富了大学生人际交往的方式,而且这种网络人际交往具有超时空的特性,使大学生能够从以往狭小的生活圈子走出来,突破地域限制,实现"朋友遍天下"的梦想。网络全新的人际互动模式,促使一种全新的人际关系的产生,这对大学生的社会适应和人际交往能力的培养、世界观和价值观等的形成产生了很大的影响。大学生的网络交流扩大了人际交流的广度,大学生通过网络可以接触到社会不同层面的人,对社会会有进一步的觉察和了解,这有利于促进大学生的社会化。

(3)拓宽了大学生情绪表达的途径。网络使大学生找到了一个情绪表达的突破口,有助于缓解压力。很多研究表明,网络是某些人改变心境的工具,如有些人在情绪低落或焦虑的时候会采取上网的方式缓解压力。网络可以让大学生减轻来自学习和生活等方面的压力,还可使大学生在网络上获得社会支持。在网络上,可以与具有共同兴趣和经历的人互动和相互支持。这可以使大学生避开现实中不能与他人交流带来的情绪压力,找到倾诉的空间和对象,有助于缓解其压力。

（4）促进了大学生思维的多元化发展。网络给大学生打开了视野，大学生通过网络获取了大量信息。网络呈现给人们的不是一个单一文化和单一价值观的世界，而是一个多种文化和各种价值观交织的世界。这就使大学生的思维出现多元化倾向，不再局限于某一种特定价值观。

2. 网络对大学生的消极影响

（1）过度使用网络影响大学生的健康。目前，电脑和网络对健康的影响已引起人们的高度关注。长时间使用计算机或在网络里漫游不利于身心健康，一方面会让人产生社会隔离感和沮丧、孤僻、焦虑等心理状态；另一方面也会出现视力下降、颈椎病、肩周炎、背痛、手臂僵硬和手指灵活度降低等躯体病变。在现实生活中，有些长期上网的大学生在网上表现出兴奋、注意力集中、反应敏捷等"积极"的状态，在现实学习和生活中则出现魂不守舍、烦躁不安等情绪，出现对网络的依赖和网络强迫症。

（2）过度使用网络易导致现实人际交往障碍。建立良好的人际关系对大学生人格发展十分重要。大学生能从与同辈群体的相互交往中得到对其言行的评价，从而认识、反省、完善自我。只有正确评价自己，学会尊重、学会宽容、坦诚与人交往、融入群体，才能感受友情，取得信任，建立合理的"归属感"。而网络交往是在虚拟情景下进行，并非面对面交往，这种人际交往方式影响了大学生现实交往能力，极易导致其在现实当中人际关系冷漠，从而产生新的人际障碍。

（3）过度使用网络易产生不良的情绪体验，情感趋于冷漠。大学生的情感体验极为丰富、强烈、敏感，也极为动荡和复杂。他们关注社会的发展，也关注自己的切身利益。但由于生活阅历的贫乏，他们对人生充满理想，又脱离现实，情绪起伏较大，很不稳定。大学生成熟的情感必须通过社会生活的实践体验得以实现，而长时间上网阻断了大学生亲身的社会体验。他们沉迷于虚拟世界中，受到网上传播的价值思想的感染。他们往往会花大量的时间和精力去浏览虚假、重复的信息，难免会产生心理焦虑，出现精神疲惫，造成情感冷漠，更有甚者会产生心理问题。

（4）过度使用网络易导致自我的分裂。大学生在网络这个虚拟世界获得比现实世界更多的快乐体验时，就可能将更多的时间和精力投入网络，导致网络掩盖了真实生活，扩大了现实生活与虚拟社会间的差距。他们渴望在网络上追求虚拟的完美人生，而消极地对待或逃避现实世界，其自我系统中的真实的我、现实的我和网络的我产生了冲突，以至于在网上和现实中判若两人，引发人格障碍。

（5）网络信息污染对大学生的负面影响。由于网络传播信息方式的全球性、超地域性，网络信息有精华也有糟粕。有许多的网站专门传播血腥、色情、吸毒、赌博、诈骗、自杀等不良内容，网络中充斥着诅咒、谩骂、造谣、诽谤、恶意中伤等行为，有的网站源源不断推出一款又一款"加码"的"新产品"，还有裸聊等层出不穷的低级趣味娱乐。此外，网络犯罪的手段也多种多样，如非法盗取国家机密情报、非法侵入政府机构和组织网站、恶意更改数据库、非法侵入银行盗取客户资料、散布谣言或恶意诽游等。这些都极易诱使一些在校大学生走上违法犯罪道路。

四、大学生网络使用现状

中国互联网络信息中心第43次《中国互联网络发展状况统计报告》指出：截至2018年12月，我国网民规模达8.29亿，普及率达59.6%，较2017年底提升3.8个百分点，全年新增网民5653万。我国手机网民规模达8.17亿，网民通过手机接入互联网的比例高达98.6%。大学生是网络使用的主要参与者。据北京青年政治学院刘鹏、刘爽调查显示，大学生平均每天上网的时间分别为：2小时以内的有26%，2～6小时的有47%，6～10小时的有20%，10小时以上的有7%。这些都反映了高校一部分学生生活空虚的一面，他们对网络存在一定的依赖性，很少进行户外活动或通过其他方式充实自己的课余生活。

第二节　大学生的手机依赖症

一、大学生的手机依赖症现状

中国是世界上手机用户最多的国家。根据工信部统计数据，截至2018年7月底，中国共有15亿移动通信服务用户，这说明手机已经成为人们的生活必备品。随着手机功能的高端化，手机依赖现象迅速在全球范围内出现，青年人对手机的依赖尤为突出。大学生作为青年人的代表，亦是手机依赖人群的代表。对他们来说，晚上睡觉前最后一眼见到的是手机，早上睁开眼第一眼见到的还是手机。不少大学生每天使用手机的时间在两小时以上。

董莉、陈芬芬、夏超对浙江师范大学的学生进行调查后发现，半成以上学生的每天使用手机时间在五个小时左右；无聊时将手机作为消遣的学生占了近三成，而总是将手机作为消遣工具的有近15%。郑晓娜和辛斌以辽宁省5所高校大学生为研究对象，通过调查发现，42.7%的学生手机24小时开机，85.7%的学生每天手机开机时间为8小时以上；91.2%的学生会在无聊的时候翻阅手机。研究还发现，在手机使用量上存在年级差异。大一学生的手机使用量普遍偏大。

手机已经成为大学生出门必带物件之一，许多人在出门前会检查是否带了手机。大多数大学生在没带手机时会感到不安，甚至有学生逃课回去拿手机。他们在课堂上、吃饭时、睡觉前，甚至上厕所时也是机不离手的。显然，大学生的手机依赖情况已经非常普遍。

二、大学生手机依赖症的成因

导致大学生手机依赖症的因素很多，不仅包含着外界客观因素的影响，还受大学生自身因素的影响。

1. 客观因素

（1）经济与科技的快速发展。经济的发展使手机的价格越来越低，大学生消费得起手机产品。科技的发展使手机功能越来越多样，能够满足大学生的娱乐需求。尤其是短信、上网等功能满足了大学生交往的心理需求，受到大学生的偏爱。

(2)各方面社会支持的减少是导致大学生手机依赖症的重要因素。一些学者对社会支持与手机依赖症的关系进行了研究。韦耀阳的研究认为手机依赖与社会支持呈负相关。韩永佳的研究也证实了手机依赖与社会支持的负相关关系，认为缺乏客观支持的大学生更容易手机依赖。大学生与父母和亲人在一起的时间大量减少，因而他们缺乏父母给予的精神上的支持。而且，大学生活比较独立自由，来自老师的监督和支持相对于中学时期有大幅下降。

(3)大学生手机依赖症的根本原因是手机不良文化的传播。部分大学生因为课余时间较多而感到内心空虚，加上大学生对新奇的东西兴趣强烈，手机通过网络传播的黄色、暴力及反社会等信息很容易吸引他们的注意力。如果没有较强的自制力和良好的引导，大学生很快就会沉溺其中。

2. 大学生自身因素

(1)缺乏自我控制和自我管理的能力是大学生产生手机依赖问题的根本原因。还有学者认为，大学生手机依赖是受从众心理的影响。由于大学生独立性差、自制能力不强且对群体有强烈的依赖感，所以在很多事情上他们往往选择“随大流”。

(2)孤独感能有效预测大学生的手机依赖倾向，孤独的大学生更容易产生手机依赖症。手机是孤独感强的大学生排解苦闷的渠道和发泄情绪的一个工具。

(3)大学生手机依赖与自尊有关。韩永佳的研究表明自尊水平与手机依赖程度呈负相关，自尊水平高的大学生手机依赖的程度相对较低。大学生可以通过手机游戏获得满足感，这也是许多大学生热衷于手机游戏的原因之一。

(4)学者们也对个体的人格特质与手机依赖症的关系进行了研究。有研究发现，黏液质和抑郁质的大学生的手机消费和使用时间比胆汁质和多血质的大学生要少。还有部分学者发现内向的个体更容易对手机产生依赖。

第三节 大学生常见网络心理障碍及行为偏差

中国互联网络信息中心第43次《中国互联网络发展状况统计报告》指出：截至2018年12月，我国网民规模达8.29亿，互联网行业保持高速增长态势。周小燕、许峰、魏晓丽等人的研究显示，目前我国大学生上网率几乎为100%，而我国大学生网络成瘾综合征发生率约为10%，其中城市户口的大学生发生率更高。而网络成瘾综合征对大学生的学习、身心健康、道德意识及人际交往(孤僻、偏激、不善交流)等方面均有影响。

一、大学生常见的网络心理障碍

网络心理障碍是指上网者没有一定理由、无节制地花费大量时间和精力在互联网上进行持续的聊天和浏览，以致损害身体健康，并在生活中出现各种行为失控、心理异常、人格裂变、交感神经功能部分失调等现象。

1. 网络情感障碍

大学生的情感、情绪具有丰富而不稳定的特征，其情感的变化、与他人的互动都建立在周围的现实环境和与人面对面交流的基础上，网络空间不仅不利于大学生情感、情绪的成长和成熟，而且长期沉迷网络，脱离现实环境，还会引起他们情感社会化的不足和情绪的偏离，产生情感障碍，主要表现为以下几个方面。

(1)冷漠。由于长期上网，对外界刺激缺乏相应的情感反应，对亲友冷淡，对周围事物失去兴趣，面部表情呆滞，内心体验贫乏，严重时会对一切都漠不关心。

(2)孤独。网络上过多的信息和刺激使得大学生应接不暇，同时也会使其对现实生活产生厌烦和排斥，失去激情，感到孤独。其表现为在上网时感到刺激和兴奋，离开网络便觉得孤独、精神无所寄托，又想继续上网。久而久之，他们因平时不能正常参与大学集体生活而导致孤独感日益增强。

(3)抑郁。聊天室、BBS、电子邮件、网页对缓解心理紧张、释放学习和生活压力有积极作用。但由于网络的虚拟性，一部分大学生深陷其中不能自拔，导致其正常的人际交流出现困难。更有甚者，一旦停止上网就会出现精神萎靡、寡言少语、思想呆滞、行动迟缓等症状。

(4)空虚。网络是虚拟而又精彩的，现实是客观而真实的。一些大学生常常徘徊在虚拟的网络与客观的现实之间，体验着从网络的精彩跌落到现实的无奈，容易产生心理不充实、苦闷空虚之感。

(5)冲动。一些大学生在网络空间缺少正常的情感，再加上网上浮躁的语言和刺激性画面，常常使他们在现实中遇事不冷静，产生冲动情绪。

2. 网络人格障碍

网络在某种程度上既可以促进大学生人格健康发展，也可以导致其人格走向扭曲，出现人格障碍。

(1)人格虚拟。部分大学生由于长时间痴迷于网络的虚拟空间，常常出现“忘我”境界，习惯于在网络中将自己虚拟成为一个非现实的自我，进行虚拟的网络行为。这种长期脱离自我、脱离现实，以一种似我非我的状态游荡于网络空间的行为，极易形成虚拟人格。

(2)人格封闭。人格封闭表现为依赖网络、封闭自我，导致其在现实中与人交往少、言语不多、思想迟缓。即使他们能在网上与人侃侃而谈，却难以和现实中的人正常交流。他们常常蛰居于网络空间，从而导致生活更加封闭，人格更加孤独，形成恶性循环。

(3)人格变异。传统的伦理道德很难约束人们的网络行为，容易导致人格发生变异。例如，一些大学生因上网而反传统、反主流、缺少责任感、追求异化性格、形成多重人格等，有的甚至散播谣言、热衷浏览黄色网站、崇尚黑客行为、幻想网络犯罪等。

3. 网络交往心理障碍

一些大学生长期沉迷于网络虚拟空间的交往，以“冷冰冰”的人机交流代替“热乎乎”的人际交流，容易产生如下人际交往心理障碍。

（1）孤僻。其表现为言行怪僻而不合群，在网上显得独树一帜，语出惊人，我行我素。

（2）虚伪。网络交往的匿名性淡化了一些大学生在交往中的责任感，引发或强化了他们撒谎、隐瞒、伪装的心理，形成虚伪的交往人格。

（3）多疑。大学生在网络交往中常常会遇到欺诈、侮辱他人等不道德的行为，使其在交往中安全感下降，久而久之会产生多疑、防范等不良交往心理。

（4）社交恐惧。一些大学生在网络交往中越是积极活跃，在现实交往中就越是孤独内向，在这样的恶性循环使其对现实交往产生恐惧心理。

4. 网络性心理障碍

当前社会，互联网正以空前的广度和深度渗透到人们的生活中，大学生是其中最活跃的群体。而大量的黄色网站和色情信息造成大学生的性心理障碍，这些障碍主要包括以下三个方面。

（1）性认知偏离。色情网站通过一些消极、不堪入目的文字、图片、视频以及聊天室、论坛等，传播不健康的性知识，造成涉世未深的大学生在性认知上产生偏差。

（2）贞操观淡化。网络充斥着大量挑战传统性道德、贞操观的内容和信息，诱惑大学生认可并接受，使得大学生在性态度、性观念上比较自由和开放，贞操观念被淡化。

（3）性行为放纵。一些大学生在开放的性观念的驱使下，选择以放纵性行为来宣泄自己的性需求，如在网上寻找性伴侣、在BBS上随意聊性，甚至激情视频等。

当前社会，互联网正以空前的广度和深度渗透到人们生活当中，大学生是其中最活跃的群体。

二、大学生常见的网络行为偏差

最常见的大学生网络行为偏差有网恋、网络成瘾综合征和网上破坏行为。

1. 网恋

互联网的出现，为人类爱情的天空增添了一抹色彩。科技的发展带动了社会的变迁，同时也丰富了人与人的交往形式。谈恋爱不仅仅限于现实世界，在网络的虚幻世界中也同样可以谈情说爱。这种通过上网结识异性朋友而产生的恋情称为网恋。

目前，网站有很多聊天室和聊天软件，正处于青年中期的大学生对网恋行为抱有很大的幻想。根据2016年湖南科技大学的一项关于“大学生网恋”的调查显示，60%的大学生认为，网恋可以接受。

那么，是什么原因使大学生这么容易接受网恋这种恋爱方式呢？大学生网恋的产生除了具有普通恋爱产生的一些原因外，还有其他什么因素促成？细分析起来，主要有以下几个原因：

（1）强烈的情感需求和现实情感途径的压力。正值青年期的大学生具有强烈的情感需求，他们期待友情和爱情，期待和同龄人交流。现在很多大学对大学生谈恋爱持“既不提倡，也不反对”的模糊态度。然而，对大学生来说，家庭与学校的压力使他们不便谈恋爱。但网络恋爱却因其具有隐蔽性而不容易被父母及学校发现，因而正被越来越多的大学生作为情感宣泄的一种方式。

(2)大学生普遍具有的猎奇心理，容易使其选择网恋。相当一部分的大学生具有浪漫情结，他们选择了网恋的新奇、浪漫，试图给自己的大学学习和生活带来快乐。部分大学生甚至认为，网恋没有现实的局限，可以比现实恋爱更生动、更精彩、更迅速和更直接。

(3)网络的隐匿性给网恋提供了充分发展的空间。匿名性是网络最突出的特色之一，人们可以隐瞒自己的真实姓名、性别、身份、学历、地位、职业、外貌、所在地等社会角色标志性信息。在网恋中，网络在缩短彼此时空距离的同时，也在缩短彼此的心理距离。在网上人们可以毫无顾忌地宣泄自己内心深处的快乐、烦恼、孤独和痛苦，表现出在现实中较难出现的真诚。在网上还可以根据自己的喜好扮演一个满意的角色，真实生活中的缺憾可以通过在网上制造出的虚拟环境来弥补，如找异性朋友，即使是性格内向胆小、不擅长交流的大学生，在网络中也能给自己找到自信。

(4)同龄群体的从众性促进了网恋。通常，同龄群体的行为具有从众性，在网恋问题上也有所体现。根据调查，绝大多数(92%)有过网恋经历的大学生，其周围也有人有类似经历。从人际互动的角度上说，家庭背景、思想观念和兴趣爱好等方面有相似性的同龄人之间，最容易发生人际吸引和人际影响。大学生都是20岁左右的年轻人，学习能力强，彼此朝夕相处，周围环境特别是同龄群体的影响就会更加显著。看到自己周围的同学网恋，虽然主观上并没有刻意盲从，但网恋却占据了潜意识中的一定空间，一旦有机会，就容易去尝试。正是这种同龄群体的示范作用，使网恋的大学生数量不断增加。

网恋是恋爱的一种方式，它给人最大的冲击是爱情过程的浓缩。网恋也不乏真实，但网恋具有很大的盲目性和偶然性。事实上，迷恋网络恋情，会使大学生远离正常的社交场合和生活状态，对现实生活采取回避态度，性格变得孤僻。一旦网上恋人欺骗自己或与自己理想中的恋人出现差距，不少大学生就会难以承受，更严重的会导致对个人自尊和价值感的怀疑和否认，影响到以后的情感生活。

爱情是真实的，除非你崇尚柏拉图式的精神恋爱，否则处在网络两端的你和对方迟早要走到阳光下交往。正如有人所言：“让虚幻的归属虚幻，现实的归属现实。”这也许是对待大学生网恋较合适的态度。在这之前，提高警惕并不是什么坏事，毕竟轻信，受伤的只会是自己。

2. 网络成瘾综合征

网络成瘾综合征(Internet Addiction Disorder，IAD)是指由于过度使用互联网从而导致的明显的社会、心理损害的现象。这一术语是由戈登伯格在1986年首先提出，用来描述病态的、强迫性的互联网使用现象。心理学家米歇尔把它定义为强迫性地过度使用网络和剥夺上网行为之后出现的焦躁行为。

网络成瘾综合征通常的症状有以下几方面：一是耐受性，即只有不断增加上网的时间才能达到原有的满足感。二是戒断症状，如停止或减少网络的使用时会出现典型的焦虑，有关上网的幻想或做梦、强迫性考虑上网的事、随意或不随意的手指打字动作等戒断症状。三是病态行为，主要包括5种行为。

（1）上网冲动控制障碍，整天一心只想上网，沉溺于网络中不能自己，经常冲动性检查电子邮箱，下网后仍想着上网，期待着下次上网，为了有更多时间上网，而改变生活方式、睡眠习惯或通宵上网，不注重个人卫生。

（2）逃避行为，社会交往活动减少，宁愿在网上与人交流，也不愿进行面对面的交流；将上网作为逃避问题或解除无助、内疚、焦虑或抑郁等情绪的一种方式；忽视对亲人、朋友等的个人责任。

（3）网络性行为，经常访问色情网站，大量下载色情图片或影像，在网上不断更换性伴侣，相互调情及进行虚拟性爱，以满足性刺激。

（4）否认上网花费了太多的时间，向亲人、朋友等说谎以隐瞒自己迷恋互联网的程度和上网所花费的时间。

（5）认知适应不良，包括认知自我和认知外部世界。对自我的曲解认知有自我怀疑、自我负性评价，对外部世界的曲解认知有以偏概全或非此即彼。这些曲解认知加强了患者对互联网的依赖。

破译心灵密码

网络成瘾综合征的类型与治疗方法

根据美国心理学家Armstrong研究，网络成瘾综合征至少包括5种类型。

（1）色情网络性成瘾（cyber-sexual addiction），指沉溺于成人网站里的成人话题聊天或沉迷于观看、下载和交换色情作品。

（2）网络关系成瘾（cyber-relational addiction），指沉溺于在线聊天或通过网站结识网友以及进行网恋。

（3）网络强迫行为（net compulsions），指对在网上交易、网上购物、网上在线赌博有难以抗拒的冲动。

（4）网络信息成瘾（information overload），指强迫性地从网上收集无用的、无关系的或者不迫切需要的信息，伴随着具有强迫性冲动倾向和工作效率下降两个典型特征。

（4）计算机成瘾（computer addiction），包括不可抵制地长时间玩各种电脑网络游戏或编写程序。

对于网络成瘾征患者的治疗措施可以按轻重两种程度分别加以对待。程度较轻的网络成瘾者可以通过自我调适摆脱网络成瘾的困扰，主要采用以下方法：一是科学安排上网时间，合理利用互联网。首先，要明确上网的目标，上网之前应把具体要完成的工作列在纸上，有针对性地浏览信息，避免漫无目的地上网。其次，要控制上网时间。每天上网累积时间不应超过一个小时，连续上网一小时后要休息30分钟左右。最后，应设定强制关机时间，准时下网。二是用转移和替代的方式摆脱网络成瘾。用每个人所特有的其他爱好和休闲娱乐方式转移注意力，使其暂时忘记网络的诱惑。例如，喜欢体育运动的人可以通过打球等方法有效地转移注意力，以减少其对网络的依赖。三是培养健康、成熟的心理防御机制。研究表明,网络成瘾与人格因素(个性因素)有关,一定的人格倾向使个体易于成瘾,网络只是成瘾的外界刺激之一。因此,要不断完善自己的个性,培养广泛的兴趣爱好和较强的个人适应能力,学会合理宣泄,正确面对挫折,只有这样才会形成成熟的心理防御机制,不会一味地躲在虚拟世界中逃避失败与挫折。

程度较重的网络成瘾者的治疗可以通过以下方法达到治愈的目的:一是直接隔断其与网络的联系。成瘾程度较重的人往往是在下意识的状态下上网的。对于那些明知过度上网只会加重症状而不能自制的成瘾者,可以在他们的亲戚、朋友的帮助下将其与电脑完全隔离一段时间,让他们在这段时间里培养其他的兴趣爱好或者重新安排有序的生活,待到他们能够完全摆脱网络成瘾的困扰后,再针对性地帮助他们科学地安排上网时间。二是寻求心理医生的帮助。通过心理咨询,让心理医生与网络成瘾者之间建立良好的医患关系。这样可以从精神上给成瘾者理解和支持,调动他们的积极性,树立治愈的信心;心理医生会根据成瘾者的痴迷程度,用准确、生动、专业、亲切的语言分析"电子海洛因"的危害以及网络成瘾形成的原因、过程和治疗措施,逐步帮助患者摆脱网络成瘾综合征。

3. 网上破坏行为

网上破坏行为是指网络黑客的恶意攻击、编制和传播计算机病毒、在网上对他人实施辱骂和人身攻击等行为。

(1)网络黑客。网络犯罪行为中最严重的当属网络黑客行为。黑客(hacker)是指利用通信软件,通过网络侵入他人系统,截获或篡改计算机数据,危害信息安全的电脑入侵者或入侵行为。黑客违法犯罪活动已成为一种严重的问题,其各种破坏活动也随之猖獗:巨额资金被盗取、政府数据被篡改、商业机密被窃取、交通指挥失灵、军事情报泄露、网络突然瘫痪等。

(2)编制和传播计算机病毒。编制和传播计算机病毒也是一种严重的网上破坏行为。所谓计算机病毒,是指在计算机程序中插入的破坏计算机功能、毁坏数据、影响计算机使用,并能自我复制的一组计算机指令或者程序代码。由于传染和发作都可以编制成条件方式,就像定时炸弹一样,所以计算机病毒有极强的隐蔽性和突发性。目前,已发现的计算机病毒种类大约有几十万种。近年来,五花八门的病毒在极短时间内通过网络迅速传播,使数百万台电脑中毒,造成重大损失的例子并不少见。

(3)对他人实施侮辱谩骂和人身攻击。恶意的灌水和刷屏,全然不顾现实中的社会道德。另外,还有部分大学生在网上发表过激言论、散布政治谣言、发表不健康文章;甚至还有大学生对网上境外恐怖分子和西方反动势力的反动宣传进行附和,这都是造成高校不稳定的因素。

案例分析

网上疯传女大学生被奸杀,谣言散布者被行政拘留

2004年,一条关于"广西工学院一女生被民工奸杀"的帖子,先后出现在广工校园网和广西一家网站的"柳州论坛"上,引起了网民的关注。记者立即对此事展开调查,证实帖子所言纯属谣传，散布谣言的一名广西工学院男生于9月23日被公安部门行政拘留。

重庆大学生在网上散布“针刺”谣言被拘3天

重庆交通大学公路与城市道路工程专业2006级本科生皮某某，在与母亲通电话时，听说家乡有针刺事件发生，在未经核实的情况下，皮某某于2009年10月20日晚，以《我热，针刺事件居然闹到重庆来了》为题，在贴吧发帖，引起众多网民浏览或回帖，后被警方抓获。警方称其行为客观上已构成了违法事实。

大学生散布谣言“江苏有地震，世博将取消”被严查

2010年4月20日，大学生江某听信了网友讲的有关地震的谣言，于当晚将“近期江苏有地震，上海世博会将取消”的虚假消息发到网上。随即有群众向警方举报，警方根据线索将江某抓获。

点评：大学生作为祖国之栋梁，在自觉抵制网络谣言上理应负有更多的责任。大学生群体具有较高水准的学识与素养，对真伪、善恶具备较强的分辨能力。因此，广大青年朋友们应通过观察社会、体验生活，更好地练就一双自觉辨识谣言的“火眼金睛”。

由于网络的隐蔽性，近年来，我国的网络违法犯罪案件呈明显上升趋势。随便在任何一个网站只要输入“网络犯罪”四个字，就能搜索到几百甚至上千条相关新闻。诈骗、恐吓、敲诈勒索、非法传销、赌博甚至杀人等传统犯罪形式，已经悄悄在网络的虚拟空间蔓延开来。而大学生作为网络的主要使用人群，其网络行为应该成为我们社会重点关注的问题。

第四节　大学生应如何对待网络

互联网是一把双刃剑。马克思曾经说过：“新技术对人类行为和社会结构的影响是无法想象的。”网络既是一种新的认识武器、认识工具，又是一种新的知识资源和新的生产力。因此，在网络时代，大学生不能因为网络的负面影响就对网络视而不见或“谈网色变”。我们的态度应该是：主动掌握互联网这个工具，全面学习网络知识和技术，擅于应用网络为我们的学习和生活服务。

一、正确掌握和应用互联网知识

截止到2018年3月，据微信官方发布的数据，我国微信月活跃用户数已近11亿。现在大学同学之间、师生之间会使用电子邮箱、QQ群、飞信、博客、微信等网络新平台来实现沟通和互动。这些方式方便快捷高效，成为大学校园一种新的生活方式。因此，我们应该客观对待网络的利弊。大学生作为利用网络最多的群体，应积极利用网络优势，打造主流阵地，开发信息资源，使其真正为人所用，引导更多的人参与到有益的网络活动中。

二、端正上网目的和动机

中国互联网络信息中心(CNNIC)发布的第43次《中国互联网络发展状况统计报告》显示,大专以上学生占到了网络用户总数的20.4%。可见,上网用户受教育程度普遍较高,这也是信息时代高速发展的需要。然而,我们发现,聊天和游戏基本上成了目前部分大学生上网的主旋律。他们上网已不是利用网络搜集信息、查找资料,而是把网吧变成"聊吧",整天上网聊天,更有甚者终日上网玩游戏。至于网络的基础知识、综合技能,尤其是如何将利用网络与自身的专业学习、人生发展、兴趣爱好结合起来,大部分学生是一片茫然的。此外,大学生应在上网之前确定上网的目标,限定上网的时间,提高效率。只有这样,我们才能真正地把网络作为一个媒介、一个工具来使用,才能使它更好地为我们服务。

三、规范上网行为

规范上网行为主要体现在大学生上网过程中的遵纪、合法和守德三个方面。遵纪指的是大学生在上网时要遵守纪律制度,将其作为自己网络行为的准则。比如,在公共场合不大声喧哗、维护安静有序的上网环境、听从网络管理人员的管理和劝导、不破坏网络安全和网络秩序等。合法指的是大学生的网络行为应当合乎我国当前的网络法规和条例,不在网上做违法的事情,包括涉及网络管理、信息安全、网络通信、密码管理等方面的法规及条例。守德指的是大学生的网络行为要符合伦理规范,如诚实守信、公正公平、尊重他人隐私、尊重知识产权、保守秘密等。

针对网络道德弱化这一特点,在现阶段尤其应该强调道德的规范作用。大学生应自觉遵守有关网络的社会法律规范和道德规范,营造健康文明的网络道德氛围,培养自我教育和控制能力,做一个高尚的网络人。团中央、教育部等单位联合向社会发布的《全国青少年网络文明公约》明确提出"五要五不":要善于网上学习,不浏览不良信息;要诚实友好交流,不侮辱欺诈他人;要增强自我保护意识,不随意约会网友;要维护网级安全,不破坏网络秩序:要有益于身心健康,不沉溺于虚拟时空。这一公约也符合中央确立的《公民道德建设实施纲要》的要求。

四、积极参加社会活动

大学生应当认识到网络的各种优点并不能完全替代现实生活,网络生活只能作为现实生活中的一部分。虽然网络具有连接虚拟世界的功能,但是这种虚拟是无法取代现实的。理想是一只风筝,现实是一根线。线有多长,风筝就能飞得多高、远。风筝和线不能脱离,否则,风筝只能眼睁睁地躺在地上,而线也不过是一团棉丝或纤维罢了。

由于人们生活水平逐渐提高,不少大学生的室内活动多,户外活动少;模拟体验多,生活体验少;间接体验多,直接体验少。大学阶段是人们人际交往能力和人际关系形成的重要时期,由于网络交往与传统的具有亲和感的人际交往大不相同,往往难以形成真实可信的、安全的人际关系。在网络上,人们摄取信息时越来越依赖于间接和抽象的符号系统,使他们以一种彻底的外在化、符号化的方式和冷冰冰的操作伦理来面对真实的社会，势必会在一定程度上弱化个体与真实世界交往的能力。由于现实的、亲和感的人际交往机会大大减少，个体会产生紧张、孤僻、情感缺乏等心理问题，有些甚至会产生人格障碍和人际交往障碍，只会纸上谈兵，无法面对真实的社会。针对当前大学生网络依赖度过高、体育锻炼意识不够、身体素质堪优等问题，2014年团中央、全国学联联合教育部、国家体育总局，在全国高校开展了以“走下网络、走出宿舍、走向操场”为主题的群众性课外体育锻炼活动。一段时期以来，这项被大家简称为“三走”的活动，逐渐成为校园生活的一道亮丽风景。因此我们提倡大学生多些自然体验，让强健体魄、健康生活成为大学校园经久不息的新风尚。

五、进行心理咨询

网络成瘾综合征是人为造成的，只要加强自我保健，便可防治，具体要求是早发现、早节制，理智上网。出现早期症状时，应及时停止操作并休息。一旦确定自身已对网络形成了一定的依赖，具有成瘾现象时，不要紧张，应该及早求助专业人士，进行干预治疗。现行可应用多种心理治疗的方法，如美国人本主义代表性学者罗杰斯提出的“来访中心法”认为，人性都是积极向上的，且都有能力发现自己的缺陷和不足并加以改进。该方法不在于操纵一个被动的人格，而是协助来访者自省自助，充分发挥其潜能，以达到自我实现的目的。当然，也可以采用行为疗法，通过对环境的控制来改变人的行为。其目的在于强化环境，以使患者模仿或消除某一特定的行为习惯，建立新的行为方式。常用的技术包括放松训练、系统脱敏法、厌恶疗法等，其核心是控制环境和实施强化，促进患者保持良好的行为，矫正不良行为。此外，我们还可以借助有关食物和药物进行治疗。例如，由于眼睛长时间注视电脑显示屏，视网膜上的感光物质流失过多，应该注意多吃胡萝、豆芽、瘦肉、动物肝脏等富含维生素A和蛋白质的食物，以及经常喝些绿茶等。如果病症严重，还可以采用专用药物进行控制和治疗。

思考与学习

(1)大学生网络使用的现状是怎样的？

(2)结合自己的生活谈谈大学生该如何对待网络？

(3)大学生手机依赖的成因有哪些？

心理训练营

网瘾四阶段脱瘾

1. 依赖网络

症状：学校老师布置的作业，自己不动脑筋，全部依赖互联网去完成。

对症下药：除了要充分认识到互联网的优势和危害，预防和避免自己沉迷其中外，还要在网络的使用、坐姿、上网时间等方面控制自己，特别是要注意生理上的健康，如上网时注意眼睛的保健，每隔1小时站在窗前远眺，还可使用缓解视力疲劳的眼药水。保持正确的坐姿，使用直背椅子，这样就不会弯着脖子、驼着背上网。保证维生素正常摄入，多吃一些有利于大脑的营养丰富的食品，如苹果、卷心菜、豆制品等；尽量不要长期喝咖啡,可选择用一些能增加能量、放松情绪的保健饮料。经常到户外走走,每周做3～4次有氧健身运动,每次20～30分钟,慢跑、散步和骑自行车等都能有效地锻炼身体。

2. 迷恋网络

症状:一天不上网就觉得难受,但在外界的干扰下可以控制。

对症下药:要把每天上网的时间控制在1个小时以内,如果一下子适应不了,可以逐步缩短上网时间。经常与父母、朋友、同学进行心理上的交流,避免和父母关系疏远,和同学、朋友关系冷淡。积极参加课外活动,参加书法、绘画、民族乐器等兴趣培训班,培养兴趣爱好,陶冶情操;多参加体育活动,如打篮球、踢足球、游泳、爬山等,既锻炼了身体,也放松了心情;还可以参加学校组织的联谊、夏令营活动等。暑假时,可以制订假期计划,和家人、朋友外出旅游或参观,用体验式的现实活动来控制自己对互联网的过度沉迷。

3. 网络成瘾

症状:意志力已经被网络摧垮,不上网就失魂落魄,再怎么干预也无用。

对症下药:这个时候你已经有必要对自己进行强制约束了,要实行公开上网、限时上网,有目的地培养自我监控能力和良好的上网习惯。同时,对电脑进行控制,如对电脑防火墙进行设置,并且把电脑放在醒目的地方,不要放在卧室里,最好放在客厅,便于控制上网的时间。面对家长的说教和责骂,不要一味地采取抵触情绪,要主动地与他们沟通交流,请父母一起帮助你摆脱网瘾,可以要求父母陪你一起进行体育锻炼。要加强营养,因为沉迷网络会影响身体健康,对身体的生长发育不利。要积极参加其他活动,多与人交往,多创造人际交流的机会,把压抑的情绪通过正常的人际交流宣泄出来,让自己体验到现实人际交往的快乐,从而重建自信。

4. 完全沉迷

症状:全身心地沉迷到网络中,上网时间过长,对身体健康已经造成严重损害。

对症下药:发展到这一程度,你就必须接受生理和心理的双重治疗了。你可以要父母带你到专业医院或脱瘾中心进行药物治疗,也可以在社区、学校相关人士的帮助下进行治疗,因为这个阶段的脱瘾应该是综合的,从生理、心理、药物各个层面多管齐下进行治疗。一方面,用中药调理加西药治疗,还可以采用物理仪器调整患者体内的内分泌平衡,以改善大脑功能和心理状态,建立积极的心理防御机制,使身心获得解脱;另一方面,要积极接受心理医生的专业治疗,主动将心中的烦恼、困惑、焦虑等感受告诉医生或心理专家,以期其能帮助自己排解心理困扰。只要你有毅力、有恒心,就一定可以摆脱网瘾的魔爪,回到正常的学习生活中。

心理小测试

网络依赖度问卷

这个测试是给那些怀疑自己的网络行为已经开始成瘾的网友对自己进行评价准备

的。如果你有兴趣，请对以下20个陈述，根据自己的实际情况进行选择。

(1)你发现自己待在网上的时间会超出预计时间。(　　)

A. 罕见　B. 偶尔　C. 较常　D. 经常　E. 总是

(2)由于上网时间太多，以致忘记了要做的事情。(　　)

A. 罕见　B. 偶尔　C. 较常　D. 经常　E. 总是

(3)你觉得上网的愉悦已经超过了与伴侣间的亲昵。(　　)

A. 罕见　B. 偶尔　C. 较常　D. 经常　E. 总是

(4)你会与网上的人建立各种关系。(　　)

A. 罕见　B. 偶尔　C. 较常　D. 经常　E. 总是

(5)你的亲友会抱怨你花太多的时间在网上。(　　)

A. 罕见　B. 偶尔　C. 较常　D. 经常　E. 总是

(6)由于你花在网上时间太多，以至于耽误了自己的学业或工作。(　　)

A. 罕见　B. 偶尔　C. 较常　D. 经常　E. 总是

(7)你宁愿去查收电子邮件，也不愿去完成必须做的工作。(　　)

A. 罕见　B. 偶尔　C. 较常　D. 经常　E. 总是

(8)上网影响了你的学习或工作。(　　)

A. 罕见　B. 偶尔　C. 较常　D. 经常　E. 总是

(9)你会尽量隐瞒你在网上的所作所为。(　　)

A. 罕见　B. 偶尔　C. 较常　D. 经常　E. 总是

(10)你会同时想起网上的快乐和生活的烦恼。(　　)

A. 罕见　B. 偶尔　C. 较常宣　D. 经常　E. 总是

(11)在你准备开始上网时，你觉得早就渴望上网了。(　　)

A. 罕见　B. 偶尔　C. 较常　D. 经常　E. 总是

(12)没了互联网，生活会变得枯燥、空虚和无聊。(　　)

A. 罕见　B. 偶尔　C. 较常　D. 经常　E. 总是

(13)上网被人打扰时，你会恼怒或吵闹。(　　)

A. 罕见　B. 偶尔　C. 较常　D. 经常　E. 总是

(14)深夜因上网而睡不着觉。(　　)

A. 罕见　B. 偶尔　C. 较常　D. 经常　E. 总是

(15)睡觉时，你仍全身心想着上网或幻想着上网。(　　)

A. 罕见　B. 偶尔　C. 较常　D. 经常　E. 总是

(16)你老想着再多上一会儿网。(　　)

A. 罕见　B. 偶尔　C. 较常　D. 经常　E. 总是

(17)你尝试减少上网时间，但却失败了。(　　)

A. 罕见　B. 偶尔　C. 较常　D. 经常　E. 总是

(18)你会向人掩饰自己上网的时间。(　　)

A. 罕见　B. 偶尔　C. 较常　D. 经常　E. 总是

(19)你选择花更多的时间上网,而不是和别人出去玩。( )

A. 罕见　B. 偶尔　C. 较常　D. 经常　E. 总是

(20)当你外出不能上网时,你会感觉到沮丧、忧郁和焦虑,但一旦上网了,这些感觉就消失了。( )

A. 罕见　B. 偶尔　C. 较常　D. 经常　E. 总是

评分标准:

选择A计1分,选择B计2分,选择C计3分,选择D计4分,选择E计5分,请按你的选择计算总分。对照以下不同分数段的解释,评判自己对网络的依赖程度。

24～49分:你是一个一般的上网者,只是有时会上得多些,但总体上仍能自我控制,尚未达到沉溺的程度。

50～79分:由于上网已经开始引起一些问题了,你应该谨慎对待上网给你带来的影响以及上网对家庭其他成员带来的影响。

80～100分:上网已经给你和你的家庭生活带来了很多问题,你必须马上正视并予以解决。

第八章　生如夏花之绚烂，死如秋叶之静美
——大学生生命教育

上天生下我们，是要我们当作火炬，不是照亮自己，而是普照世界。

人生本来就是一种广义的艺术。每个人的生命史就是他自己的作品。

长养慈心，勿伤物命，充此一念，可为仁至。

我们敬畏地球上的一切生命，不仅仅是因为人类有怜悯之心，更因为它们的命运就是人类的命运。我们敬畏生命，也是为了更爱人类自己。

生命唯因其短，故应把它化入人类最壮丽的文明史中以获得永恒；生命也唯因其短，更要加倍珍惜每刻青春，使它在有限的生命线段内尽可能发出最大的光和热。

人的生命是自然生命、精神生命和价值生命的统一体。自然生命是价值生命的载体，精神生命、价值生命是自然生命的灵魂，舍弃其中的任何一个，生命都是不完整的。对自然生命，我们应该尊重、关爱和珍惜。对精神生命和价值生命，我们则应在充分理解生命意义的基础上，提升我们的精神生命和价值生命，使我们的生命更富有价值和意义，不至于流于平庸。

心理定律

成为自己

我们的生命的根本动力是成为自己。

美国人本主义心理学的代表人物马斯洛认为，人有5个层次的需要：生理需要、安全需要、归属需要、自尊需要、自我实现的需要。

按照另一位人本主义心理学的代表人物罗杰斯的话来说，所谓自我实现的需要，就是成为自己。

什么是自己，我们又怎样可以成为我们自己？

罗杰斯认为，所谓自己，就是一个人过去所有的生命体验的总和。假若，这些生命体验是我们被动参与的，或者说是别人的意志的结果，那么我们会感觉我们没有在做自己。相反，假若这些生命体验是我们主动参与的，是我们自己选择的结果，那么不管生命体验是快乐还是忧伤，我们都会感觉我们是在做自己。

是不是在做自己，这一点极为关键。如果我们感觉不是在做自己，那么不管别人的

意志看似多么伟大或美好,我们都会感觉很不舒服,并会做一些看似莫名其妙的事情。看上去,这些事情像是自毁或伤害别人,但其实我们不过是在用这些事情来唤醒自己的意志。

以美国明星布兰妮·斯皮尔斯为例。她在演唱事业上获得了极大成功,但是,这个成功不是她的意志的胜利,而是她妈妈林恩的意志的胜利。从两三岁开始,妈妈一直带着她转战美国各地,用尽各种办法为她谋取演唱的空间。为此,她没有了童年,只有13～15岁期间,过了两年普通女孩的生活,还有了初恋男友。但林恩为了在女儿身上实现自己的野心,迫使这个男孩离开了布兰妮。这只是布兰妮母女关系的一个缩影,其实布兰妮的妈妈在各个方面都想操控女儿的一切。

按照通常的观点,布兰妮的妈妈在教育布兰妮上是无比成功的,她用非凡的手腕和坚强的意志把女儿塑造成了超级明星。从布兰妮的角度来看,妈妈这样的塑造似乎也是值得称道的,毕竟她是在妈妈的推动下获得了非凡的成功。然而,布兰妮的内心深处却不这么看。譬如,在精神近乎崩溃的时候,布兰妮在一家疗养中心不断对别人说:“我是骗子!我是冒牌货!”这句话的意思其实很简单,意思就是:你们在我身上看到的所谓成功不是我的,而是我妈妈的,她通过我的身体实现了她的梦想。这看似很好,但布兰妮的意志却被剥夺了,她远远没有成为自己,而只是“妈妈的自己”的延伸。

与心理成长的定律相对应的,是破碎。所谓破碎,意思就是,如果我们的成长环境明显违背了这些定律,我们的心灵就会受伤,我们的生命感觉就会出现破碎。

第一节 生命的意义

生命的意义是一个解构人类存在的目的与意义的哲学问题。这个概念通过许多相关问题体现出来,例如,“我为何在此?”“什么是生命? ”“生命的真谛是什么?”。在历史长河中,它也是科学以及神学一直思索的主题。先人在不同的文化环境与意识形态背景下给出了多元化的答案。

一、认识生命

生命的含义有广义和狭义之分。广义的生命是指生物体所具有的活动能力。它是蛋白质存在的一种形式,其最基本的特征就是蛋白质能通过新陈代谢不断地跟周围的环境进行物质交换。狭义的生命主要指人的生命,而人的生命不仅仅是一个生与死的物质生命过程,还是一个精神生命过程。

心灵故事

生命的奇迹

她的命原本就是捡来的。4年前,她25岁,本该生如夏花的璀璨年华,别的姑娘都谈婚论嫁了,而她,却面容发黄、身体枯瘦,像一株入冬后被寒风吹萎了的秋菊。起初,她并不在意，后来，肚子竟一天天鼓起来，去医院后，才知道是肝出了严重的问题。

医生说，如果不接受肝移植，只能再活一个月。所幸，她的运气好，很快便有了合适的供体，手术也很成功——她的命保住了。

她是个女人，度过了险滩，生命的小船还得沿着原来的航向继续。两年前，她结婚，嫁为人妻。一年前，当她再次到医院进行手术后常规例行检查时，医生发现，她已经怀孕3个月了。

孕育生命，是一个女人对自己生命极限的一次挑战，更何况是她，一旦出现肝功能衰竭，死神将再次与她牵手。这一切，她当然懂得，但是，她真的想做母亲。需要付出什么代价，她都舍得，她要的，就是这个结果。

2004年3月18日，医生发现胎儿胎动明显减少，而她又患有胆汁淤积综合症，可能导致胎儿猝死，医院当机立断给她做了剖腹产手术。是个男孩，是一个像一只小猫一样脆弱的生命，体重仅2公斤，身长42厘米。虽然没有明显的畸形，但因为没有自主呼吸，随时可能出现脑损伤及肺出血，只好借助呼吸机来维持生命。

而这一切，她都不知情，因为她自己能否安全度过产后危险期，都还是个未知数。她要看孩子，丈夫和医生撒谎称，孩子早产，需要放在特护病房里监护。

自己不能去看孩子，她就天天催着丈夫替她去看。等丈夫回来了，她便不停地问，儿子长得什么样？到底像谁？他现在好不好？有一天，她说做梦梦见了儿子，但是，儿子不理她。

7天过去了，她一天天好起来，天天嚷着去看儿子。但孩子，仍然危在旦夕，情况没有一丝好转。怎么办呢？医生和丈夫都束手无策。只是，再不让她去看孩子，已经说不过去了。但愿，她是坚强的。

第八天，她来到了特护医房。看到氧气舱里，皱皱的、皮肤青紫的儿子浑身插满了管子，她无声地落泪了。医房里鸦雀无声，所有人都不知道该怎样安慰这个心碎的母亲，甚至不知道该怎样向她解释这一切。

她打开舱门，把手伸进去抚摸着儿子小小的身躯和他手可盈握的小脚丫。一下一下，她小心翼翼地，像在抚摸一件爱不释手的稀世珍宝。那一刻，空气也仿佛凝固了。

突然间，奇迹出现，出生后一直昏迷的婴儿，竟然在母亲温柔的抚摸下第一次睁开了眼睛。医护人员欢呼雀跃着，那个7天来一边为儿子揪心，一边又只能在妻子面前强颜欢笑的男人，此时此刻，泣不成声。而她，痴痴地、久久地与儿子对视着。

第九天，婴儿脱离了呼吸机，生命体征开始恢复。

第十一天，婴儿从开始每天只能喝2毫升牛奶，发展到可以喝下70毫升牛奶。而且他的皮肤开始呈现正常婴儿一样的粉红色，自己会伸懒腰、打哈欠，四肢活动自如，哭声洪亮。

第十二天，她抱着她的儿子——她用命换来的儿子、她用爱唤醒的儿子，平安出院。当天各大报纸有消息说，全国首例肝移植后怀孕并生产的妈妈今日出院。她的名字叫罗吉伟，云南盐津人。每天都有类似的新闻，不过是在报纸上的一角，仿佛与我们的生活无关。但是，又有谁了解，在这背后，一个母亲所创造的生命奇迹。

二、感恩生命

如果我们要享受生命、欣赏生命，就应该懂得珍惜和感恩，把一切微小的恩赐都善加珍惜和利用，这样我们便连抱怨的时间也没有了。记住幸福并不是必然的！世界上每个人在其生命中都有很多值得感恩的人和事。一个人从呱呱坠地的那一天起，首先是要在父母的精心哺育下一天天健康成长。当他慢慢懂事，到了需要接受教育的时候，又会有很多老师给他灌输宝贵的知识和做人的道理。当他碰到了困难时，还会有不少小伙伴热心地帮他排忧解难。当他一天天成长，能够更多地接触社会的时候，自然也免不了接受别人的帮助。

心灵故事

永不放弃

力克·胡哲（Nick Vujicic），生于澳洲，天生没有四肢，医学上将这种罕见的现象取名为“海豹肢症”，但令人不可思议的是：骑马、打鼓、游泳、足球，力克样样皆能，在他看来是没有难成的事。他拥有两个大学学位，是企业总监，并于2005年获得“杰出澳洲青年奖”。他为人乐观幽默、坚毅不屈，热爱鼓励身边的人。未满不惑之年的他已踏遍世界各地，接触人数也已逾百万，激励和启发许多人的人生。随着力克的成长，他学会了怎样应付自身的不足而且开始做越来越多的事。通过自己人生的点点滴滴、令人难以置信的幽默和与人沟通的能力，力克深受孩子、少年和青年人的喜爱，并成为使人备受鼓舞的演说家。

力克·胡哲出生于1982年12月4日。他一生下来就没有双臂和双腿，只在左侧臀部以下的位置有一个带着两个脚指头的小“脚”。看到儿子这个样子，他的父亲吓了一大跳。他的母亲也无法接受这一残酷的事实。父母对这一病症发生在他身上感到无法理解，多年来到处咨询医生也始终得不到医学上的合理解释。“我母亲本身是名护士，怀孕期间一切按照规矩做，”英国《每日邮报》7月1日援引力克·胡哲的话报道，“但她一直都在自责。”

但是，力克·胡哲的双亲并没有放弃对儿子的培养，而是希望他能像普通人一样生活和学习。“父亲在我18个月大时就把我放到水里，”力克·胡哲说，“让我有勇气学习游泳。”力克·胡哲的父亲是一名电脑程序员，还是一名会计。力克·胡哲6岁时，父亲开始教他用两个脚指头打字。后来，父母把他送进当地一所普通小学就读。力克·胡哲行动得靠电动轮椅，还有护理人员负责照顾他。母亲还为他发明了一个特殊的塑料装置，可以帮助他拿起笔。没有父母陪在身边，力克·胡哲难免受到同学欺凌。“8岁时，我非常消沉，”他回忆说，“我冲妈妈大喊，告诉她我想死。”10岁的一天，他试图把自己溺死在浴缸里，但是没能成功。在这期间双亲一直鼓励他学会战胜困难，他也逐渐交到了朋友。直到13岁那年，力克·胡哲看到一篇刊登在报纸上的文章，介绍一名残疾人自强不息，给自己设定一系列伟大目标并完成的故事。他受到启发，决定把帮助他人作为人生目标。如今，回想起那段倍感艰辛的学习经历，力克·胡哲认为这是父母为让他融入社会做出的最佳抉择。他说：“对我而言，那段时间非常艰难，但它让我变得独立。”事实上，他现在已经获得了两个学位。

经过长期训练，残缺的左"脚"成了力克·胡哲的好帮手，它不仅帮助他保持身体平衡，还可以帮助他踢球、打字。他要写字或取物时，也是用两个脚趾头来夹取笔或其他物体。"我管它叫'小鸡腿'，"力克·胡哲开玩笑地说："我待在水里时可以漂起来，因为我身体的80%是肺，'小鸡腿'则像是推进器。"

游泳并不是力克·胡哲唯一擅长的体育运动，他对滑板、足球也很在行，"最喜欢英超比赛"。他还能打高尔夫球。他在击球时，用下巴和左肩夹紧特制球杆，然后击打，并击打成功。后来，胡哲还在美国夏威夷学会了冲浪。他甚至掌握了在冲浪板上360度旋转这样的超高难度动作。由于这个动作属首创，他完成旋转的照片还刊登在了《冲浪》杂志封面。"我的重心非常低，所以可以很好地掌握平衡，"他平静地说。由于力克·胡哲的勇敢和坚忍，2005年，他被授予"澳大利亚年度青年"称号。

当你读完这个故事时，是否对生命的顽强有了更加深刻地理解和认识。我们自己或者是身边的一些健全人在遇到一点困境时会整天满腹牢骚、怨天尤人，甚至有的人选择结束生命以寻求解脱。不知道大家在了解了力克的人生经历后，是否会感到我们的渺小和无知？

力克是一个"企鹅人"，因为他全身能够支配的就只有小鸡腿大小的两根脚趾，却表现出了健全人所无法比拟的乐观和奔放。也许是生活的磨难让力克更加坚强，也许是生命的极限创造了力克的生命奇迹，也许力克就是上天派来的具有顽强生命的天使。看到力克，我们有理由鄙视那些漠视生命的人。力克尽管身体高度残疾，但是他很阳光，更爱生活。他没有双手，却能用心来拥抱生活；他没有双脚，却一样将足迹留在世界每一个需要的地方。是力克让生命呈现出别样的精彩。

人的一生会遇到许多挫折、失败、不公平，于是很多人因此喜欢把自己摆在"受害者"的角色上，难以自拔。但是当苦难过去，我们回头审视过去种种不幸的经历时，我们就会感恩那些苦难帮助了我们成长。其实，顺境、逆境都是人生的一部分，逆境是为顺境打底色，而顺境则是对健康走出逆境的人的奖励。

上天是公平的，他把你的门关上，就会给你留一扇窗。我们要做的，不是埋怨上天把门给关上了，而是努力找到那一扇窗。人生活在世上必然有他活着的意义，就算你身体有缺陷，但只要你愿意，我们还是可以为社会做出贡献的！或用自己的坚强来感染他人，或用智慧为科学做贡献。也许路会比别人难走，但这也意味着你会比别人做出更大的贡献！

二、把握生命

生命不单单是一个"是"，也是一个"成"，因此我们不仅要问"我是谁？"，还要问"我能成为谁？"。

心灵故事

破灭的希望

心理学家把一只小白鼠放在一个特制的箱子里，这个箱子被一个隔板分隔成两部分。当小白鼠熟悉了环境后，心理学家就会给出一个铃声作为信号，铃响之后，小白鼠所在一侧的箱底就会通电。小白鼠受到电击，就会本能地逃窜，碰巧跃过隔板跳到箱子的另一侧就安全了。几次下来，小白鼠学会了铃声一响就赶紧跳到另一侧以躲避电击。可是研究者后来增加了隔板的高度，以至于小白鼠无论如何努力都跳不过去。在尝试了多次失败之后，铃声再响起，小白鼠还跳吗？当然是不跳了，因为跳也是白跳。实验并没有到此为止，研究者后来又降低了隔板的高度，甚至比小白鼠第一次跳过的隔板还低，可是铃声响了，小白鼠仍然不跳，因为它已经“习得无助”了！

大学生都知道，努力学习就可以有好成绩。一般而言，当人们在获得了相应的知识、技能后，自我效能感就会成为行为的决定因素。上述实验中的小白鼠在遭受多次失败打击之后，并不是他没有能力跳过隔板，而是经历过多次失败后，对未来丧失了信心，这在心理学上叫作“习得性无力感”。

因此，这个世界上没有绝望的处境，只有处境绝望的人。在我们周围，绝大多数人都对未来有过美好生活的憧憬，但真正达到目标，实现理想的人却少之又少。究其原因，是产生理想的意念太弱与实现理想这个目标的过程太长，期间会有许多因素改变一个人的人生观和世界观。如果我们不能梳理出明确、清晰的人生目标，以至于让目标云遮雾罩、时隐时现，那么当我们向目标奋进时，便无法知道我们自己究竟向目标靠近了多少，无法体会抵达成功的成就感，我们的心灵就会倦怠，热情就会受挫折，直至失去毅力和耐心，落得个前功尽弃。

第二节　大学生心理危机

一、大学生心理危机的概念及其特点

1. 心理危机的概念

一般而言，危机（crisis）有两个含义，一是指突发事件；二是指人所处的紧急状态。而心理危机是指当个体遭遇的重大问题或变化使个体感到难以解决、难以把握时，平衡就会打破，正常的生活受到干扰，内心的紧张不断积蓄，继而出现无所适从，甚至导致思维和行为紊乱，进入一种失衡状态，这就是心理危机状态。

2. 心理危机的特点

当个体面对危机时会产生一系列身心反应。危机反应主要表现在生理、情绪、认知和行为4个方面。

（1）生理方面。心理危机在生理上常出现肠胃不适、腹泻、食欲下降、头痛、疲乏、失眠、做噩梦、容易惊吓、感觉呼吸困难或窒息、有哽塞感、肌肉紧张等反应。

（2）情绪方面。心理危机在情绪上常出现害怕、焦虑、恐惧、怀疑、不信任、沮丧、忧郁、悲伤、易怒、绝望、无助、麻木、否认、孤独、紧张、不安、烦躁、自责、过分敏感或警觉、无法放松、持续担忧等反应。

（3）认知方面。心理危机在认知上常出现注意力不集中、缺乏自信、无法做决定、健

忘、效能降低、不能把思想从危机事件上转移等反应。

(4)行为方面。心理危机在行为上常出现害怕见人、暴饮暴食、容易自责或怪罪他人、不易信任他人等反应。

二、大学生心理危机的现状

根据世界卫生组织的权威人士透露，21世纪对人类威胁最大的敌人不是饥荒和地震，而是比自然灾害更严重的心理问题。2018年中国人民大学社会与人口学院赵玉峰通过研究发现，2015年城市居民死亡率为10万分之621.56，其中15～19岁、20～24岁、25～29岁、30～34岁这四个年龄组城市青年的死亡率分别为十万分之23.44、十万分之24.08、十万分之44.47、十万分之59.21，而这四个年龄组的自杀率分别为1.30、1.77、3.29、2.84；2015年农村居民死亡率为十万分之662.95，其中15～19岁、20～24岁、25～29岁、30～34岁这四个年龄组农村青年的死亡率分别为十万分之37.41、十万分之35.12、十万分之68.79、十万分之59.21，而这四个年龄组的自杀率分别为2.81、2.88、4.63、4.77。近几年来，国内在校大学生自杀事件频频发生，大学生自杀概率为十万分之四至十万分之五，小于整个群体的平均数，但其绝对数有上升趋势。根据全国卫生统计资料表明，自杀已成为除交通事故外非正常死亡的第一位因素。

虽然自杀行为在大学生总体中占极小的比例，但大学生作为社会的宝贵资源，是未来社会的引领者和开拓者，其自杀是社会的极大损失，它给社会、家庭、个人带来的后果与创伤十分惨痛，故其影响要大于一般的自杀，甚至会严重影响和干扰学校的正常教育秩序，社会也会以超乎寻常的警觉来审视我们的高等教育。另外，根据心理学的研究，一个人自杀成功会给予其关系最密切的3～6人造成终生的心理创伤，并且会辐射到周围的其他人，最终至少会对相关的124人造成消极的心理影响。因此，开展大学生自杀问题的研究，对于维护社会的稳定和家庭的完整，保障青少年学生的生命安全，提高大学生的心理健康水平，具有十分重要而迫切的意义。

三、大学生危机产生的原因

1. 自身生理和心理的矛盾

在大学阶段，大学生的生理发育基本成熟，但部分心理发展相对滞后。在进入大学之前，他们在生理上达到成熟高峰，身高上甚至超过了老师、父母及身边的成年人，但心理上还没有摆脱“孩子气”，他们的成长离不开家长的呵护，独立性很差，事无巨细基本上都是由家长代办的。而进入大学后，凡事要自己动手的事，家长想帮忙也因鞭长莫及而无能为力。此时，他们需要照顾自己的吃穿住行，处理和改善自己的人际交往，去总结为人处世的经验教训。起初他们很难适应，一旦受挫便会无所适从，然后沉湎于网络，在虚拟世界里寻找满足，与现实生活逐渐脱离。此外，大学生的性生理已经基本成熟，性意识增强，有性冲动需求，对与异性之间的友谊和爱情产生渴望。但由于性心理不完全成熟，缺乏生活经验，对青春期的性冲动和性要求理解不当，常会产生紧张、恐惧、羞涩甚至不正当的行为，还有学生因陷入感情旋涡、失恋、单相思等困扰而产生苦闷、惆怅、失望、悔恨与愤怒等情绪，给身心带来严重影响。

2. 不适应学习环境及学习方式

大学生对大学的学习生活环境和学习方式的不适应是他们产生心理危机的另一个重要原因。他们从小到大一直接受的是封闭式教育,学校约束力大,并且在学习的方式方法和环境上专一性强,而且在教学中一般采取应试教育。而大学则不然,在新的学习和生活环境中,全都要靠自己去努力创造,不再有老师从早跟到晚的情景,也没有了外界的约束。而且,大学老师只起指路的作用,至于你走不走或走得怎样,主要还是靠你自己的主观性。这种巨大的差异让刚刚走进大学生活的"孩子们"一时难以适应,便自顾自地认为大学老师讲课不如中学老师好,使不少学生对自己所学的专业不满意,从而影响了学习动机。一种自由散漫的作风便油然而生,随即而来的便是厌学情绪的产生,最后导致学习成绩下降。

3. 社会环境急遽变化

许多心理问题的产生都和当时的社会环境密切相关,社会环境的急遽变化也是当今大学生心理危机产生的一个重要原因。我国改革开放极大地激发了人们的商品意识、竞争观念和创新精神,这在给社会注入发展动力的同时,也带来了许多社会问题,如分配不公、腐败、享乐主义、极端个人主义、拜金主义等。这些社会问题对心智尚未成熟并且好奇心强烈的大学生产生了巨大的冲击。此外,由于连年扩招,大学毕业生人数有增无减,但是相应的工作岗位却显得很少,"毕业即失业"的现象更令他们忐忑不安。为了应对以上种种情况,他们唯有不断地给自己加压,除专业课程外,他们还花费大量人力、物力、财力来学习一些所谓的热门实用课程。这种长期的紧张状态、高负荷的压力以及迷茫的前途设想,让他们的心理脆弱不堪,一旦努力失败则带来严重的心理挫折和失败感。

案例分析

失败的自己

鹏是陕西某高校的一名研究生,个子高高的,长得也很帅,高中时学习一直不错。上大学后,他一直觉得自己上的这所大学不是自己理想中的大学,就想着考研,所以在本科学习期间一直对自己严格要求,可是即使这样也没有考上自己理想的学校。他感觉很失败,从本科到研究生一路走来实在太累了,还要协调各方面的关系。这种压力压得他喘不过气来,他就想找个办法了结了算了。学校心理咨询中心多次与他沟通,经过不懈努力,他终于能够接受自己的现状了。

点评:该案例中,鹏同学因无法达到自己心目中的要求,对自己产生了怀疑,进而出现了对自我的否定,因此产生心理危机。大学生现在面临的压力过大,造成心理的落差也比较大,这与整个社会的发展形势和家庭的影响是分不开的。首先是大学生的就业问题。大学的扩招让一些学生在上学的时候就对毕业后的就业问题产生了焦虑。另外,自我和家庭对学生前途所定的目标过高。有的学生有一种为家长读书的想法,想的是将来要怎样报答家长;有的是给自己定了一个不太符合实际的目标,最后都可能在最终结果上产生很大的心理落差。这需要学生找准自己的位置,正确评价和认识自己,无论怎样,知足常乐是不变法则。另外,不要好高骛远,要脚踏实地一步步走好自己的路。

四、大学生心理危机的类型

1. 成才性危机

对大学生来说,每个人都期望成才,都有超越他人的欲望。这种竞争事实上是激烈的也是残酷的,其表现为自己在参与社会竞争活动中追求个人发展时的一种失当行为。

案例分析

过早坠落的星星

张某是大一新生。从小学到大学,她一直都很优秀,是家长、老师眼中的乖乖女,上大学是免试保送的,入学还有高等奖学金。可是,2008年的元旦刚过,她就从宿舍六楼跳下去,结束了一生。事后,同学在其遗书中发现,她之所以轻生只是因为她预感到在即将到来的期末考试中,她的成绩难以名列前茅。

点评:案例中这个大学生从小成绩特别好,进入大学后给自己定的要求比较高,使得她在现实与梦想之间存在差距的时候,产生了自我意识危机。

2. 境遇性危机

这种危机主要是指当出现罕见或突如其来的悲剧性事件时,个人无法对其进行预测和控制的危机,如地震、火灾、家庭变故、同学去世等。汶川大地震时,很多人就无法接受家人的离去、家园的毁灭即选择自杀的。

3. 现实存在性危机

现实存在性危机是指重要的人生目的、人生责任和未来发展等内部压力的冲突和焦虑。

4. 病理性心理危机

病理性心理危机是指由某些心理障碍或心理疾病导致的心理危机,如抑郁、焦虑、紧张等,这是由神经症导致心理危机的发生。也有些是由行为异常引发的病理性心理危机,如品行障碍或违纪犯罪等。

案例分析

郁闷的大学生活

孟某自幼入学后,学习成绩一直很好,深受老师、亲人和同学的喜爱,是大家眼中的乖孩子、好学生。高考后顺利考上了陕西某高校,刚进入大学,能够很快适应新的环境和新的生活,和宿舍同学相处和谐,大一两个学期成绩都很优秀,分别拿到三等和二等奖学金。但是,大二开学重新调整宿舍后,新的宿舍环境让孟某一时不能适应。他感觉无法融入这个新环境,有被大家排斥的感觉,内心非常郁闷,一直表现得紧张不安,而且明显影响了学习和睡眠状态,并为此心烦、焦虑。前几天与宿舍的同学因为一些小事吵架，当时心里特别难过，宿舍同学把纸巾扔到自己身上时，真的想去跳楼，让他后悔一辈子。

点评：大学强调自学，这个自学包括学习、生活两方面。大学要求学生在生活上能够自理，能自如地处理好人际关系，而相当一部分学生在中学阶段把考取大学作为生活的全部，基本生活常识和人际关系经验几乎一片空白；而对大学的高期望值和低满意度的落差以及理想自我和现实自我的落差使大学新生在真正融入大学生活之前都有个适应期，或轻或重、或短或长都会有适应性障碍，或多或少地表现出不愿意学习、不愿意与人交往、不愿意参加活动、对什么事情都不感兴趣、闭门在家、悲观、紧张不安、心烦意乱等现象。该案例中孟同学因为宿舍关系问题产生了不适应，导致了诸多的烦恼，甚至出现了失眠、焦虑等症状，由于自己的怀疑、焦虑导致宿舍关系紧张，甚至想以死亡的方式来惩罚对方。

5. 个性发展危机

态度和行为的某些方面出现了偏离一般人正常状态的情况，如任性、敌视、好强虚荣等时，这些个性特点会给自身带来心理健康障碍，并影响其今后的生活。2004年，云南大学学生马加爵杀害4名同学。此案件由于作案者是一名大学生，因琐事与同学积怨，即产生报复杀人的恶念，并经周密策划和准备，先后将4名同学残忍杀害，在主观上具有非法剥夺他人生命的想法，客观上实施了非法剥夺他人生命的行为，已构成故意杀人罪。在整个犯罪过程中，马加爵杀人意志坚决，作案手段残忍，杀人后藏匿被害人尸体并畏罪潜逃。该犯罪行为对社会危害极大，情节特别恶劣，后果特别严重，司法机关依法对其进行了严惩。

心灵故事

飞走的麻雀

有一个6岁的小男孩，一天在外面玩耍时，发现一个鸟巢被风从树上吹掉在地，从里面滚出了一只嗷嗷待哺的小麻雀。小男孩决定把它带回家喂养。当他托着鸟巢走到家门口的时候，他忽然想起妈妈不允许他在家里养小动物。于是，他轻轻地把小麻雀放在门口，急忙进屋；去请求妈妈。在他的哀求下妈妈终于破例答应了。小男孩兴奋地跑到门口，不料小麻雀已经不见了，他看见一只黑猫正在意犹未尽地舔着嘴巴。小男孩为此伤心了很久。但从此他也记住了一个教训：只要是自己认定的事情，决不可优柔寡断。

五、大学生心理危机的评估

危机评估主要是考察以下几个方面：

（1）评价危机的严重程度，如个体的个性特点、对事件的认识和解释、社会支持状况、以前的危机经历、个人的健康状况、干预危机的信息获得渠道和可信程度、危机的可预期性和可控制性、个人适应能力、所处环境等。

一般而言，事件发生得越突然或事件持续的时间越长，心理损害的程度就越严重，越易使人发生危机；当事人对事件的危害性与严重性的评估越严重，越易产生危机；人格健全、心理素质好的人不易产生危机；当事人的应付技巧高，方法适当，则不容易发生危机；社会、家庭、亲友能及时给予当事人帮助与支持，防止其精神崩溃，并使之尽快摆脱困难，则不易发生心理危机。

（2）评估替代解决方法、应付机制、支持系统和其他资源。例如，思考求助者现在采取何种行动或选择能恢复到危机前的状态？求助者真正采纳的行动是什么？机构、组织、团体或个人能给予帮助吗？谁愿意关心和帮助求助者？在求助者康复过程中在经济、社交、职业和个人方面存在哪些障碍或问题？

第三节　大学生心理危机的预防

一、心理危机干预

心理危机干预是一种心理治疗方式，是指对处于困境或遭受挫折的人予以心理关怀和短程帮助的一种方式。它能够帮助心理疾病患者正确理解和认识自己的危机，由于患者通常无法看到生活中发生的困境与自己的心理障碍之间存在的关系，所以心理治疗者可以通过倾听、提问等直接有效的方法，使患者释放出被压抑的情感，并通过一定的干预措施来扭转错位的心理。危机干预分为预防性、治疗性和补救性三种。

二、心理危机的干预与应对

大学生一旦陷入心理危机，干预人员必须及时对当事人进行心理危机干预，并为当事人提供最大的帮助。具体干预步骤分为6步。

（1）明确问题。需明确以下问题：是什么事件使当事人陷入危机？当事人对该事件的感受如何？当事人目前的水平功能如何？是否具有自伤或伤人的危险性存在？要从当事人角度确定心理危机问题，做出状态界定。这一步特别需要使用心理咨询中的倾听技术。

（2）保证受害者安全。要把当事人对自己和他人的生理伤害和心理伤害降到最低。

（3）寻求学生所需要的社会支持。父母、朋辈群体和恋人的支持对大学生至关重要。大学生在不同应激情境下所需的社会支持也不相同，如在关乎自身成长的问题方面，他们更加渴望与朋辈群体进行交流，而在前程、经济等与家庭利益密切相关的问题方面，对父母和家人的依赖更为强烈。因此，干预中心应以最快的速度联系该学生所需要的社会支持系统，以获得学生所需要的社会支持的帮助，从而缓解危机。

（4）确定目标，制订计划。在对引发个体危机的事件、事件的严重程度、对当事人目前的功能水平等大致了解后，危机干预人员还需要思考以下问题：需要解决的首要问题是什么？然后解决什么？最容易解决什么？妨碍干预效果的影响因素有哪些？以此来确定干预目标。

（5）实施干预。实施干预是整个步骤中最为核心的阶段。在这个阶段，对危机的识别与时机的选择都相当重要。危机干预人员要探讨解决问题的可供选择的方法,将详细的几种方案提供给当事人,并从当事人那里得到诚实、直接的承诺,以使当事人能够坚持实施为其制定的危机干预方案。

(6)效果评估与反馈。危机干预期间,需要不断评估干预措施是否产生了预期的效果,以便随时根据实际情况对计划做出调整和修改,以寻求最佳的解决方案;对干预的最终结果进行评估,确定最后的干预工作安排。

第四节　预防自杀、关爱生命

一、大学生生命教育的意义

生命的完整性可以从三个维度来理解。

(1)根据生命存在的不同层次,生命分为自然生命、精神生命和价值生命。目前,大学教育中一直存在着重视精神生命和价值生命,忽视自然生命的现象。教育一般关注的是人的社会文化属性,强调个体的社会价值。当个体存在和社会价值之间产生冲突时,个体被要求牺牲自我,实现社会的利益,而牺牲的对象包括个人利益之外的东西,甚至是生命。这种做法的直接后果就是部分学生轻视自然生命,不珍爱自然生命。生命教育提倡在珍爱生命的前提下对生命采取负责任的态度。在个人利益、精神自由、社会价值之网之间存在冲突时,提倡在保持生命完整性的前提下,谋求自然生命、精神生命和价值生命的和谐发展。

(2)生命的完整性一般包括从生到死的整个过程。大学教育一般比较重视大学生在校的生命发展和完善,强调的是掌握知识、学习技术、训练技能,以便成为某一领域内的专才;而忽视了对学生生命整体性的教育,特别是对死亡的认识、理解和接受。由于传统思想的影响,一般教育很少对学生进行死亡方面的教育,学生在不了解死亡的真相和威胁的前提下,失去了生命存在的动力和紧迫感,失去了对生命的珍惜。生命教育关注人从生到死的整个过程,重视对学生进行有关死亡方面的教育,传授学生有关死亡的知识,培养学生正确对待死亡的态度,从而正确地认识死亡,珍惜生命。这有助于促进学生认识生命的完整性和追求完整的生命。

(3)生命的完整性还包括认知与情感的统一。认知是人的智能的认识活动,情感是客观事物是否满足自己需要的心理体验。认知与情感虽是不同的心理活动,但两者是紧密相连的。认知是情感产生的基础,没有人的认知活动就不会产生喜怒哀乐的情感,而如果没有情感的推动,人的认知也就不可能发展和深入。认知与情感是相互影响、相互制约、协调发展的。生命教育使人们认识到情感在人的发展中的特殊价值,从而更注重认知与情感的协调发展。在知识教学中,引导学生不断地感悟、体验知识,有助于学生对知识的理解、掌握和运用。情感教育只有融入知识、智慧之中才会激发理性的生命,真正提升生命的质量。

二、当代大学生生命教育缺失的表现

1. 戕害生命，“四端”不全

近年来，大学生戕害生命的现象越来越严重，已引起人们高度关注。有的动辄跳楼、上吊，理由也是各式各样，或美其名曰“为情所困”，或自称“看破红尘”，或是压力所迫以求“一了百了”等。有的把生命当器物，随意糟践，丝毫谈不上珍视生命，更不用说敬畏生命！连人的生命都不看重，残害动植物则更是随心所欲，毫不留情，校园内被公然破坏的花草树木也见证着大学生生命教育的缺失。这一切彰显“亚圣”孟子所说的人之“四端”——恻隐之心、羞恶之心、辞让之心、是非之心，在他们身上尤为匮乏。

2. 漠视生命，慢性自杀

“漠视生命，慢性自杀”的现象在高校不容忽视。相当一部分大学生自以为精力充沛、年轻气盛，有资格享受青春，或在卡拉OK狂吼乱叫，或在网络上疯狂游戏，或抽烟、酗酒，或不注意锻炼身体……这种无所作为的不良生活习惯极不利于他们的身心健康，是一种无异于慢性自杀的行为。

3. 虚度生命，游戏人生

大多数学生一旦踏入大学校门，便有松一口气之感觉，丧失了高考前那股拼劲和锐气，加上高校管理不同于中学那样精细以及自身自控力差等原因，有的大学生逐渐养成惰性思想，甚至被它所左右。他们的心思容易被吃喝玩乐占领，自主学习往往成了形式。开学几周迟迟静不下心，忙于放松、购物、游玩，离期末还有一月就操心订票回家，真正学习的时间则极其有限。为了应付考试，不是设法作弊，就是花钱走关系。论文式作业中少有自己的语言和思想，网上粘贴、拼缀，应付了事，为学术腐败埋下了祸根。平时以言行轻率鲁莽为潇洒，以作风懒散为自由，以物质享受为时尚，以精神追求为古板。如此的自由和时尚就是虚度生命，游戏人生。

4. 娇纵生命，不经风雨

出生于20世纪80年代末90年代初的大学生大都还是独生子女，在可怜天下父母“望子成龙，望女成凤”的殷切企盼之下，习惯了多年的娇生惯养之后，独自进入大学校园，他们在日常生活中显得无力、无奈、脆弱不堪。磨难对他们来说很陌生，相对优越的生活环境使得部分大学生过于脆弱，成为不经风雨的温室花朵，难免辜负人们对“跨世纪的一代”的期望，于是会有“80后”“90后”等标签性的偏见。有的盲目攀比，寅吃卯粮，家里债台高筑也无动于衷。有的被“消费文化”俘虏，使消费丧失了其原有的自然属性，而成为符号建构支配下的文化选择罢了。这种非理性消费统领的生活方式其实是对他人生命的践踏。有的过早坠入爱河，不是因享受生活而荒废学业，就是因情场失意而导致恶性事件。如此以享乐、自我、时尚等为基准的追求“人生高峰体验”的生活理念和模式，只会使大学生在生理和心理上脆弱不堪、难当重任，反映在就业上的尴尬则是重待遇而轻付出。

三、当代大学生生命教育的主要内容

1. 生命知识教育

生命知识教育是大学生生命教育的前提基础。对于大学生来说,这似乎是“小儿科”的,其实也不尽然。对于生命的起源、标准、特征、含义等知识,大学生恐怕没有多少思考且知之甚少,更不用说内化、外化了。作为生命教育不可缺少的部分,大学生生命知识教育其实是对中小学生命知识教育的有益补充和深化。它能保证大学生生命教育的系统性和完整性,特别是在生命教育起步较晚、发展相对滞后的我国,生命知识教育不是“温故”,而是“知新”。2009 年岁末,陕西广播电视大学一女生在宿舍生下男婴弃之公寓楼下一事,就暴露出大学生生命知识教育之缺乏。

2. 生命意识教育

大学生生命意识的培养是生命教育的起点。它主要是帮助大学生形成对生命科学、完整、正确的认识和对生命的尊重、欣赏、珍爱、敬畏之情以及主动维护生命。具体说来,就是深入学习并体验生命知识,尊重生命的独特具体,欣赏生命的向善美好,珍爱生命的有限存在,敬畏生命的升华超越,避免不必要的损失和践踏生命的现象。缺少生命意识的教育是异化的教育,是病态的教育,是生命知识的无效传递,是生命个体的桎梏,远非真正的生命教育。

3. 生命价值教育

生命价值教育是实施大学生生命教育的重要组成部分,是大学生生命教育的重中之重。它主要是引导大学生正确认识生命的本质和意义,培养生命情怀,提高生命的价值,并建立人与自然的和谐关系。对大学生进行生命价值教育的目的是使他们既了解作为万物之灵的人类的生命价值,又了解自然界中其他生物形态的生命价值;既关注自身的生命,又关注他人、他物的生命;既注重自我价值的实现和满足,又注重社会价值的提升。大学生生命价值教育的着力点应该与中国特色社会主义和构建社会主义和谐社会紧密结合。社会主义和谐社会是人性健全、追求卓越的社会,大学生生命价值教育与其有必然的内在联系。

4. 挫折教育、幸福教育、感恩教育、诚信教育

挫折教育、幸福教育、感恩教育和诚信教育应该成为大学生生命教育的重要内容。

(1)挫折教育。任何人的成长都不是一帆风顺的,受到挫折是必然的。为使大学生健康成长,必须进行挫折教育。挫折教育是指让大学生在受教育的过程中遭受一定挫折,从而激发他们的潜能,以达到使其切实有所收获之目的。挫折教育可以抑制骄傲情绪、激发潜能、使人学会享受成功的喜悦、适应复杂多变的社会、锻炼意志、滋长恒心、增强毅力等。因为没有逆境就没有磨难,没有忧患就没有成功,所谓“自古雄才多磨难”。先哲孟子名言“故天将降大任于是人也,必先苦其心志,劳其筋骨,饿其体肤,空乏其身,行拂乱其所为,所以动心忍性,曾益其所不能”,对挫折教育有一定启发。

(2)幸福教育。幸福教育就是在生命教育中力所能及地帮助大学生创造幸福资源,并鼓励学生充分享用各方面的幸福资源,过上比较实在的幸福生活;也要在学生不断提

升幸福经验的过程中注意培养他们的幸福能力，包括努力创造、正确面对、充分享用幸福资源的能力。幸福教育要使大学生的生理与心理、个性与社会性相互融合、转化和提升。具体地说，就是要教育大学生明确幸福是相对的、主观的、动态的，是与心理失衡不相容，与攀比和超前消费为敌的，物质条件只是幸福的必要条件而非充分条件。帮助大学生实现幸福的内外两种价值的转化，把幸福的外在享用和表现转化为他们内在素质的提高和升华，又用内在的素质去反作用于大学生的幸福感受。幸福感的增强不仅可以使大学生对生活充满信心，客观看待形势，乐观面对前途，而且可在一定程度上消除对社会不正之风的不满情绪，有利于保持心理平衡。

(3)感恩教育。人不可能独立生存，"人的本质是人的真正的社会联系"。换句话说，人的本质实际上是一切社会关系的总和。大学生的成长离不开老师、家长、同学和亲友的帮助和支持，应对他们进行感恩教育，所谓"滴水之恩，当涌泉相报"，就是要教育大学生感谢父母的养育之恩、老师的培育之恩、他人的帮助之恩。感恩教育应以活动为载体，以培养感恩意识为核心，以实际行动为旨归。感恩教育可以加强人际关系，增进社会和谐。

(4)诚信教育。诚信教育是一切教育活动的前提基础，大学生若缺少诚信，则不能保证获取到准确的知识，更谈不上内化、外化。当前大学生中口是心非、阳奉阴违、表里不一、知行脱节现象之普遍充分说明诚信教育之亟须。

四、大学生该如何珍爱生命

1. 珍爱生命，养成健康行为

健康行为通常是指有助于个体在生理卫生、心理和社会活动等方面保持良好状态的行为。躯体健康的人反应灵活、精力充沛，心理健康的人自我情绪自控力强、思维和言语富有理性、精神面貌好、行为符合社会规范。健康行为能改善身体状况，预防心理疾病，提高生活质量，能使我们生活得更加幸福，能够在学习和工作上表现出较强的创造力。健康行为不仅能保持良好的心态，还能增强体质、预防各种疾病。

2. 生活节奏规律化

由于现代社会工作和生活节奏加快，负荷加重，随之而来的是广泛流行的"疲劳症"。在一定层面讲，疲劳已成为危害大学生健康的一个重要因素。生活节奏规律化是预防和消除疲劳的重要方法。除了饮食起居外，不论多忙，一定要给自己留出一些时间，学会交替使用人体各部分，培养一项业余爱好。更重要的是少熬夜，要牢记健康的体魄来自睡眠，没有睡眠就没有健康。

3. 营养全面均衡

任何一种食物都不能提供人体需要的全部营养素，合理的膳食必须由多种食品组成。因此，要实现个人营养平衡，必须做到如下几点：

(1)控制总热量，每餐以八分饱为度，一日总热量控制在30千卡/公斤。

(2)减少动物脂肪和甜食的摄入，增加豆制品、蔬菜、水果等富含钾镁的食物，一般保证每天摄入蔬菜500克左右。

(3)多进食富含多不饱和脂肪酸的食物。鱼类食物中含丰富的W-3多不饱和脂肪酸,有降脂、降粘和抗血小板聚集等作用。

(4)减少钠盐摄入量。建议每天钠盐摄入6克左右,目前我国平均摄入量为10～13克/日,减少钠盐量可直接减少高血压的患病率。

4. 有规律的体育锻炼

"生命在于运动"是法国思想家伏尔泰的一句名言,保持脑力和体力协调的适量运动,是预防和消除疲劳、保证健康的另一个要素。

长期不运动是导致肥胖、心脑血管疾病和骨质疏松等疾病发生的潜在因素。体育锻炼贵在坚持,步行、登楼、体操、慢跑等都能达到缓解压力、消除疾病的目的。但有一条必须记住,就是运动量要适度,不必强求,一般锻炼完毕,微微出汗为宜,冬天全身暖和即可。

5. 养成健康习惯

除了勤洗手、勤剪指甲、勤换衣、勤理发、勤洗澡、不随地吐痰、不乱倒垃圾等一般卫生习惯外,还要自觉养成不吸烟、少饮酒、多喝茶等良好的健康习惯。适量饮酒可促进循环、扩张血管、解除疲劳,但每次宜少量,啤酒半瓶即可,葡萄酒和黄酒则以100克为宜。

心理小贴士

珍爱生命

人生是一条无名的河,是深是浅,人们都得过;人生是一杯无色的酒,是苦是甜,人们都得喝。在这匆匆的岁月里,生命就像一朵美丽的鲜花,在阳光下慢慢地绽开,而我们一定要保护好这朵花。让我们以饱满的热情迎接生活,挑战自我,珍爱自己的生命。

生命对于每个人只有一次,每个人应该好好热爱生命,敬畏生命。生命不仅仅是金钱意义上地活着,而是一个逐渐完美的生活过程。生命的价值在于创造,在于奉献。生命不完全属于个体,也不属于家庭和朋友。它是比金钱更为贵重的无价之宝。

心灵故事

种子的力量

有人问:世界上什么东西的气力最大?回答纷纭得很,有的说是象,有的说是狮子,有人开玩笑似的说是金刚。金刚有多少气力,当然大家全不知道。

结果,这一切答案完全不对,世界上气力最大的是植物的种子。一粒种子可以显现出来的力,简直是超越一切的。那么,你见过被压在瓦砾和石块下面的一棵小草的生长吗?它为了向往的阳光,为了达成它的生之意志,不管上面的石块如何重,石块与石块之间如何狭窄,它总要曲曲折折地、顽强不屈地穿透到地面上来。它的根往土里钻,它的芽往地面挺,这是一种不可抗的力量,阻止它的石块结果也被它掀翻。一粒种子力量之大如此。

没有一个人将小草叫作大力士,但是它的力量之大,的确世界无比。这种力是一般人看不见的生命力。只要生命存在,这种力量就要显现,上面的石块丝毫不足以阻挡它,因为这是一种"长期抗战"的力,有弹性,能屈能伸的力,有韧性,不达目的不止的力。

如果不落在肥土中而落在瓦砾中，有生命的种子决不会悲观、叹气，它相信有了阻力才有磨炼。生命开始的一瞬间就带着斗志而来的草才是坚韧的草，也只有这种草，才可以对那些玻璃棚中养育的盆花嗤笑。

破译心灵密码

科学锻炼身体的五项基本原则

科学锻炼身体的终极目的是有效发展身体，增强人的体质；离开这一点，就谈不上什么意义。为此，科学锻炼身体必须坚持渐进性、反复性、全面性、意识性及个别性原则。

(1)渐进性。渐进就是前进、发展、提高，而不是停留在一个水平上，是逐步地、依次地、循序地变化，而不是突然或急剧地变化。渐进性原则就是按照这个适应性变化，有阶段地调整运动负荷的锻炼方法。

(2)反复性。反复是一次次重复的意思。反复性原则是指运用各种手段锻炼身体的过程，具有一次又一次、多次重复的特性。

(3)全面性。人的身体是一个整体，要想增强体质，就必须使身体的各局部都得到锻炼和发展。具体说就是要使身体各部分(头颈部、躯干部、四肢等)、各器官系统(心血管、肺、神经、胃肠等)功能等身体各种素质以及人体各种基本活动能力都得到发展。

(4)意识性。意识性原则是指要有意识地从增强体质出发去进行锻炼，而不是盲目地或无目的地乱练一气。

(5)个别性。个别性原则是指在锻炼过程中，要根据个人的特点去安排锻炼的方法、内容和运动负荷。当前国内外提倡在锻炼中实行“运动处方”的方法，正是这一原则被人们普遍重视的反映。

思考与学习

(1)大学生的恋爱特点是什么？

(2)结合自己的生活谈谈大学生性教育该如何开展？

(3)大学生应该如何开展恋爱观教育？

心理训练营

生命线上的思考

每个人的一生，从生命的起点走到生命的终点，都是一段独特的生命轨迹。你的生命轨迹是怎样的呢？现在让我们来画一下我们每个人自己的“生命线”。

请你在纸上画一个坐标，横坐标轴代表年龄，纵坐标轴代表你的生活满意度。想一想，你自己大概能活多少岁？提出你预测的死亡年龄，并在横坐标上标出，然后在横坐标上的相应位置标出你现在所处的年龄。

如果以0～100分的区间范围对生活满意度评分的话，你对于现在的生活的满意度是多少分？在坐标区间内找到一个点，该点以现在的年龄为横坐标，以现在的生活满意度为纵坐标，用同样的方法标出代表你生命终点时生活满意度的点。

现在请你回首自己的过去,想一想在你过去的生命中曾经有过哪些重要事件(或重要转折点)。在横轴上标出这些事件所在的大致年龄x;当时你对于生活的满意度能评多少分?在纵轴上找到你对于当时生活满意度的评分y。现在请你在坐标区间内标出点(x,y),并用线段将这些点依次连接起来。

展望你的未来,在你以后的岁月中,可能存在哪些重要的事件(或重要转折点)?用以上同样的方法标出这些事件的大致年龄x和当时的生活满意度y,在坐标区间内标出点(x,y),并用虚线段将这些点依次连接起来。

这样我们就得到了一条代表你的生命轨迹的"生命线",它的起点代表你的出生,而终点则代表你生命的终结。这条生命线告诉我们:珍爱生命,让我们活好每一天,生命就会显出无比的价值。看着这条生命线,你的感受又是怎样的?和同学们去分享。

心理小测试

世界卫生组织生存质量测定量表简表(WHOQOL-BREF)

这份问卷是要了解您对自己的生存质量、健康情况以及日常活动的感觉,请您一定要回答完所有问题。如果某个问题您不能肯定如何回答,就选择最接近您自己真实感觉的那个答案。

所有问题都请您按照自己的标准、愿望,或者自己的感觉来回答。注意所有问题都只是您最近两星期内的情况。请阅读每一个问题,根据您的感觉,选择最适合您情况的答案。

(1)(G1) 您怎样评价您的生存质量?

很差	差	不好也不差	好	很好
1	2	3	4	5

(2)(G4) 您对自己的健康状况满意吗?

很不满意	不满意	既非满意也非不满意	满意	很满意
1	2	3	4	5

下面的问题是关于两周来您经历某些事情的感觉。

(3)(F1.4) 您觉得疼痛会妨碍您去做自己需要做的事情吗?

根本不妨碍	很少妨碍	有妨碍(一般)	比较妨碍	极妨碍
1	2	3	4	5

(4)(F11.3) 您需要依靠医疗的帮助进行日常生活吗?

根本不需要	很少需要	需要(一般)	比较需要	极需要
1	2	3	4	5

(5)(F4.1)　您觉得生活有乐趣吗？

根本没乐趣	很少有乐趣	有乐趣(一般)	比较有乐趣	极有乐趣
1	2	3	4	5

(6)(F24.2)　您觉得自己的生活有意义吗？

根本没意义	很少有意义	有意义(一般)	比较有意义	极有意义
1	2	3	4	5

(7)(F5.3)　您能集中注意力吗？

根本不能	很少能	能(一般)	比较能	极能
1	2	3	4	5

(8)(F16.1)　日常生活中您感觉安全吗？

根本不安全	很少安全	安全(一般)	比较安全	极安全
1	2	3	4	5

(9)(F22.1)　您的生活环境对健康好吗？

根本不好	很少好	好(一般)	比较好	极好
1	2	3	4	5

下面的问题是关于近两周来您做某些事情的能力。

(10)(F2.1)　您有充沛的精力去应付日常生活吗？

根本没精力	很少有精力	有精力(一般)	多数有精力	完全有精力
1	2	3	4	5

(11)(F7.1)　您认为自己的外形过得去吗？

根本过不去	很少过得去	过得去(一般)	多数过得去	完全过得去
1	2	3	4	5

(12)(F18.1)　您的钱够用吗？

根本不够用	很少够用	够用(一般)	多数够用	完全够用
1	2	3	4	5

(13)(F20.1)　在日常生活中您需要的信息都齐备吗？

根本不齐备	很少齐备	齐备(一般)	多数齐备	完全齐备
1	2	3	4	5

(14)(F21.1) 您有机会进行休闲活动吗?

根本没机会	很少有机会	有机会(一般)	多数有机会	完全有机会
1	2	3	4	5

(15)(F9.1) 您的行动能力如何?

很差	差	不好也不差	好	很好
1	2	3	4	5

下面的问题是关于近两周来您对自己日常生活各个方面的满意程度。

(16)(F3.3) 您对自己的睡眠情况满意吗?

很不满意	不满意	既非满意也非不满意	满意	很满意
1	2	3	4	5

(17)(F10.3) 您对自己做日常生活事情的能力满意吗?

很不满意	不满意	既非满意也非不满意	满意	很满意
1	2	3	4	5

(18)(F12.4) 您对自己的工作能力满意吗?

很不满意	不满意	既非满意也非不满意	满意	很满意
1	2	3	4	5

(19)(F6.3) 您对自己满意吗?

很不满意	不满意	既非满意也非不满意	满意	很满意
1	2	3	4	5

(20)(F13.3) 您对自己的人际关系满意吗?

很不满意	不满意	既非满意也非不满意	满意	很满意
1	2	3	4	5

(21)(F15.3) 您对自己的性生活满意吗?

很不满意	不满意	既非满意也非不满意	满意	很满意
1	2	3	4	5

(22)(F14.4) 您对自己从朋友那里得到的支持满意吗?

很不满意	不满意	既非满意也非不满意	满意	很满意
1	2	3	4	5

（23）（F17.3）　您对自己的居住地条件满意吗？

很不满意	不满意	既非满意也非不满意	满意	很满意
1	2	3	4	5

（24）（F19.3）　您对得到卫生保健服务的方便程度满意吗？

很不满意	不满意	既非满意也非不满意	满意	很满意
1	2	3	4	5

（25）（F23.3）　您对自己的交通情况满意吗？

很不满意	不满意	既非满意也非不满意	满意	很满意
1	2	3	4	5

下面的问题是关于近两周来您经历某些事情的频繁程度。

（26）（F8.1）　您有消极感受（如情绪低落、绝望、焦虑、忧郁）吗？

没有消极感受	偶尔有消极感受	时有时无	经常有消极感受	总是有消极感受
1	2	3	4	5

此外，还有三个问题：

（27）家庭摩擦会影响您的生活吗？

根本不影响	很少影响	影响（一般）	有比较大影响	有极大影响
1	2	3	4	5

（28）您的食欲怎么样？

很差	差	不好也不差	好	很好
1	2	3	4	5

（29）如果让您综合以上各方面（生理健康、心理健康、社会关系和周围环境等方面）给自己的生存质量打一个总分，您打多少分？（满分为100分）　______分

您花了多长时间来填完这份调查表？　______分钟

评分方法与结果分析：

WHOQOL-100量表测定的是近两周的生存质量，但在实际工作中，根据工作的不同阶段的特殊性，量表可以考察不同长度的时间段的生存质量。如：评价慢性疾病（如关节炎、腰背痛）患者的生存质量，可调查近4周的情况。在接受化疗的病人的生存质量评价中，主要根据所要达到的疗效或产生的副作用来考虑时间框架。

WHOQOL-100能够对6个领域、24个方面以及1个评价进行一般健康状况和生存质量的评分。各个领域和方面的得分均为正向得分，即得分越高，生存质量越好。制定者并不推荐将量表所有条目得分相加计算总分。考察通常把一般健康状况和生存质量的4个问题条目的得分相加，将其总分作为评价生存质量的一个指标。WHOQOL-100量表的结构见表8-1。

表8-1　WHOQOL-100量表的结构

量表所包含的领域	量表所包含的方面
生理领域	(1)疼痛与不适 (2)精力与疲倦 (3)睡眠与休息
心理领域	(1)积极感受 (2)思想、学习、记忆和注意力 (3)自尊 (4)身材与相貌 (5)消极感受
独立性领域	(1)行动能力 (2)日常生活能力 (3)对药物及医疗手段的依赖性 (4)工作能力
社会关系领域	(1)个人关系 (2)所需社会支持的满足程度 (3)性生活
环境领域	(1)社会安全保障 (2)住房环境 (3)经济来源 (4)医疗服务与社会保障 (5)获取新信息、知识、技能的机会 (6)休闲娱乐活动的参与机会与参与程度 (7)环境条件(污染/噪声/交通/气候) (8)交通条件
精神支柱/宗教/个人信仰	精神支柱/宗教/个人信仰

注:括号内为相应领域或方面的英文单词缩写。

第九章　仰天大笑出门去，我辈岂是蓬蒿人
——大学生人格培养

老吾老以及人之老，幼吾幼以及人之幼。
不以恶小而为之，不以善小而不为。
富贵不能淫，威武不能屈，贫贱不能移。
人格的完善是本，财富的确立是末。

心理定律

楚汉之争，谁主沉浮

韩信率兵讨伐齐国时，斩了齐王田广，占领了齐国，扩大疆域的同时还壮大了自己的势力。这时，他已有数十万大军，成为举足轻重的人物。在当时楚汉相争的形势下，韩信叛刘归项则刘灭，向刘背项则项亡，如果韩信独树一帜就会形成三足鼎立之势。

在刘邦与项羽斗得最激烈的时期，诸侯割据一方，或叛项归刘，或背刘归项，或自立称王。在风云变幻的楚汉相争、英雄辈出的时期，有一个不起眼的小人物蒯通。他把当时天下的形势看得极为透彻，他深知"天下权在信"。于是前去拜见韩信。他从当时的形势、韩信所处的环境与他的实力，以及韩信将来得天下的利益等诸方面苦口婆心地规劝韩信造反自立。但韩信考虑再三后说："先生言之有理，容我权衡一下，再做决定。"蒯通见韩信已被自己说服，便告辞了。

蒯通本以为韩信是个胸怀大志的人，将来一定能做出经天纬地的大事，可他等了数日，也不见韩信有所举动，便又找韩信，说："希望将军快做决定，机不可失，时不再来。"韩信当即回答："先生请不要再费心了，我考虑再三，自从归汉后，刘邦肯将将军大印交给我，统领数万大军，现又封我为齐王，如果忘恩负义，必遭报应。况且我擒魏豹、平赵、定燕、灭齐，立下战功累累，又一向以忠信对待他，我想汉王不会亏待我的。"蒯通听后，对韩信的性格有了理解，认为自己再劝也是徒劳，于是装疯卖傻逃离了汉营。

韩信生在楚汉相争的乱世，为自己独树一帜提供了极好的契机；他本人智勇超常，手握重兵数十万，又雄踞齐地，有能力、有把握自立为王；还有蒯通这一位不可多得的

谋士为他出谋划策，正可谓是天时地利人和，但他优柔寡断、胆小怯懦。正如韩信自己所说：“我若负德，必至不祥。”后来事实证明，他的命运果然“不祥”，但绝不是因“负德”，而是他那优柔寡断的性格所致，这岂不是咎由自取？

千百年来，我们在成功或失败之后，总会认为是“天命”如此。那么，死是否是人的命天注定呢？认真分析刘邦、项羽、韩信之后，我们可以发现，“天命所归”只不过是人格在作祟而已。

第一节　人格之争

心灵故事

较　　量

一位老教授昔日培养了三个得意门生：一个在官场上春风得意，一个在商场上捷报频传，一个埋头做学问如今也苦尽甘来，成了学术明星。于是有人问老教授：“你以为三人中哪个会更有出息？”老教授说：“现在还看不出来。人生的较量有三个层次：最低层次是技巧的较量；其次是智慧的较量，他们现在正处于这一层次；而最高层次的较量则是人格的较量。”

这个故事生动地告诉我们，在人的素质结构中，人格几乎起到决定性的作用。可见，人格素质是人类综合素质的重要组成部分，更是大学生综合素质的重要组成部分。综合素质的发展和提高包含着人格素质的发展和提高，而人格素质的发展和提高对综合素质的发展和提高有着重要的促进作用。因此，寻找通向健全人格的路，塑造健全的人格是大学生心理健康教育的重要目标之一。

一、人格之我见

人格，也称个性。这个概念源于希腊语“Persona”，原来主要是指演员在舞台上戴的面具，类似于中国京剧中的脸谱。后来，心理学借这个术语来说明：在人生的大舞台上，人也会根据社会角色的不同更换面具，这些面具就是人格的外在表现。面具后面还有一个实实在在的真我，即真实的自我，它可能和外在的面具截然不同。瑞士心理学家荣格研究人格面具最为透彻。他说：“人格面具就是人们据此来和世界交流的适应体系及方式体系。说白了，也就是人们交流的一种形式。”人格面具对人有利也有弊，利用好了可以在社会中扮演各种成功的角色，如果人们过分沉迷于人格面具，相对立的人格面具，甚至是潜意识中的本能成分就会起来反抗，以致患上各种心理疾病。

心理学中的人格（personality）或称个性，是用来描述个体心理差异的。它指个体总的精神面貌，是人体心理特征的总和。由于人格差异，个体在各种不同的环境中表现出各自不同的稳定而持久的行为模式。或者说，人格给个体的行为打上了独特的烙印。人格包含性格、气质、能力、兴趣、爱好等成分。人格的特征主要有四个，它们分别是独特性、统合性、稳定性、功能性。

1. 独特性

一个人的人格是在遗传、环境、教育等因素的交互作用下形成的。不同的遗传、生存及教育环境，形成了各自独特的心理点。人与人没有完全一样的人格特点。所谓“人心不同，各有其面”，就表明人格的独特性。但是，人格的独特性并不意味着人与人之间的个性毫无相同之处。在人格的形成与发展中，既有生物因素的作用，也有社会因素的作用。人格作为一个人的整体特质，既包括每个人不同于其他人的心理特点，也包括人与人之间在心理、面貌上相同的方面，如同个民族、阶级和集团的人都有其共同的心理特点。人格是共同性与差别性的统一，是生物性与社会性的统一。

2. 统合性

人格是由多种成分构成的一个有机整体，具有内在统一的一致性，受自我意识的调控。人格的统合性是心理健康的重要指标。当一个人的人格结构在各方面彼此和谐统一时，他的人格就是健康的；否则，就可能出现适应困难，甚至出现人格分裂的问题。

3. 功能性

人格决定了一个人的生活方式，甚至决定了一个人的命运，因而人格也是人生成败的根源之一。当面对挫折与失败时，坚强者能发愤拼搏，懦弱者会一蹶不振，这就是人格的功能性表现。

4. 稳定性

个体在行为中偶然表现出来的心理倾向和心理特征并不能表征他的人格。俗话说，“江山易改，禀性难移”，这里的“禀性”就是指人格。当然，强调人格的稳定性并不意味着它在人的一生中是一成不变的。随着生理的成熟和环境的变化，人格也有可能产生或多或少的变化，这是人格可塑性的一面，正因为人格具有可塑性，才能培养和发展人格。因此，人格是稳定性与可塑性的统一。

了解个体的人格特征，不但可以预测个体在特殊情况下的行为反应，而且，还可以预测出不同的患病倾向。例如，近代研究表明，A型行为与冠心病明显相关，因此A型行为被认为是易患冠心病的危险因素。在精神病学临床上，病人的人格不仅决定了他患病后的行为，而且为某种精神疾病的发生打下了基础。例如，强迫症病人常有焦虑、刻板、固执、自信不足的精神衰弱人格，癔症病人常有情感不稳、易受暗示、以自我为中心的表演性人格。有时，人格所表现的独特行为方式可能和精神疾病混淆，导致论断错误。

二、人格之结构

人格是一个复杂的结构系统，它包含着各种成分，其中最主要的是人格的倾向性和人格的心理特征两方面，如图9-1所示。前者是指人格的动力，后者是指个体之间的差异。需要和动机是人格的动力，它表现了人格的倾向，是人格中最活跃的因素，是人格积极性的源泉。人格的倾向决定了人对现实的态度，决定了人对认识对象的趋向和选择。人格心理特征是人的多种心理特点的独特地结合，构成了一个人心理面貌的独特性，也说明了心理面貌的个体差异性。人格的心理特征包括人的能力、气质和性格。能力是顺利、有效地完成某种活动所必须具备的心理条件。性格为表现在人的态度和行为方面的特征，主要是由于后天学习和生活锻炼而形成的，是人格的重要组成部分。气质俗称“脾气”，主要指由于先天遗传，加上后天影响形成的特征，如情绪体验的快慢、强弱以及动作反应的速度，都属于气质范畴。它不能决定人格特征的内容，只能使人的人格带上一定的色彩。气质和性格是人格的重要方面。

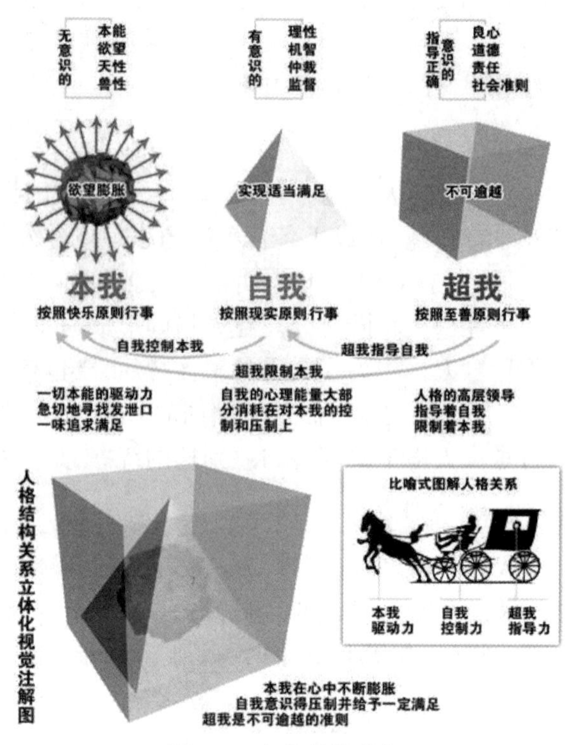

图9-1　人格结构分析

三、气质

1. 气质的概念

气质是一个心理学的概念，它和我们平时所说的“脾气”“禀性”的含义相近。从本质上讲，气质是人的心理特性之一，是个人心理活动稳定的动力特征。它所表现的是人的心理活动的强度、速度、稳定性、灵活性和指向性等方面的差异。一个人反应速度的快慢、情绪的强弱、注意力的集中时间的长短和转移的难易，以及心理活动倾向于外部世界还是内部世界等，在很大程度上与其气质密切相关。气质相同的人，往往会在不同内容的活动中表现出性质相同的动力特征。举例来说，一个活泼好动、反应灵敏的学生，不论是在学习、考试、劳动中，还是在体育比赛、课外活动中，都会非常明显地表现出来。也就是说，气质并不受个人活动的目的、动机和内容的影响。气质是一个人最一般的特征，它无处不在，无时不有。

2. 气质的特征

心理学上讲的气质，具有以下两个方面的特征。

（1）气质具有先天性，是由生理机制决定的。在日常生活中，只要留心就可以发现，同样是婴儿，有的爱哭、爱闹、爱动，有的安静、平稳、怯生，这说明先天的生理机制构成了个体气质的基础。研究发现，同卵双胞胎要比异卵双胞胎在气质上相似许多，即使把他们分别放在不同的生活环境和教育条件下培养，他们也仍能保持原来的气质特点，这说明气质是与生俱来的，是天赋的一部分。

（2）气质具有稳定性和可变性。一个人具有某一方面的气质特点，就会随时随地地表现出来。比如，爱激动的同学，在老师上课时会急不可耐地举手发言，在考试前会心神不定，在赛跑时会抢跑等。很多上了岁数的人都有这样的亲身体会：中学时代的同学，多年不见，偶然碰到一起，彼此之间会发现许多人仍然保留着当年的气质特征。所谓"江山易改，禀性难移"，主要也是指人的气质。

当然，气质的稳定性是相对的。说"禀性难移"，也并不是绝对不能改变。换句话说，气质具有一定的可塑性。在生活环境和教育的影响下，人的气质在一定程度上是可以改变的。

破译心灵密码

气质可以改变吗？

有一位心理学家曾经对一个女中学生进行过实验观察。这个女孩子在学校里的表现是胆怯、孤僻、羞涩、烦恼和爱啼哭。经过实验者和学校的配合，在几年的时间内不断对她施加影响：引导她积极参加集体活动，委托她担负一些重要工作，选举她当团干部等。后来，这位女中学生的胆怯、怕羞、孤僻等特征消失了，在各方面表现出主动、独立和勇敢的品质。

3. 气质的分类

气质这个概念最早是由古希腊医生希波克拉底提出来的，后来罗马医生盖仑做了整理。他们认为，人有四种体液，即血液、黄胆汁、黑胆汁和黏液。根据这四种体液在每个人体内的所占比例不同，从而确定了多血质（血液占优势）、黏液质（黏液占优势）、胆汁质（黄胆汁占优势）、抑郁质（黑胆汁占优势）四种气质类型。

（1）多血质。多血质的人像春天，敏捷好动，开朗活泼，善于交际；对一切吸引他注意的事物都会做出兴致勃勃的反应。他们在群体中比较受欢迎，言语富有感染力，表情生动，反应灵敏。但他们情绪不够稳定、喜怒易变，常有不守信用的行为表现；且其注意力容易转移，对事物的热情维持不长。

（2）胆汁质。胆汁质的人像夏天，热情奔放，情绪兴奋，乐观向上；为人直率坦诚，工作主动，行为果断，爱指挥他人。但他们自制力比较差，容易感情用事，脾气暴躁，行为具有攻击性；对工作、生活中碰到的困难能坚决克服，但如果短期内不能解决困难，则会情绪低落、心灰意冷。

（3）抑郁质。抑郁质的人似秋天，沉稳冷静，感情细腻，体验深刻，富于想象；工作认真,不轻易许诺;在群体中会周到地领会别人的想法和感觉。但他们不善与人交往,在处理事情时优柔寡断,多愁善感,主动性较差。

(4)黏液质。黏液质的人如冬天,富于理性,情感不易发生且不外露,自制力强;行动缓慢、沉着,善于完成需要意志力和长时间注意的工作。但他们有时情感过于冷淡,行动拘谨,不善随机应变,缺乏创新精神。

那么,怎样科学地解释气质的这些心理特性呢?从巴甫洛夫的高级神经活动学说来看,大脑皮层的神经过程,即兴奋过程与抑制过程的基本特性有三个:强度、平衡性和灵活性。强度是指神经细胞经受强烈刺激或持久工作的能力;平衡性是指兴奋过程与抑制过程的力量是否均衡;灵活性是指对刺激的反应速度以及兴奋过程与抑制过程相互转化的速度。根据这三种神经过程的特性,可以组合成以下四种基本的神经系统类型。

(1)强而不平衡型,即兴奋过程强而抑制过程较弱。这种类型的人易兴奋、易怒,激动起来难于控制,亦称“不可遏止型”。

(2)强、平衡而灵活的类型。这种类型的人爱动,行动迅速,但一旦缺乏刺激会很快地由兴奋转入抑制,又称“活泼型”。

(3)强、平衡而不灵活的类型。这种类型的人的条件反射容易形成却难于改造,行动迟缓而有惰性,又称“安静型”。

(4)弱型,即兴奋过程与抑制过程都弱。这种类型的神经过程的灵活性低,又称“抑制型”。

这四种神经系统类型与上述四种气质类型相适应,它比较正确地从高级神经活动说明了气质各种不同的表现。

心灵故事

戏与“戏”

四个不同气质类型的人去看戏,但都迟到了,检票员不让他们进去。第一个人立刻面红耳赤地与检票员吵了起来,声称自己有票,一定要进去。第二个人头脑灵活,他绕剧场一周,发现了一个无人看管的边门,就溜进去了。第三个人很有耐心,他慢条斯理地与检票员磨嘴皮,阐述自己想进去看戏的种种理由,最后检票员动了恻隐之心让他进去了。第四个人首先想到是自我责难,认为是自己运气不好,难得出来看戏就碰上这等倒霉的事情,算了,还是回家吧。

这个故事是由苏联心理学家达维多娃编写的,目的在于描述四种具有典型气质的人在同一情境中的不同行为表现。上面的四个人中,第一个人属于胆汁质,第二个人属于多血质,第三个人属于黏液质,第四个人属于抑郁质。

气质是高级神经活动类型在人的行为和活动中的表现,而神经系统类型的特性影响人的行为和活动的动力特点。第一,这些动力特点表现在感受性(即感受外界刺激的能力)上,是神经系统强度特性在心理上的表现。我们可以根据外界影响的最小强度来判断这种特性。第二,表现在人们对外界刺激强度的耐受性上。第三,表现在反应的敏捷性上,如说话速度、记忆速度、动作速度等,是神经系统灵活性的表现。第四,表现在对外界事物变化适应的可塑性上。当外界事物发生变化时，必须随情况的变化而改变自己的行为，有的人反应快，有的人反应慢；有的人果断，有的人犹豫不决、行动迟缓。第五，表现在气质的社会制约性。人的神经活动的动力特点是受社会制约的，气质的各种外部表现，如情绪与活动的强度、速度、灵活性等都受到社会要求与教育的制约。

4. 大学生气质类型的分布及特点

大学生作为社会的特殊群体，他们的气质类型分布有何特点呢？近年来，国内许多研究者对大学生的气质类型分布特点进行了研究。虽然因研究方法和选取被试的范围不尽相同，研究结果也有差异，但仍能从中分析和揭示大学生气质类型的某些特点和发展趋势。

(1)大学生气质类型的分布。这里所说的气质类型，既包括胆汁质、多血质、黏液质、抑郁质四种典型的单一气质类型，又包括以某一种气质类型为主兼有其他类型的某些特征的混合类型，即复合型气质。一般来讲，属于单一气质类型的人很少，多数人是介于各类型之间的中间类型，即复合型，如胆汁—多血质、多血—黏液质等。黄希庭等人的研究表明，大学生的复合型气质多于单一型气质，总的趋势是多血质类型人数最多，共占56.32%，其次为黏液质类型，占24.18%，再次为胆汁质类型，共占13.73%，抑郁质类型最少，占5.77%。

(2)大学生气质类型分布的特点。研究发现，大学生的气质类型的分布特点与性别、专业有一定关联。

①专业差异。文科学生中属于胆汁质、胆汁—黏液质、多血质、多血—黏液质、抑郁—多血质、抑郁—黏液质者多于理科学生，但只有胆汁—黏液质差异显著；理科大学生中属于胆汁—多血质、多血—胆汁质、黏液质、黏液—胆汁质者多于文科大学生，但只有胆汁—多血质差异显著。

②性别差异。男性大学生中属于胆汁质、胆汁—多血质、多血质、多血胆汁质、抑郁—多血质者多于女大学生，但差异均不显著；女大学生中属于胆汁—黏液质、多血—黏液质、黏液质、黏液—胆汁质、抑郁—黏液质者多于男大学生，但差异不显著。关于气质类型的性别差异的研究较少，还有待于进一步探讨。

5. 大学生应如何正确看待气质

(1)气质类型无好坏之分。我们应该具有这样的认识，即气质没有好坏之分。每一种类型的气质都有其积极面和消极面，如胆汁质的人热情但急躁，多血质的人敏捷却草率，抑郁质的人细致却多虑，黏液质的人稳重却死板。所以，我们不必为自己属于哪种气质而忐忑不安或沾沾自喜。历史和现实中，各种气质都有人获得成功，如俄国的四大文豪：著名诗人普希金属于明显的胆汁质，文学评论家赫尔岑属于多血质，寓言大师克雷洛夫属于黏液质，讽刺小说家果戈理属于抑郁质。有人对我国的著名文人进行了分析，发现李白是胆汁质，杜甫是抑郁质，郭沫若是多血质，茅盾是黏液质。许多明星的气质大多是胆汁质和多血质，如李连杰属于胆汁质，郎平属于多血质。而擅长悲剧人物心理描写的作家有部分人属于抑郁质。可见，任何一类气质的人都有可能成为成功人物，也有可能一生百无聊赖，成为庸俗小人。

此外,人群中属于典型气质(具有气质类型的典型特征)的人只是小部分,大部分人的气质为一般型(近似某一气质类型的特征)和混合型(具有两种或两种以上气质类型的特征)。

(2)发挥自己气质中的积极面,克服其消极面。虽然气质会受后天环境的影响,但因为气质的生理基础是人的高级神经活动类型,而人的高级神经活动特性的改变过程是很漫长的,故我们并不提倡改变气质本身,而应该尽可能地发挥自己气质中的积极面,克服其消极面。

胆汁质的人应保持自己有抱负、自信热情、主动的长处,在生活、工作、学习中尽量发挥自己独立思考的特点,用自己的坦诚、表里如一去结交朋友,成为一个受人欢迎的人。但要注意克服粗心大意、简单化的毛病,平时在日常生活中可有意“三思而后行”。此外,对自己的信任应该建立在实事求是的基础上,否则就成了刚愎自用;对自己奔放的情感要有所控制,并使其维持长久,而不只是灿烂一瞬。

多血质的人可充分发挥其机智活泼、善于适应环境变化的特长,在集体活动中出谋划策,以自己的朝气、生动的言语和表情为整个活动增色,但要注意保持情绪稳定,不要忽冷忽热。此外,反应灵敏、兴趣广泛并不意味着学习就可以要小聪明、知半解;要改正做事只求速度不讲质量的缺点。

黏液质的人的学习作风踏实,工作起来有条不紊,情绪稳定,善于自我控制,这些都是要发扬的积极面。但稳定并非死板、固执,尤其是在对待新生事物时应从新的角度、以新的方法来对待,不能墨守成规。若能在人际交往中保持冷静之外,加上一些热情,相信会更受人欢迎。平时可有意多参加一些群体活动,在群体活动中逐渐形成活泼、机敏的习惯,与黏液质的良好特征相得益彰。

抑郁质的人能体察到一般人不易察觉之处,感情细腻、深沉,应保持细致的特色,从而认真地完成工作和学习任务,但要防止因细致过了头而变成多疑。对生活中碰到的不愉快不必长时间耿耿于怀,因为挫折是生活的必需;还应多与人交往,学会正常发泄感情的方法,这样生活会变得轻松许多、美丽许多。

四、性格

1. 性格概述

(1)性格的内涵。性格是指从一个人对待现实的态度和行为方式上经常表现出来的比较稳定的心理特征,如热爱集体、学习认真、关怀同学、有崇高的理想、自信心强等。这些涉及社会意义的特征经常地、一贯地从一个人对待现实的态度和行为方式上表现出来,而不是偶然地表现在一时或一事上,就成为这个人的性格特征的。

(2)性格与气质的关系。气质和性格同属于人格,两者各有侧重。气质是先天的,在婴儿诞生之时就已具有了;性格主要是后天环境影响的产物。气质是行为的外显维度,性格则构成了行为内容。我们必须承认这样一个事实,具有不同气质的人,其性格表现有很大差异。例如,到一个陌生的环境中去,有的人会很快与周围人打成一片,有的人却独坐一隅,感到浑身不自在。气质类型并非性格,但气质是性格发展的基础。同样的气质类型可以形成好的性格,也可以走向反面,如多血质的人,其灵敏的特征既可形成做事敏捷的性格特征，也可形成粗心的性格特征。气质并不是对所有的性格特征都产生影响，而只是对带有明显情绪色彩和意志特征的那部分性格产生较为明显的影响。

(3)性格特征的分析。

①性格的态度特征。人对现实的态度是多种多样的，但归纳起来基本上包括以下三个方面。

第一，对社会、对集体、对他人的性格特征。这些特征主要表现在自尊心、集体主义、热情、关怀、正直、坦率等，以及与此相反的一些性格特征上，如自卑感、对人冷漠、虚伪、狡猾、缺乏同情心等。大学生的生活和活动是在集体中进行的，人与人之间的关系也是通过集体生活建立起来的，所以性格特征是在集体中形成与发展的，性格差异也是在集体中表现出来的。

第二，对劳动、工作、学习方面的性格特征。这些特征表现在以什么态度对待劳动、工作与学习及其成果和产品上，如学生对学习是否认真、是否喜欢劳动、有没有责任心和义务感。有的学生对自己担负的任务、作业、家务劳动、公益活动做得井井有条、整洁而有次序；有的学生消极冷漠、懒散马虎、完成作业草率、做事杂乱无章。

第三，对自己、对自己个性态度上的特征。这种特征表现在大学生如何对个人做出比较恰当的自我评价上，例如，谦虚谨慎与骄傲自满、自尊与自卑、自信与自馁、大方与羞怯、自我批评与自我放纵。这种性格特点是随着集体生活、教育、年龄而发展的。

②性格的意志特征。性格的意志特征是在行动方式中表现出来的。它是根据一定的原则自觉地控制自己的行为，并采取适当的手段克服达到目标障碍时所表现的特征，如自觉性与盲目性、独立性与依赖性、果断性与优柔寡断、坚定与懈怠、自制与放任、沉着与鲁莽、勇敢与怯懦、纪律性与散漫性等。

③性格的情绪特征。人的情绪经常影响人的活动，当这种影响比较稳定地控制人的活动时，就形成性格的情绪特征。它表现在一个人情绪反应的快慢、强弱和保持时间的长短上。有的人情绪变化迅速，有的人情绪变化缓慢；有的人情绪容易激动，有的人情绪比较宁静；有的人心情和心境总是乐观的、舒畅的，有的人心情总是抑郁不快、愁绪满怀的。

④性格的理智特征。这种特征表现在感知、观察、记忆、想象和思维等方面的差异上。在感知方面，有的人观察时注意分析事物的细节，有的人则注意事物的整体和轮廓；在观察方面，有的人敏锐，有的人迟钝；在想象方面，有的人幻想多，有的人从现实的角度去构思；在思维方面，思维的广度和深度、独立性和灵活性等都有不同的表现。

2. 性格类型

(1)内—外倾性格。根据力比多(Libido)的倾向，荣格将性格划分为外倾型和内倾型。外倾型的人被力比多引向客观的外部环境的知觉、思维和情感之中，他们情感外露、注重实际、善于交际、活泼开朗，对周围的一切事物都有广泛的兴趣；内倾型的人被力比多引向主观的内心世界而产生自我感知、思维和情感，他们谨慎小心、深思熟虑、顾虑重重、冷漠、寡言、不善于交际。这两种基本倾向具有四种心理机能，即思维、情感、感觉和直觉。思维是由彼此联结的观念组成,受伦理、法则的支配;情感是一种价值判断的功能,是指一种根据表象唤起的愉快与不愉快的体验;感觉是通过感官刺激(包括机体的内在刺激)而产生的经验;直觉是一种直接把握得到的,而不是作为思维和情感的结果产生的经验。受这四种心理机能的支配,形成了性格的8种类型。

①外倾思维型。这种人重视理解自然现象和客观事物的规律,重思考而不重感情,喜欢分析问题,处理问题讲究逻辑顺序,有较强的判断力和鉴别力。

②内倾思维型。这种人不关心外界现实,以自我为中心,情感冷漠,与人疏远,倔强偏执,不体谅他人。

③外倾情感型。这种人容易感情用事,情绪反应强烈,热情奔放,爱浮华,喜怒无常。

④内倾情感型。这种人情感沉着,不易向外表露,沉默寡言,对人冷淡,有抑郁情绪,但有时也表现为恬静、深沉,给人以自信自足之感。

⑤外倾感觉型。这种人依据感觉估量生活价值,讲究实际,情感体验肤浅,对事物存在的意义不做过多的思考。

⑥内倾感觉型。这种人不能深入事物的内部,重视个人内心的感受,在事物与自我之间凭知觉观察一切,缺乏实际的思想和情感。

⑦外倾直觉型。这种人凭直觉观察事物和解决问题,不安于稳定,不能对追求工作目标保持长久的兴趣,容易对反复出现的日常事务厌倦,从而不断转移方向。

⑧内倾直觉型。这种人不关心外部事物,以自己的意象为中心,从一个意象跳跃到另一个意象,而又不能超出个人直觉的范围,内心充满幻想。

(2)6种性格类型。根据人类的文化生活领域,美国心理学家斯普兰格把性格划分为6种类型。

①观念型。这种类型的人以知识和真理为中心,冷静地思考事物的本质,追求各种观念和理想。

②经济型。这种类型的人以有效和实惠为中心,关心各种实际事物,从经济观点出发,判断它的可利用程度,追求其实用价值。

③审美型。这种类型的人以外形协调匀称为中心,善于体会美的感受,经常用优美、对称、整齐与和谐来衡量一切事物。

④社会型。这种类型的人以群体和他人为活动的中心,把社会的一般福利和关怀他人作为自己的职责,喜欢与人交往,为人善良,能容忍他人,追求社会的进步与完善。

⑤政治型。这种人以权力、地位为中心,有强烈的支配欲,热衷于控制与命令他人,为人自负,比较专横,固执己见。

⑥宗教型。这种人以信仰为中心,相信命运,不愿正视现实,对别人态度谦和,能克制自己的欲望,寻求神秘的力量。

(3)A—B—C型性格。按人的行为方式,即人的言行和情感的表现方式,可将人的性格分为A型性格、B型性格和C型性格。20世纪50年代后期,心脏病学家福利曼和罗斯曼指出大多数冠心病人都有共同的行为模式,即A型行为模式或A型性格。与之相对的是B型性格和C型性格。

①A型性格。A型性格的人的主要特点是性情急躁、缺乏耐性。他们的成就欲高，上进心强，有苦干精神，工作投入，做事认真负责，时间紧迫感强，富有竞争意识，性格外向，动作敏捷，语速快，生活常处于紧张状态；但办事匆忙，社会适应性差，属于不安定型人格。具有这种人格特征的人易患冠心病。美国在20世纪60年代进行的一次纵向调查表明，在257位患有冠心病的男性病人中，A型人格的人数是B型人格人数的两倍多。

A型性格的人由于对自己的期望过高，以致在心理和生理上，都有十分沉重的负担。他们被自己顽强的意志力所驱使，抱着“只许成功，不许失败”的坚定信念，不惜牺牲自己的一切，乃至宝贵的生命，拼命奔向超出自己实际能力的既定目标。由于他们长期生活在紧张的节奏之中，其思想、信念、情感和行为的独特模式都在源源不断地产生紧张和压力。

怎样才能解除A型性格的人在心理上和生理上的过度紧张和压力呢？一是制定一个符合自己实际能力的目标；二是在时间安排上要预留回旋的余地；三是严格划清工作与休息的界线；四是培养业余爱好，增加生活情趣；五是经常参加体育活动，提高机体承受能力。

②B型性格。B型性格的人的主要特点是性情不温不火、举止稳当。他们对工作和生活的满足感强，喜欢慢步调的生活节奏，在需要审慎思考和耐心的工作中，B型性格的人往往比A型性格的人好，他们属于较平凡之人。

③C型性格。C型性格是指有产生癌症倾向的性格。C型性格者不善于表达，过分压抑自己的焦虑或抑郁等负性情绪，特别是竭力压抑本该发泄的愤怒情绪。这种性格会严重妨碍人体内的免疫机能，使这种机能不能充分发挥抗癌的作用。

3. 学生常见的性格问题

当代大学生成长的社会大环境基本相同，就大学生整体来说，其性格是健康的，但由于大学生个体所处的具体条件不同，所以其性格的健康水平也有差异。根据大学生工作实践的经验和具体调查结果，大学生中常见的性格问题主要有以下几种。

(1)自傲型。自傲型的人表现为轻浮直率、凡事爱插手、爱惹是生非、爱说谎话、自命不凡、自视清高等。

(2)抑郁型。这种类型的人表现为悲观厌世、多愁善感、闷闷不乐、感情脆弱、易触景生情等。

(3)缺乏自信型。这种类型的人表现为脆弱自卑、不负责任、对自己的言行举止和能力没有信心、依赖思想严重等。

(4)盲目自信型。这种类型的人表现为言论、行为总是受某种强烈感情的支配。

(5)显示型。这种类型的人表现为沾沾自喜，喜欢向别人炫耀自己的优点及欲望。

(6)情绪易变型。这种类型的人表现为情绪两极性突出，会无缘无故地生闷气，常感觉心神不定、无所寄托，行为上乱花钱等。

(7)爆发型。这种类型的人表现为即使是微不足道的细小琐事也会使他爆发性地兴奋起来。

(8)寡情型。这种类型的人表现为对人冷淡,缺乏同情心、共鸣感、羞耻感和义务感。

(9)缺乏意志型。这种类型的人表现为缺乏意志的一贯性、独立性和持续性,很容易受别人的暗示的影响。

(10)无力型。这种类型的人表现为疲劳、头重、失眠,经常有神经衰弱的症状。

上述10种性格的心理问题,在日常生活中很少单个出现的,它们大多都是以复合形式表现出来的。

4. 大学生的优良性格及其培养

每个人的性格形成都经历了日积月累的过程,没有哪一个人的性格是与生俱来的。性格从最初的萌芽到最终成熟定型,是一个漫长且曲折的过程。心理学家认为,性格的演变经历了童年的雏形阶段、青少年的成型阶段、成年的自我调节修养阶段,并逐步走向成熟。但有时性格的发展阶段会提早或延迟。例如,有的青少年虽然生理上已经成熟,但由于自我评价过高,对简单的事不屑一顾,对复杂的事又无从着手,好高骛远,结果一事无成;有的青少年缺少责任心,生活上依靠父母,追求高消费,却又以自己已长大为由,拒绝父母对他们精神上的关爱,这都是青少年性格发展迟缓的表现。因此,加强对自己性格的修养,有助于加快性格的成熟,避免形成不良性格。

(1)大学生的优良性格。

①自尊。自尊是人格健全者的标志之一。自尊是性格中一种高尚的品质。自尊的人关心自我形象,积极向上,有追求目标,如大学生在学习过程中为了证明自己的能力,为了赢得与自己能力相匹配的地位(自尊的满足)而发奋努力,或者因害怕考试成绩不好会面临丧失自尊的威胁而刻苦学习,不管是力求成功还是避免失败,都是源于自尊需要而产生的成就动机。所以自尊促使人积极向上,但自尊过了头往往是由于自卑。自卑的人或是自轻自贱,妄自菲薄;或是狂妄自大,容不得别人的半点意见,实际上这都是缺乏自信的表现。

②自信心。建立在客观基础之上的自信心,是成功人士性格中必不可少的特征之一。很难想象一个没有自信心的人会有所作为。自信是指相信自己存在的价值,了解自己的长处和短处,在工作学习中扬长避短并相信自己的能力和努力。自信是对自己、对他人的悦纳,是一种意念、一种意志。自信并不意味着没有失败、没有风险,而是具有面对失败的勇气、战胜失败的信念和把握成功机会的能力。性格中有了自信,生活就会充满快乐。

③认真负责。认真负责是工作和学习中必不可少的优良品格。一个人对自己、对别人负责,表示他对自己有信心。他在说话、做事前都会进行思考,而不是随心所欲、信口开河。面对困难,一个有责任心的人不会推诿逃避,不会寻找借口以求得心理安慰,而是敢于承担责任,并努力去获得成功。与一个有责任心的人交往,会有一种信任感和安全感,所以这种人往往是受人欢迎的。领导会放心地把工作交给一个认真负责的下属,朋友、同事会乐于和一个有责任心的人合作共事,妻子会把心托付给有责任感

的丈夫，儿女会因为有负责的父母而在成长过程中受益无穷。认真负责并不是轰轰烈烈，而是从完成一次作业、兑现答应朋友的一件事、为自己的一次小小的过失承担责任开始。

④自我控制。自我控制是一个人良好性格的重要指标之一。一个人如果不善于自控，则意味着他不能有效地发动、支配或抑制自己的激情和冲动，对未来的成长有害无益。很多人由于不能控制自己的激情和冲动而失去理智，甚至犯罪堕落、危及生命。

自我控制主要靠自身后天的修养。首先，明确自己的人生目标，对该做的和不该做的有清晰的认识，使自己的行为服务于目标。例如，为了成为一个有爱心的人，可积极参加慈善活动，关心他人，坚决不参与对别人有危害的活动。其次，要养成“说一不二”的习惯。当然，这并不是指固执、刻板，而是指自控能力的培养需要有坚定的意志，如按照作息时间表生活、今日事今日毕等。要经常克服懒惰、消极、逃避、贪婪等缺点，凡事从长远考虑，不要为眼前的一时之事而放弃未来。

⑤乐观豁达。乐观豁达是保持良好心境的法宝。对于同一件事，不同性格的人会得出不同的结论。一张纸上溅了一摊红墨水，一个开朗活泼的女孩儿说它像烂漫的山花，一个父母不和、心情忧郁的女孩儿说它像惨烈的鲜血，一个为失恋而痛苦的女孩儿说它像滴血的嘴唇。可见，境遇由心造。

豁达的心胸来自于宽容，能容忍不同的意见、不同的人；对小事不斤斤计较，对“小人”不秋后算账。豁达的心胸来自于忘却和谅解，忘却生活中不愉快的事情和别人的冒犯，谅解他人的缺点和过失。只有常从事情的积极面来看待问题，才会体会到“心旷神怡，宠辱皆忘”的心境。在人际交往中，乐观豁达的人较受人欢迎，这就是所谓的“大度集群朋”。养成豁达心胸的最佳途径是提高自身的修养。

⑥独立和创新。独立思考是人格成熟的标志之一。独立的人较少依赖别人，喜欢依靠自己的能力达到目标，对别人的观点不是全盘接受，而是有所选择。研究表明，随着年龄的增长，学生的独立性逐渐加强。小学阶段的学生对老师的话是全盘接受，中学阶段的学生对教师的观点开始有了质疑，到了大学阶段，教师的学术观点对大学生而言只是一种个人意见，并不构成权威的定论。一个成熟的青年应该用自己的目光去观察事物，从新的角度去分析问题，并在前人的肩膀上有所创新。社会的发展、文化的延伸需要年轻一代在过去和现实的基础上有所扬弃。

(2)大学生优良性格的培养。良好性格的形成和不良性格的改变是一个过程，不能操之过急。应从大处着眼，小处着手，先养成习惯，再将其巩固成稳定的性格。如果说童年的性格雏形主要受家庭环境的影响，那么青年期的性格的稳定和成熟应该主要靠自己的修养。有的人希望自己有独立、坚强的性格，但每逢周末却把大包的脏衣服往家里带，抄别人的笔记、作业，碰到很小的困难就采用逃避策略，甚至仅仅为了睡懒觉而旷课……如果在小事情上就对自己不负责任，在关键事情上又怎么能保证自己的独立和坚强呢？习惯养成性格，优良性格和不良性格的形成都是由浅入深、由表及里的过程。所以古人云：“勿以恶小而为之，勿以善小而不为。”平时忽视良好习惯的养成而想拥有良好的性格，无异于建造空中楼阁。所以，每个人都应该为自己的性格负责，并在日常生活的点点滴滴之中培养良好性格。

心灵故事

杂草与心灵

一位智者门下有许多弟子，看到他们即将成才，智者心中自是高兴，但他感到自己来日可数，便将他们招过来，露天设坛讲授最后一课。

智者问道："你们看田野里长着什么？""杂草。"学生们不假思索地回答。"告诉我，该如何除掉这些杂草？"学生们愕然，这问题太简单了。学生A先开口："我只要有一把锄头就足够了！"学生B接着说："还不如用火烧。"学生C反驳道："要想让它永不再生，只有深挖才行。"智者站起来说："这堂课就讲到这里。你们回去后按照各自的方法除一块杂草，一年后在此相聚。"

一年后，学生们回来了，他们都很苦恼，因为无论采取什么方法，杂草总是会生长，甚至有些地方更多了。此时智者已经不在了，只给弟子们留了一段话："你们的办法是不能将杂草除尽的，因为杂草的生命力很强，除掉田野里的杂草最好的方法是在上面种庄稼。有没有想过，你们的心灵也是一片田野。"

每个人的心灵就像一片田野。因为世界的五光十色和五花八门，我们的心就生出了数不清的欲望。有些欲望是杂草，它们来自于原始的生物本能，不用浇水施肥也能疯长，稍不留心就会荒芜，如果我们只一门心思除掉它，结果只会事倍功半。有些欲望是庄稼，需要栽种，需要精心呵护。庄稼越多，杂草的生存空间就越小；庄稼越茁壮，杂草就越孱弱。这些庄稼就如同高尚的道德品质和良好的心理素质。

第二节 人格理论

一、奥尔波特的人格特质理论

奥尔波特首次提出了人格特质理论，并且把人格特质分成共同特质和个人特质。

共同特质是在某一社会文化形态下，大多数人或一个群体所共有的特质。在研究人格的文化差异时，可以比较不同文化中的特质。个人特质指的是个体身上所独具的特质，分为首要特质、中心特质、次要特质。首要特质是一个人最典型、最有概括性的特质；中心特质是构成个体独特性的几个重要的特质，每个人身上大约有5～10个中心特质；次要特质是个体身上一些不太重要的特质，在一般情况下并不表现出来，往往只在特殊的情况下才表现出来。

二、卡特尔的人格特质理论

卡特尔用因素分析法对人格特质进行了分析，提出了基于人格特质理论的一个理论模型。该模型分成四层，即个别特质和共同特质，表面特质和根源特质，体质特质和环境特质，动力特质、能力特质和气质特质。

(1)个别特质和共同特质。此层次与奥尔波特的特质理论观点相同。

(2)表面特质和根源特质。表面特质是从外部行为直接可以观察到的特质。根源特质是制约表面特质的潜在基础，是人格的内在因素。

(3)体质特质和环境特质。从根源特质可以区分出这两种特质。体质特质由先天的生物因素决定，如《卡特尔16种人格因素问卷》中的兴奋性、情绪稳定性等。环境特质由后天的环境因素决定，如《卡特尔16种人格因素问卷》中的忧虑性、有恒性等。

(4)动力特质、能力特质和气质特质。动力特质具有动力特征，能使个体朝向某一目标，包括生理驱力、态度和情操。能力特质表现为知觉和运动方面的差异，包括流体智力和晶体智力。气质特质是决定一个人情绪反应速度与强度的特质。卡特尔用因素分析法提出了16种相互独立作用的根源特质，从而编制了《卡特尔16种人格因素问卷》。他认为在每个人身上都具备这16种特质，只是在不同的人身上的表现有程度上的差异，所以，可以对人格进行量化分析。

三、现代人格理论

1. 艾森克人格理论

艾森克依据因素分析法提出了人格的“三因素模型”。这三个因素是：

(1)外倾性。外倾性因素表现为内、外倾向的差异。

(2)神经质。神经质因素表现在情绪稳定性上的差异。

(3)精神质。精神质因素表现为孤独、冷酷、敌视、怪异等负面人格特征上。

这三个因素上不同程度的表现构成了千姿百态的人格特点。艾森克依据这一模型编制了《艾森克人格问卷》，这个量表在人格评价中得到了广泛应用。

2. 大五人格理论

塔佩斯用词汇学方法对卡特尔的特质变量进行再分析，发现五个相对稳定的人格因素。

(1)经验开放性(openness to experience)。经验开放性因素反映出想象、审美、情感丰富、求异、创造、智能等特质。

(2)尽责性(conscientiousness)。尽责性因素显示了胜任、公正、条理、尽职、成就、自律、谨慎、克制等特质。

(3)外倾性(extraversion)。外倾性因素表现为热情、社交、果断、活跃、冒险、乐观等特质。

(4)宜人性(agreeableness)。宜人性因素反映出信任、直率、利他、依从、谦虚、移情等特质。

(5)情绪不稳定性(neuroticism)。情绪不稳定性因素包括焦虑、敌对、压抑、自我意识、冲动、脆弱等特质。

这五个特质的头一个字母构成了“OCEAN”一词，代表了人格的海洋。麦可雷和可斯塔编制了《大五人格因素测定量表》。这是目前应用最为广泛的人格测定量表之一。

3. 七因素模型

特里根等人用不同的选词原则，获得了七个因素，构成了七因素模型。这七个因素是正情绪性、负效价、正效价、负情绪性、可靠性、宜人性、因袭性。

4. 类型理论

类型理论产生于20世纪30年代至20世纪40年代的德国，其主要用来描述一类人与另一类人的心理差异，即人格类型上的差异。类型理论主要分为单一类型理论、对立类型理论和多元型理论。

（1）单一类型理论。单一类型理论认为人格类型是根据一群人是否具有某一特殊人格来确定的，如T型人格。

T型人格是由美国心理学家弗兰克·法利提出来的，他认为T型人格是一种好冒险、爱刺激的人格特征。根据冒险行为的积极性和消极性又可将T型人格分为T+型和T-型。T+型人格是指在冒险行为中朝向健康、积极、创造性方向发展的人格。这种类型的人喜欢赛车、探险等活动。T-型人格是指在冒险行为中具有破坏性质的人格。这种类型的人有酗酒、吸毒、暴力等不良行为。

在T+型人格中，又可根据活动特点分为体格T+型人格和智力T+型人格。体格T+型者通过身体运动来实现追求新奇、不断刷新纪录的动机，如运动员等。智力T+型人格者的冒险精神主要体现在对科学技术的探索上，如科学家、思想家等。

（2）对立类型理论。对立类型理论认为，人格类型需依据某一人格特性的两个相反方向来确定。

①A—B型人格。福利曼和罗斯曼提出了A—B型人格，人们在研究人格和工作压力的关系时，常用到这种人格类型。

A型人格的主要特点有：性格急躁，缺乏耐性；成就欲高，上进心强，有苦干精神，工作投入；有时间紧迫感和竞争意识；动作敏捷，说话快；生活处于紧张状态，社会适应性差，属于不安定性人格。

B型人格的主要特点有：性情温和，举止稳当；对工作和生活的满足感强，喜欢慢节奏的生活；可以胜任需要耐心和谨慎思考的工作。

②内—外向人格。内—外向人格由瑞士著名人格心理学家荣格依据“心理倾向”来划分的人格类型。当一个人的兴趣与关注点指向主体时，就是内向人格。这类人格类型者的特点是：善于自我剖析、做事谨慎、交往面窄、适应性较差等。当一个人的兴趣与关注点指向外在客体时，就是外向人格。这类人格类型者的特点是：注重外部世界、易表露情感、热情奔放、做事果断、独立自由、善于交际等。

（3）多元型理论。多元型理论认为，人格类型是由几种不同的人格特性构成的，如气质类型说、性格类型说、阴阳五行说。

四、精神分析的人格理论

精神分析的人格理论以弗洛伊德的理论为代表，他的人格理论包括人格动力论、人格结构、自我防御机制和人格发展观等内容。

1. 人格动力论

人格的核心是人内在的心理事件，这些心理事件发动了行为，或构成了行为的意图。人的行为的动机来源在于心理能量，这些能量又来自于先天的驱动力和本能，而且行为的动机通常是无意识的。

2. 人格结构

人格结构包括本我、自我和超我三个部分。

(1)本我(id)。本我是本能需要的满足，遵循快乐原则。

(2)自我(ego)。自我遵循现实原则。

(3)超我(super ego)。超我遵循理想原则。

本我是无意识部分，自我和超我是意识部分，属于人格控制系统。

3. 自我防御机制

自我防御机制是指自我所运用的心理策略，以此保护自己避开日常生活中体验到的种种冲突。常见的自我防御机制包括压抑、投射、合理化作用、反向作用、升华、转移等。

4. 人格发展观

弗洛伊德以口腔期、肛门期、性器期、潜伏期、性征期以及认同、恋母情结等概念解释了个体心理发展的历程。

第三节　大学生人格

一、大学生人格的特点

大学生正处于身心急剧发展和自我意识分化的特殊时期，因此大学阶段仍然是大学生人格不断发展的重要时期。我国相关学者的研究表明，具有创造力的当代大学生其人格特征是：勇于创新和开拓、有努力取得成就的坚韧性、富有热情、自信心强等。然而，急剧变革、观念多元化的社会文化亦使人格的形成变得更加困难和不确定，从而使大学生的人格发展出现更多的迷茫和冲突。

1. 能正确认识自我

大学生能正确认识自己，一方面能使其基本上接受属于自己的一切，从而形成对自己积极的看法；另一方面，能使其实现自我客体化，能够客观地评价自己，理解现实自我与理想自我之间的差别。大多数人都有明确的奋斗目标和愿望,并为之不断努力。

2. 智能结构健全合理

当代大学生具有良好的观察力、记忆力、思维力、注意力和想象力,没有认知障碍,各种认知能力有机结合并发挥其应有作用。

3. 对社会环境的适应能力较强

当代大学生对外部世界有着浓厚的兴趣,有着广泛的活动范围和爱好,人际交往范围不断扩大,并积极参与各种形式的社会实践。同时,能容忍别人与自己在价值观与信念上存在的差别,能根据事物的实际情况看待事物,而不是根据自己的主观意愿来看待事物。

4. 富有事业心,具有一定的创造性和竞争意识

当代大学生把事业看成是生活的重要组成部分。他们在事业上有较强的进取心、责任感和竞争意识;具有开放性的思想观念,少有保守思想;喜欢创造,勇于创新;甘愿冒险,独立性强;富有幽默感,态度务实。

5. 情感饱满适度

当代大学生在情绪上稳定性与波动性、外显性与内隐性并存,情感丰富多彩,积极的情绪和情感体验在学习、生活中占主导地位。

这些特点表明,我国大学生人格发展状况基本良好,大学生在人格教育方面具有良好的自觉性。

二、影响大学生人格发展的因素

在人格发展的问题上,历史上有两种极端的观点即遗传决定论与环境决定论。现代心理学家一致认为,无论是人格的整体特点,还是人格某一方面的特质,都是在遗传与环境两种因素交互作用下逐渐形成和发展的,大学生人格的发展也不例外。

1. 遗传因素

心理学家对"生物遗传因素对人格具有何种影响"的探讨已经持续很久了。由于人格具有较强的稳定性特征,因此人格研究者更注重遗传因素的作用。1869年,高尔顿出版了《遗传的天才》一书,在这本书中,有一个对各个领域杰出人物的社会调查,包括了法官、政治领袖、文学家、科学家、艺术家和神学家等各种职业。高尔顿研究了他们的家庭背景和生活资料,结果发现这些人多数出自有名望的家族,其中31%的人有杰出的父亲,41%的人有杰出的兄弟,48%的人有杰出的儿子,血缘关系越近,同为名人的可能性也越大。

当代心理学家把孪生子与收养子女结合起来研究。通过比较一起抚养和分开抚养的同卵孪生和异卵孪生的智商,比较:一起抚养和分开抚养的亲生子女的智商,养子女、亲生子女与父母的智商,养子女与其亲生父母和养父母的智商。结果发现,随着遗传一致性的增加,相关系数也增大。这说明遗传对智力有较大影响。

那么，遗传对人格的影响占多大比例呢？英国学者卡特尔经过研究认为，人格的发展有2/3是由环境决定的，有1/3是由遗传决定的。Liebin研究过遗传对人格五大因素的作用，发现遗传率约为40%，即人格上40%的个体差异可由遗传加以解释。

2. 家庭环境因素

家庭是社会的细胞，家庭成员间不仅有其自然的遗传因素，也有其社会的“遗传”因素。这种社会“遗传”因素主要表现为家庭对子女的教育作用。

（1）父母人格的影响力。一般研究者把父母的人格分成三类，这三类人格造就了具有不同人格特征的孩子。权威型人格的父母对子女过于支配；放纵型人格的父母对孩子过于溺爱；民主型人格的父母与孩子在家庭中处于一个平等和谐的氛围，使孩子形成积极的人格品质。

（2）家庭模式的影响力。心理学研究者依据家庭中两代人之间的“独立—依赖”关系，归纳出X、Y、Z三种典型的家庭模式。

①X型家庭模式。在该模式下，父母与子女在物质与情感上的关系都是相互依赖的，亲子关系的取向是顺从，属于集体主义模式，如韩国与日本的母亲总是热衷于保持与孩子的交互作用。在家庭教养中，母亲总是力图创造一种“关系上的协调”，但是她们却难于培养孩子的心理独立性。

②Z型家庭模式。在该模式下，两代人在物质和情感上相互独立，亲子关系的取向是独立，属于个人主义模式，如美国和加拿大的母亲认为母子间的分离与个体化是孩子人格健康发展的条件。但是，这也会给双方带来一种情感上的孤独与失落。

③Y型家庭模式。该模式是将上述两种模式辩证地综合在一起，强调在物质上独立，在情感上相互依赖，中国与土耳其的家庭近似这种模式。在具有集体主义文化基础的发展中国家，大规模的城市化和现代化背景下，家庭人际关系可能向Y型转化。

3. 社会文化因素

社会文化对人格的影响是极为重要的。社会文化塑造了社会成员的人格特征，使社会成员的人格结构朝着相似性的方向发展，而这种相似性具有维系社会稳定的功能。社会文化对人格的影响力要看社会对顺应的要求是否严格，越严格，其影响力就越大。

中国大学生的人格特征与中国的社会结构和传统文化有着千丝万缕的联系。大学生作为社会中知识层次较高的人群，他们思想敏锐，接受和同化新文化的速度较快。因此，不同的社会、文化背景，常常给大学生的人格发展添上特殊且具体的个人色彩。随着我国的改革开放、社会主义市场经济体的建立和各种西方文化的进入，中国大学生的人格特征也有了新的变化，主要表现为在个人倾向、自我倾向、竞争倾向、平等倾向、自主性和表现性等方面逐渐增强。

三、大学生人格发展缺陷的常见表现

健康的人格是使人格结构中的需要、兴趣、爱好、理想、信念、世界观、价值观、气质、性格、能力等各个方面得到协调、充分的发展，能有效地适应变化着的社会生活环境和个体身心发展的人格形态。但在现实生活中，有一些人的人格结构的发展不协调、不完善，使人格特征在一定程度上偏离正常状态，这种不良倾向就是人格发展缺陷。如有的学生有管理能力，但个性强烈、做事武断、孤高自傲；有的学生心地纯朴，渴求进步，但自卑、胆怯、不敢表现自我。可以说，具有人格发展缺陷的大学生是“带着缺陷生活，但又不会患病”的人。大学生人格发展不良倾向的程度不一，表现的特征各异，但综合来讲，大学生人格发展缺陷主要表现在以下几个方面。

（1）自卑。自卑是自我评价过低的心理体验，在心理学上又称为自我否定意识。其主要表现为对自己的能力、学识、品质等自身因素评价过低，心理承受能力脆弱，经不起较强的刺激，谨小慎微，多愁善感，常产生猜疑心理，行为畏缩、瞻前顾后。

（2）社交障碍。社交障碍是一个人自我防御心理过强的结果，他们常常过于担心、被动，过于谨小慎微，过于关注自己，且自信心不足。

（3）懒惰。懒惰是不少大学生为之感到苦恼又难以克服的一种人格发展缺陷，是意志活动无力的表现。懒惰是影响大学生积极进取、张扬青春活力的天敌。

（4）狭隘。受功利主义影响，大学生狭隘的现象有增无减。凡事斤斤计较、耿耿于怀、好嫉妒、好挑剔、容不得人等都是心胸狭隘的表现。

（5）抑郁。抑郁是大学生常见的情绪困扰，是一种感到无力应付外界压力时产生的消极情绪，常伴有厌恶、痛苦、羞愧、自卑等情绪体验。

（6）焦虑。焦虑是个体主观上预料将会有某种不良后果产生或模糊的威胁出现时的一种不安感，并伴有忧虑、烦恼、害怕、紧张等情绪体验。在紧张和刺激不断增加、竞争不断增强的社会环境中，每个人都处于一定的焦虑状态。适度的焦虑对于保持生命活力是必要的，而这里所说的焦虑主要是指不适当的高度焦虑。

（7）自我中心。随着自我意识的发展，大学生越来越能感受到自己内心世界的千变万化和独一无二，他们越来越多地把关注的重心投向自我，尤其是那些有较强自信心、自尊心、优越感、独立感的学生，就比较容易出现自我中心倾向。邵燕等研究者和对某医学院大学生进行调查后发现，有57.9%的男生和40.3%的女生具有自我中心倾向。当这种倾向与一些不健康的思想意识（如个人主义、自私自利思想等）和心理特征（如过强的自尊心、唯我独尊等）结合时，就会表现出过分的、扭曲的自我中心。

心理小贴士

健全人格的标准

马斯洛认为拥有健康健全人格的人应该是自我实现的人，而奥尔波特则认为应该是一个成熟的人，罗杰斯则认为应该是一个充分发挥机能的人。综合各学派的观点，以下几方面的特征对衡量人格的健全性有突出意义。

（1）有客观的自我认识和积极的自我态度。这一特征包含三层意思，首先是要有自我认识且这种认识是全面的、丰富的；其次是不歪曲自己的特性，即既不夸大也不缩小自己的长处和短处；最后是能够经常意识到自己在做什么，感受到了什么，并知道行为、体验因何而起。积极的自我态度与自我认识有联系但不全由后者决定。它指的是一种“尽管认识到自己有长有短、有好有坏，但仍然从总体上认可自己，接纳自己，对自己抱有希望”的态度。

(2)有客观的社会知觉和建立适宜的人际关系的能力。人格健全者应能准确地从别人的言语、行为中体察别人的思想、愿望和感受，了解别人对自己的看法和态度。而且，他对别人的了解是建立在事实根据上的，而不是主观臆测的。此外，他对人的态度特征和人际交往技能应有助于建立适宜的人际关系。

(3)有生活的热情和有效解决问题的能力。心理健康的人应该热爱生活，有投身于事业和家庭的热情，而且还要具有与自己年龄相适应的生活能力。

(4)个性结构具有协调性。人格健全者应该有统一的人生观和世界观，个性倾向的各部分(需要、兴趣、动机、理想、信念和世界观)之间应该能保持一种动态的协调和平衡，而且他的认识、情感和行为之间也应该有协调性。

第四节　大学生常见的人格障碍及其防治

人格障碍是指人格发展的内在不协调，指在没有认知障碍或治理障碍的情况下，个体出现的情绪反应、动机和行为活动的异常。多数心理学家认为人格障碍者与精神障碍者的行为问题的程度不同。有的人在社会生活中像正常人一样生活，只有他的家人才能感觉到他的怪癖与难以相处；严重者表现为明显的社会适应障碍，不能正常地学习和生活。值得重视的是，人格障碍与精神病是相互转化的，严重的人格障碍如果得不到及时、有效地矫正，会成为精神病的高发人群。

一、人格障碍的类型

由于人格障碍在大学生中属于少数，因而常常不能引起社会的高度重视，但是人格障碍的学生一些滋事却绝非小事。人格障碍的类型很多，目前尚无统一公认的分类。参照《中国精神疾病分类与诊断标准》CCMD-Ⅲ中的分类，大学生人格障碍主要有以下几类。

1. 偏执型人格障碍

偏执型人格障碍是以猜疑和偏执为特点的人格障碍。它主要表现为多疑、敏感、主观报复心强；过分警惕与防卫，易产生病态嫉妒；过分自负，若有挫折或失败则归咎于别人，总认为自己正确；脱离实际，固执地追求对个人不够合理的权利或利益；忽视或不相信与自己不一致的客观证据，因而很难通过说理或事实改变其想法。

案例分析

刚愎自用的张同学

张某，男，20岁，大二年级学生，成绩优异。在这次班干部竞选中，他很自信地竞选班长一职，但是在班上却仅两个人投他赞成票。他很气愤，认为班上的同学是嫉妒他的才能，所以联合起来不选他。事实上，他有时上课爱顶撞老师，觉得老师的想法明明是错误的，可是老师反而说他是错的，心里很不服气；对很多事情只认自己的理，喜欢钻牛角尖，行为一向我行我素，认为自己比别人有更强的能力和智慧；不愿意管别人的喜、怒、哀、乐，不愿与人分享，朋友很少，人际关系很差。

点评：像张某这样刚愎自用、多疑而固执的，有可能属于偏执型人格障碍。偏执型人格又叫妄想型人格。在社会生活中占据一定比例，是一种观念固执、易走极端的人格障碍。这种人格障碍中，一般男性多于女性，以胆汁质或外向型性格的人居多。偏执型人格障碍的特征表现有：一是猜疑，常将他人无意的、非恶意的甚至友好的行为误解为敌意或歧视，或无足够依据地怀疑自己会被人利用或伤害，因此过分警惕与防御。

（1）偏执型人格障碍的表现。

①广泛猜疑。常将他人无意的、非恶意的甚至友好的行为误解为敌意或歧视，或无足够依据地怀疑自己会被人利用或伤害，因此过分警惕与防卫。

②将周围事物解释为不符合实际情况的“阴谋”，并可成为超价观念。

③易产生病态嫉妒。

④过分自负。若有挫折或失败则归咎于他人，总认为自己是正确的。

⑤好嫉恨别人，对他人的错不能宽容。

⑥脱离实际地好争辩与敌对，固执地追求对个人不够合理的权利或利益。

⑦忽视或不相信与自身想法不相符合的客观证据，因而很难以说理或事实来改变其想法。

以上7项中至少要符合三项，才可诊断为偏执型人格障碍，不足三项则可认为是具有过分固执的人格特征。患有偏执型人格障碍的人往往自我评价过高，时常感到怀才不遇，常以超价值观念去解释特定事物，而且固执己见，很难接受别人的劝导，遇挫折后又习惯于责备别人或客观上进行推诿。偏执型人格障碍患者对自己的偏执行为往往持否定态度，常常表现为多疑、警觉性过高、很难与他人相处，若受到某些刺激，则易发生偏执或偏执型精神病。

（2）克服偏执型人格障碍的办法。

①经常提醒自己不要陷入“敌对心理”的漩涡中，反思自己已有信念的合理性。事先自我提醒和警告，反问自己：“别人为什么要伤害自己？”“世上好人和坏人都存在，但我们却不能因为世上存在坏人，就认为人人都是坏人。”“是不是自己判断失误？”待人处世时注意公正客观，会明显减轻自身的敌意心理和强烈的情绪反应。

②主动交友。积极主动地与人交往，在交友中学会信任别人，消除不安感。交友训练的原则和要领有两点：一是真诚相见，以心交心。要懂得只有尊重别人，才能得到别人尊重的基本道理。学会理解和尊重别人，学会将心比心、换个角度看问题。“如果我是他的话，别人这样对我，我心里会怎么样想？”通过以心换心，取得对方的理解和尊重，给自己一个较宽松的人际空间，要牢记这样一句话：“找到朋友的唯一办法是自己成为别人的朋友。”二是学会微笑，宽以待人。一个整天都板着脸的人，人们是不太愿意与之交往的。因此我们应该学会向自己认识的所有人微笑。俗话说：“相逢一笑泯恩仇。”首先，从最小的事情做起，微笑待人。其次，学会宽容和克制。有句诗说得好：“牢骚太盛防断肠，风物长宜放眼量。”要能够容忍一些事务，不能让敌对的情绪吞没自己的理性，当自己要发火

时警告自己，这不是解决问题的办法，要学会“得饶人处且饶人”。

2. 分裂型人格障碍

分裂型人格障碍以奇怪反常的观念、行为或外貌装饰，情感冷漠，人际关系存在明显缺陷为特征。他们性格明显内向或孤僻，对人比较冷漠，缺少温暖体贴；言语怪异，行为古怪、不修边幅，多单独活动，主动与人交往的情况仅限于生活或工作中一些必需的接触，除亲属外无亲密朋友。

案例分析

怪异的她

有一患者，女，22岁，大三。在初一时，她学习成绩不错，在学校排在前两名，还曾代表学校去参加过数学竞赛等，虽性格内向，寡言少语，独来独往，但同学们主动找她玩时，她能融入同学跟他们一起玩。初二时家里出了点变故，她从小最疼爱的弟弟突然病逝，这对她打击非常大，由于妹妹无心上学，母亲因此对她寄予了很高的期望，把家里的希望全投入到她的身上。她觉得压力过重，于是，开始变得更孤僻、更寡语、对人冷漠、怕羞、敏感，对同学不搭理，成绩下滑，初三中考时只考了个普通高中。进入高中后，从不主动与同宿舍的同学聊天、谈话，只有少数知晓她的情况的初中同学主动来找她聊天，但她对同学的关心并没有做任何反应，同学问一句，她才开口，而且常常话不对题。她虽然坐在同学旁边，但似乎总是在想其他事，好像她跟同学是两个世界的人。但有时同学们聊天，她又会觉得同学们是在讨论她的事情，说她这不好那不好，因此感到十分痛苦。她终日离群独处，冥思苦想，有时躺在床上蜷缩着一动不动，睁着眼睛盯着一个地方，同学叫也没有反应，偶尔交谈亦不能与人合拍。在一段时期里，她突然经常无故旷课，不与人交往，行为怪异。

点评：她从小学习优秀，因弟弟去世，被父母寄予厚望，也因此产生了焦虑和敌对情绪。长期的分离和独立，使她开始逃避与父母在身体和情感方面的接触，进而逃避与其他人和事物的接触，这导致了其分裂型人格的产生。

分裂型人格障碍常从童年时期形成后便会维持一生，很少改变，而且各种表现比较稳定，不易发生衰退，迄今为止无特殊药物治疗这种病态人格。不过有分裂型人格障碍的人智力尚属良好，有的还能有杰出的成就，中外一些艺术家、哲学家和自然科学家也属分裂型人格。

分裂型人格障碍的自我矫正有自我疗法和家庭支持疗法两种方法。

(1)自我疗法。自我疗法一般可采用艺术疗法。艺术疗法就是把患者的能量从潜意识深处找出来，并将其转到现实中，用别人可理解的形式表现出来。

①舞蹈疗法。患者独自一人在家，选择节奏明快的音乐，然后暗示自己“我现在要放松自己，让自己随着节奏慢慢地动起来”，就会感受身心的自然欢愉。

②绘画疗法。患者可买些纸与笔，最初只需学炭笔画，用炭笔在白纸上以儿童涂鸦的方式作画，把头脑中呈现出的图像画下来即可。在完全自由放松的涂鸦阶段后，便可买些介绍素描技法的书或上美术班，学习美术的基本常识，逐步提高自己的绘画水平。

在学习绘面的过程中，可经常参观一次画展，找一些画友或者老师互相交流心得体会，这样既找到了与现实交流的途径，又寻得了表现内心感受的方法。

③雕塑疗法。这种训练包含了雕刻和泥塑。雕刻主要是刻章与木雕。刻章时必须全神贯注，这样才能有效地调动自己的生命能量。对木雕的练习可从根雕艺术入手，在千奇百怪的树根上充分发挥想象力，然后再向其他方面发展。泥塑由于材料软、可塑性大，能充分反映人的情感和想象力，所以是治疗训练的好方式。

④音乐疗法。当出现异常的知觉体验时，患者可采用音乐疗法。通常来说，听了节奏明快、曲调昂扬的乐曲后，患者会因双重兴奋面产生相互抑制，即音乐的兴奋点能抑制原先胡思乱想的兴奋点。如果感到强而亮的音乐过于刺激，可以转而听些舒缓柔情的音乐，这会给异常的知觉体验抹上一层良性背景色彩。在这种气氛里，患者先前矛盾与冲突的认知、焦虑的情绪都会慢慢地平和下来。除了听音乐之外，患者还可以通过唱歌来抒发情感。唱歌时可采用与跳舞一样的方法，可以先在没人的屋中一个人歌唱，然后再选择与别人合唱。

(2)家庭支持疗法。对分裂型人格障碍患者，家人一定要给予关怀和帮助，千万不能嫌弃他。要先针对患者退缩孤僻的特点，培养他交往的习惯，规定来客人要打招呼，带他外出走亲访友，观察其与他人的交往状况。每天抽出一定的时间与之谈心，鼓励他表达出自己的情感与要求，同时让他体会到别人的存在和别人对他也有各种需要。家庭活动时，一定要叫上他，鼓励他表达意见和看法。鼓励他多参加集体活动，参加此兴趣小组，甚至可帮他把朋友、同学约到家中。建立适当可行的奖惩制度，当出现积极行为时，及时地给予奖励；当出现消极行为时，马上给予惩罚。总之，对此类病人要有耐心，不要急于求成。

3. 强迫型人格障碍

强迫型人格障碍以要求严格和追求完美为主要特征，患者希望能遵循他所熟悉的方式，无法适应新的变更；缺乏想象，不会利用时机，做事过分谨慎与刻板；事先反复计划，事后反复检查；经常被讨厌的思想或冲动所困扰，但尚未达到强迫症的程度；犹豫不决，优柔寡断，因循守旧，缺乏表达温情的能力。

案例分析

整洁的梁某

梁某，男，19岁，大学二年级学生，是一个对自己非常严格的人。他总是把东西收拾得干净、整齐，桌子擦了一遍又一遍，生怕沾上灰尘，书籍由高到矮摆得平平整整，看完什么书都要归为原位。有一次，有一位同学借了一本书把书折了一下，他就感觉非常生气，从此不再借书给别人。有时候，当他不在寝室时，老是担心别人动他的东西，回到寝室反复地整理、清查，把桌椅反复地擦洗，有时突然感觉哪里不对劲，觉得浑身有什么东西时，就会赶快洗澡、洗衣，有时甚至一天洗三四次澡。他自己心里有时也觉得这样没什么必要，可就是不由自主，心里很烦恼，同学们也总是觉得他怪怪的，不敢与其打交道。

点评：强迫型人格障碍究其根源是由于个体对早期生活体验的异化，如惧怕教室、课桌，其根本原因是惧怕教室中的某个人等。事实上，它是一种象征性的解除焦虑的心理防卫机制。因此应该认真分析该生的家庭成长背景，找到真正导致其产生焦虑的根源。

强迫型人格障碍的症状表现：

(1)做任何事情都要求完美无缺，按部就班，有条不紊，有时反而会影响工作效率。

(2)不合理地要求别人也要严格地按照自己的方式做事，否则心里就很不痛快，对别人做事很不放心。

(3)犹豫不决，常推迟或避免做出决定。

(4)常有不安全感，穷思竭虑，反复考虑计划是否适当，反复核对检查，唯恐疏忽和出差错。

(5)拘泥细节，甚至连生活小节也要“程序化”，不遵照一定的规矩就感到不安或要重做。

(6)完成一件工作之后常缺乏愉快和满足的体验，甚至容易悔恨和内疚。其对自己要求严格，过分沉溺于职责义务与道德规范，无业余爱好，拘谨吝啬，缺少友谊往来。

符合上述项目中至少三项时，方可诊断为强迫型人格障碍。由此可见，梁同学具有强迫型人格障碍。强迫型人格障碍的形成一般在幼年时期开始，与家庭教育和生活经历直接有关。以梁某为例，据他回忆，母亲对他管教严厉，常严格要求他，小时在家做事拘谨和小心翼翼，生怕因做错事而遭到母亲的惩罚，逐渐形成了做事优柔寡断、犹豫的性格，并常伴有紧张、焦虑的情绪反应。一些家庭成员的生活习惯，也可能对孩子产生影响。如医生家庭，由于过分清洁，对孩子的卫生特别注意，可能使孩子产生强迫性洗手等行为。另外，幼年时期受到较强的挫折和刺激，也可能形成强迫型人格。研究还表明，强迫型人格与遗传有关系，家庭成员中有强迫型人格障碍的，其亲属患强迫型人格障碍的概率比普通正常家庭要高。

强迫型人格障碍的主要特征是把冲突理智化，过分压抑情绪，因此其纠正的方法主要是减轻和放松精神压力。同时施予合理的心理疗法。事实上，无论是恐怖还是洁癖都是强迫模式的派生物，其心理病因同出一辙，即一方面是自幼养成的性格特点，一方面是青春期的困惑，只有加强认识，并在心理医生的配合下采用恰当的治疗方法，才可能更快地消除忧虑，愉快、坦然地面对人生。

4. 表演型人格障碍

表演型人格障碍以高度的自我中心、过分情感化，以及用夸张的言语和行为吸引他人注意为主要特点。他们暗示性高，很容易受他人的影响；说话夸大其词，以自我为中心，情感反应强烈、易变，完全按个人的情感判断好坏；为了引起别人注意而哗众取宠、危言耸听，或者在外貌和行为方面表现得过分吸引他人。

案例分析

真假两面人

李某，男，23岁，大二，汉族。因喜表现自己，感情用事，易激惹，于2013年入院。

病人于3年之前，因不明原因逐渐表现出爱模仿戏装演员的动作，身着戏装或齐肩的红毛衣，头戴鲜花，抹口红，打扮自己，行为举止女性化。同时容易发脾气，自己的愿望如不能得到满足，就烦躁，甚至打人。变得非常自私，把家里的电视机和洗衣机搬至自己的房间，不许别人使用，并常紧锁门户，防止他人进入。爱听表扬的话，与人谈话时，总想让别人谈及自己如何有能力、亲戚如何有地位、自己外貌如何出众等，如果别人谈及别的话题，病人常常千方百计地将话题转向自己，而对别人的讲话内容则心不在焉。因此，病人常与家庭地位、经济情况、个人外貌等不如他的人交往，而对强于他的人常常无端诋毁。病人常常感情用事，以自己高兴与否来判断事物的对错和人的好坏，对别人善意的批评，即使很婉转，也不能虚心接受，不但不领情，还仇视别人，迫使别人不得不远离他。因此，许多人说他不知好歹。与别人争论问题时，总要占上风，即使自己理亏，也要编造谎言，设法说服别人。在学校上学期间，有时对人过分热情，但若别人稍违于他，就与别人吵架，从而导致关系破裂，几乎无亲密朋友。近几年来，与人发生纠纷次数有所增加，给家庭带来许多麻烦。患病3年来，病情从未缓解过，但饮食、睡眠、大小便基本如常。

点评：表演型人格障碍一般以外表迷人、热心、好交际为主要特征，但这也使得患者在周围人的眼里，是不真诚的、肤浅的。他们一般喜欢在陌生人面前显示自己，以此来博得他人的赞美。而一旦建立了某种关系，他们会变得十分苛刻，表现为以自我为中心、不为他人考虑、过分的自我关注等。

表演型人格障碍，又称癔症型人格障碍、寻求注意型人格障碍或心理幼稚型人格障碍。从这些同义术语的字面含义中即可看出，此型人格障碍以人格的过分感情化，以夸张言行吸引注意力及人格不成熟为主要特征。关于癔症型人格与癔症的关系，过去人们认为两者是一脉相承的。但临床观察发现，癔症病人的病前人格为表演型的仅为20%，一些明显的表演型人格病人可终生不发生癔症，此情况表明，表演型人格虽与癔症有关，但并非有必然的联系。因此，现在普遍倾向于使用“表演型”而回避“癔症型”，以达到将“癔症人格”与“癔症”分开之目的。

国外报道到本病在成人人群中的患病率为2.2%，且妇女患病率高于男性2倍。本病的病因主要是幼年创伤性体验、家庭因素、文化影响等。较多发生于少年期后阶段，随着年龄的增长，人格逐渐趋向成熟，至中年有明显缓解。

对于表演型人格障碍的诊断，我国的标准是：

(1)符合人格障碍的诊断标准。

(2)症状至少符合下述项目中的三项。

①表情夸张得像演戏一样，装腔作势，情感体验肤浅。

②暗示性高，很容易受到他人的影响。

③自我中心，强求别人符合他的需求或意志，感到不如意就给别人难堪或表示出强

烈不满。

④经常渴望表扬和同情，感情易波动。

⑤寻求刺激，过多地参加各种社交活动。

⑥需别人经常注意，为了引起注意，不惜哗众取宠、危言耸听，或者在外貌和行为方面表现得过分吸引他人。

⑦情感反应强烈易变，完全按个人的情感判断好坏。

⑧说话夸大其词，掺杂幻想情节，缺乏具体的真实细节，难以核对。

表演型人格障碍的治疗过程中，可以采用以下方法：

(1)使患者充分地认识自己。

(2)在教育的过程中不给患者以表演的榜样。

(3)朋友、家长要给予诚恳的评价，并反复地提醒患者有意识地控制情绪。

5. 反社会型人格障碍

反社会型人格障碍以漠视他人权利和侵犯他人权利(即行为不符合社会规范)为主要特征。这种人感情冷淡，对人缺乏同情，漠不关心，缺乏正常的人际之爱；常发生冲动性行为；即使给别人造成痛苦，也很少感到内疚，缺乏罪恶感，因此常做出不负责任的行为，甚至是做一些违法乱纪的行为，且屡教不改。其临床表现的核心是缺乏自我控制能力。

案例分析

疯狂的忽某

忽某，女，大三，父母双全，在家中四个孩子中排行第二。她身高160厘米左右，体态正常，无重大躯体疾病史。父母长期分居，情感关系不好。小时候，她经常被母亲打骂，曾两度离家出走，并多次自残(左手臂留有多处自残疤痕)。高中起母亲不太打骂忽某了，但是父亲却开始经常对其施加暴力，父母关系不好时也时常迁怒于她。据同学们反映，她比较特立独行，没有关系亲密的朋友，平时比较情绪化，但没有过激和过分的行为表现。该生对老师的感情特别重视。哪个老师对她好，关心她，她就喜欢这个老师，并希望能天天和他在一起。从高中的班主任一直到大学的班主任，前后喜欢过四位对自己很关切的老师。喜欢某位老师以后，开始不分时间地给这位老师打骚扰电话、发骚扰短信，严重地影响了老师的生活。老师因此言辞中略带有拒绝或批评，立即由爱生恨，开始疯狂地纠缠和骚扰。以大学期间为例。因为班主任对她很关心，时常开导她，她就喜欢上班主任，希望可以天天在一起，但是遭到老师的拒绝。此后，开始不断骚扰班主任，砸破老师家门口的东西、剪坏老师家的防盗纱窗、在老师家门口蹲点、堵塞老师家的钥匙孔、使用恶毒的语言对老师及其家人进行长时间辱骂等。班主任联系其父亲后，她表现非常害怕，开始反复道歉、骂自己、写保证书，但是没有坚持多长时间就故态复萌。班主任联系家长告知其问题的严重性，希望可以尽快带忽某去相关医院进行诊断治疗，但是其父还是不愿重视，并认为这就是她生活的一部分，她就觉得这样有意思。后来她的攻击对象不仅限于男性教师，对另一位年长的女性教师亦表现出更加过激的行为。她不爱学习,考试都是靠抄袭,上学期曾因为考试作弊被学校处分,但她却认为老师不应该处分自己,还应该帮助学生抄袭。自述书包里现在还藏有一把匕首,甚至想过到老师家进行报复性的“三光”,即把老师家的财产及身份证、银行卡都抢光,把老师全家人杀光,把老师家烧光,然后再杀掉自己的父母。

点评:长期的家庭暴力造成了忽某对爱的缺失,使其人格的成长滞后、扭曲。老师对她的关心唤起了她对爱的渴望,但她所下理解的爱却是毫无保留的,所以当她强烈的爱遭遇到挫折后就会变成强烈的恨。在爱恨交织的感受中,她内心变得煎熬,于是她开始摧残自己、否定自己。与此同时,她体验到一种破坏的快感和胜利感,一次次得逞后师长对她的包容助长了她的情绪发泄。

我国反社会人格障碍多以经常违法乱纪,对人冷酷无情为特点,且男性多于女性。此类人往往在童年或少年期(18岁前)就出现了品行问题,成年后(指18岁后)习性不改,主要表现行为不符合社会规范,甚至违法乱纪。

(1)符合人格障碍的诊断标准,并至少有下列3项行为。

①严重和长期不负责任,无视社会常规、准则、义务等,如不能维持长久的工作(或学习)经常旷工(或旷课)、多次无计划地变换工作;有违反社会规范的行为,且这些行为已构成拘捕的条件(不管拘捕与否)。

②行动无计划或有冲动性。

③不尊重事实,如经常撒谎、欺骗他人,并以此获得个人利益。

④对他人漠不关心,如经常不承担经济义务、拖欠债务、不瞻养子女或父母。

⑤不能与他人维持长久的关系,如不能维持长久的(1年以上)夫妻关系。

⑥很容易责怪他人,或对其与社会相冲突的行为进行无理辩解。

⑦对挫折的耐受性低,微小的刺激便可引起他的冲动,甚至会有暴力行为。

⑧易激惹,并有暴力行为,如反复斗殴或攻击别人,包括无故殴打配偶或子女。

⑨危害别人时缺少内疚感,不能从经验,特别是在受到惩罚的经验中获益。

(2)在18岁前有品行障碍的证据,至少有下列3项行为。

①反复违反家规或校规。

②反复说谎(不是为了躲避体罚)。

③习惯性吸烟、喝酒。

④虐待动物或欺负弱小的同伴。

⑤反复偷窃。

⑥经常逃学。

⑦至少有2次外出过夜未向家人说明。

⑧过早发生性活动。

⑨多次参与破坏公共财物的活动。

⑩反复挑起或参与斗殴;被学校开除过,或因行为不轨而至少停学一次;被拘留或被公安机关管教过。

由于反社会型人格障碍的病因相当复杂,目前对此症的治疗尚缺乏十分有效的方法。使用镇静剂和抗精神类药物治疗,只能治标不治本,且疗效不显著;而心理治疗对那些由于中枢神经系统功能障碍而成为反社会型人格的患者又毫无作用。但在实践中发现，对那些由于环境影响形成的、程度较轻的患者，实施认知领悟疗法有一定疗效。施治者可帮助患者提高认识，了解自己的行为对社会的危害，培养患者的责任感，使他们担负起对家庭、对社会的责任；提高患者的道德意识和法律意识，使他们明白什么事可以做，什么事不能做，努力增强控制自己行为的能力。这些措施对减少患者的反社会行为不失为一种有效的方法。少数家庭关系极为恶劣而与社会相处尚可的患者，可以居住在集体宿舍或别人家，以减少家庭环境的负面影响，同时培养其独立生活的能力。个别威胁家庭与社会安全的反社会型人格障碍患者，可送入少年工读学校或成人劳动教养机构参加劳动，并限制其自由。对情节特别恶劣、屡教不改的患者，如上述病例中的忽某，可采用行为治疗中的厌恶疗法。当患者出现反社会行为时，给予强制性的惩罚（如电击、禁闭等），使其产生痛苦的体验，多次实施以后，患者一产生反社会行为的冲动，就感到厌恶，全身不舒服，通过这样减少其反社会的行为。然后根据其行为矫正的实际表现，放宽限制，逐步恢复其正常的家庭生活与社会生活。

6. 自恋型人格障碍

这种人自以为了不起，平时好出风头，喜欢接受别人的注意和称赞；好“拔尖”，只注意自己的权利而不愿尽自己的义务；从不考虑别人的利益，要求旁人都得按照他的想法去做，不择手段地占他人的便宜，而不考虑对自己的名声有何影响。此外，这种人缺乏同情心，理解不了别人的感情。

7. 回避型人格障碍

回避型人格障碍是以社交抑制、情感不适当和对负面评价过分敏感为主要表现的一种人格障碍，显著特征是：敏感羞涩，害怕在别人面前出现窘态；很容易因他人的批评或不赞同而受到伤害；心理自卑，行为退缩，对需要人际交往的社会活动或工作总是尽量逃避。

8. 依赖型人格障碍

依赖型人格障碍是以过分需要照顾、自主精神比较弱、独立意识缺乏为主要特征的人格障碍。其主要表现是过度依赖他人，而构成这种自我淡化的原因是对被他人遗弃的害怕。他们无独立性，无主见，很难单独进行自己的计划或做自己的事；难以接受分离，当亲密关系中止时会感到无助或崩溃；易受伤害，害怕孤独，害怕被别人遗弃。

二、人格障碍的防治

人格障碍一般始于童年或青少年，可持续到成年或终生。一般认为，人格障碍是在不良先天素质的基础上遭受环境中的有害因素影响而形成的。它在大学生心理咨询中也是比较常见的。

人格障碍的类型比较复杂，但也有些共同的特点：人格障碍患者的一般意识是清醒的，认识能力也比较完整，是在没有意识障碍以及记忆力、智力活动无明显缺陷的情况下出现的情感与行为活动的明显障碍，但他们一般能正常处理自己的日常生活和工作，能理解自己的行为后果。由于对自己的人格缺陷缺乏自知力，他们很难从错误和过去的生活经验中吸取教训并加以纠正，因此不能适应周围的社会环境。另外，人格障碍有相对的稳定性，一旦形成就不易改变且矫治困难。

从生物、心理、社会医学模式的角度来看，人格障碍往往受生物学因素、心理发育和社会环境三方面因素的影响，但幼年期是心理发育因素起主要作用。人格障碍以心理治疗为主。人格障碍形成之后，虽然矫治困难，但通过环境适应训练、择业行为方式指导、矛盾冲突的情境分析（以避免屡犯同样的错误）、人际关系的调整与改善，以及优点特长的发挥等心理治疗，可以逐步得到一定程度的缓解与改善。药物治疗可起临时对症的效果，但应在专业医生指导下进行。

人格障碍最重要的是要以预防为主。加强婴幼儿及中小学生的心理卫生工作，普及心理卫生科学知识；关注青少年成长，从小培养其健全的人格，不断提高其心理素质，这是防治人格障碍的根本举措。

第五节　大学生健康人格的塑造

改革开放的不断深入为大学生健康人格的塑造创造了良好的社会大文化氛围，但是，社会转型的负效应也令部分大学生产生了困惑和迷惘，表现出现实人格与健康人格的一系列反差：超前思维带有片面性，自我意识呈现消极特点。比如对社会政治问题认识不足，以致轻率评论；对今后事业的追求期望过高；自我扩张表现出盲目性，“主体的我”与“社会的我”相对立；价值规范的失范性；一些大学生肤浅地吸收了各种人生价值观，产生了心理冲突，而且往往采取消极的自我防御机制；人格障碍的扭曲性，以偏执型人格和反社会型人格扭曲为多见。

当代大学生作为社会主义事业的建设者和接班人，其政治信仰应该是马列主义和毛泽东思想。但相关调查表明，23%的大学生对马列主义的科学性持无所谓态度或怀疑态度，只有6%的大学生坚决反对“大学生信教”。大学生的价值观也发生了明显的变化，价值主体由社会本位转向个体本位，价值取向由重理想转向重现实功利。还有调查表明，25%～40%的学生对代表集体主义取向的观点予以否定。甚至有近二分之一的学生赞同或有点赞同极端个人主义观点。在注重自我的同时，部分大学生淡化了对理想的追求，过分强调个人利益，忽视、漠视他人、集体和社会的需要，大学生中不但出现违反校规校纪的情况，还不断出现违法犯罪现象。

这一切都说明了大学生的现实人格与健康人格存在较大的反差，而消除这种反差，则成为高校思想政治工作者和教育者的迫切任务。

一、突出世界观、理想、信念教育，强化主体自我意识

首先，要引导大学生学习马克思主义理论的精神实质，提倡一种积极向上的健康文化心态。尤其要加强建设中国特色社会主义理论和党的基本路线理论的学习教育，提

倡讲理想、讲奉献，帮助大学生树立正确的人生观、世界观。其次，由于自我意识影响和制约着大学生人格的形成，因此，在塑造大学生健康人格的过程中，应该强化主体的自我意识：一要处理好个人与社会的关系；二要发挥大学生自我教育的作用，使大学生能根据现实社会发展的要求，选择自己的理想人格目标和人生发展道路。

二、进行心理调适，积极参与社会实践

健康不仅在于一个人没有疾病，还在于一个人有良好的身体、精神状态和社会适应能力。作为教育者，有义务通过必要地调适来帮助大学生学会自我调适，增强生活适应能力，健全心理防卫机制，如加强校园文化建设、开展心理咨询等。由于社会因素是人格结构中的一个重要因素，所以只有通过社会实践、社会交往才能发展和完善人格结构。大学生应该在社会实践中不断深化人格认识，不断充实、提高和完善自我。

三、加强道德和审美教育

道德观念和道德修养集中体现了人格主体的思想品质。加强道德教育，一是要加强基础文明教育；二是要加强集体主义教育，要使学生能够正确处理个人和集体的利益关系，要能够把个人的前途和整个国家的发展紧密结合起来，用社会主义集体主义道德观重塑健康的人格。人的审美是超生物性的需要和享受，它与人的认识能力和道德理性能力共同作用，使人进入一种高级精神境界，使人格臻于完善。审美教育包括形态教育、美感教育和对美的创造，通过培养大学生对美的热爱，以美引善，以美导真，进而实现人格的完善。

思考与学习

(1)大学生常见的人格障碍有哪些？

(2)大学生该如何培养良好的人格？

心理训练营

发现自己的力量

1. 活动准备

(1)物品准备。

①桌子成组摆放(8～10人)。

②自备材料：铅笔、橡皮。

③分发材料：A4纸。

(2)活动准备。

①介绍表达性艺术治疗，使成员对其有初步了解。

②订立团辅活动契约。

2. 活动过程

(1)热身。

内容：非惯用手涂鸦。鼓励成员以直接去“做”、去“画”来代替去“想”，帮助成员将自己最原始、抽象的图样呈现出来。

目的：非惯用手涂鸦，可以降低成员对创作好坏的焦虑。

操作：邀请成员拿出第一张白纸，用非惯用手在白纸上涂鸦。

(2)主题活动。

内容：画“树”。

目的：帮助老师们减压、提升自信。

操作：

①邀请成员拿出第二张白纸。

②请成员在纸上画“树”。

③在纸的背后写上树的名字以及它生长的季节，并用三五个词描述它。

④找出与你的画相似的成员，成为一个小组，在大厅内找位置坐下来。

⑤与小组成员分享你画的树是什么样的。

(3)小组内讨论。

①我们小组的树有些什么共同特点？

②我们这些人有什么共同的个性和人格特点？

(4)以组为单位，与全体伙伴分享讨论结果。

(5)今天的活动你有什么收获？

(6)介绍图画技术的工作原理。

心理小测试

性格类型测验

下面一组题目，请据实回答“是”与“否”。

(1)对人十分信任。

(2)喜静安闲。

(3)能在大庭广众之下工作。

(4)工作时不愿他人在旁观看。

(5)不常分析自己的思想和动机。

(6)遇到集体活动时，愿留在家中而不出席。

(7)愿意别人在旁观看自己擅长的工作。

(8)宁愿节省而不愿耗费。

(9)能将强烈的情绪(如喜、怒、悲)表现出来。

(10)很讲究写应酬信。

(11)不拘小节。

(12)常写日记。

(13)能与观点不同的人自由联络。

(14)对不是十分熟悉的人，不轻易信任。

(15)喜欢读书，常刨根问底。

(16)常回想自己的经历。

(17)喜欢常常变换工作。

(18)在公共场所中肃静无哗。

(19)不愿别人提示，而愿别出心裁。

(20)三思之后决定。

测试诊断标准：

20道题分两组：第一组包括第1、3、5、7、9、11、13、15、17、19题；第二组包括第2、4、6、8、10、12、14、16、18、20题。

第一组"是"多，性格则是外向型；第二组"是"多，性格则是内向型；两者相差不多，则属于中间型。

气质类型测验

下面60道题，可以帮助你大致确定自己的气质类型，请根据自己的情况在"很符合、比较符合、介于符合与不符合之间、比较不符合、完全不符合"5个答案中选择一个适合自己的。很符合为2分，比较符合为1分，介于符合与不符合之间为0分，比较不符合为-1分，完全不符合为-2分。

(1)做事力求稳妥，一般不做无把握的事。

(2)遇到可气的事就怒不可遏，想把心里话全说出来才痛快。

(3)宁可一个人干事，也不愿很多人在一起。

(4)到一个新环境后能很快适应。

(5)厌恶那些强烈的刺激，如尖叫、噪音、危险镜头。

(6)和人争吵时总是先发制人，喜欢挑衅。

(7)喜欢安静的环境。

(8)擅长与人交往。

(9)羡慕那种善于克制自己感情的人。

(10)生活有规律，很少违反作息制度。

(11)在多数情况下，情绪是乐观的。

(12)碰到陌生人时觉得很拘束。

(13)遇到令人气愤的事时，能很好地克制自我。

(14)做事总是有旺盛的精力。

(15)遇到问题总是举棋不定、优柔寡断。

(16)在人群中从不觉得过分拘束。

(17)情绪高昂时，觉得干什么都有趣；情绪低落时，又觉得什么都没意思。

(18)当注意力集中于某一事物时，别的事很难使我分心。

(19)在理解问题方面总比别人快。

(20)碰到危险情境时，常有一种极度恐怖感。

(21)对学习、工作、事业怀有很高的热情。

(22)能够长时间做枯燥、单调的工作。
(23)符合兴趣的事情,干起来劲头十足,否则,就不想干。
(24)一点小事就能引起情绪的波动。
(25)讨厌做那种需要耐心、细心的工作。
(26)与人交往不卑不亢。
(27)喜欢参加热烈的活动。
(28)爱看感情细腻、描写人物内心活动的文学作品。
(29)工作学习的时间长了,就感到厌倦。
(30)不喜欢长时间谈论一个问题,愿意实际动手去干。
(31)宁愿侃侃而谈,也不愿窃窃私语。
(32)别人总是说我闷闷不乐。
(33)在理解问题方面常比别人慢些。
(34)疲倦时只要短暂的休息就能精神抖擞,重新投入工作。
(35)心里有话宁愿自己想,也不愿说出来。
(36)认准一个目标就希望尽快实现,不达目的,誓不罢休。
(37)学习、工作一段时间后,常比别人更疲倦。
(38)做事有些莽撞,常常不考虑后果。
(39)老师讲授新知识时,总希望他讲得慢些,多重复几遍。
(40)能够很快地忘记那些不愉快的事情。
(41)做作业或完成一件工作总比别人花的时间多。
(42)喜欢运动量大的剧烈体育运动或参加各种文艺活动。
(43)不能把注意力很快地从一件事转移到另一件事上去。
(44)接受一个任务后,就希望能把它迅速解决掉。
(45)认为墨守成规比冒风险强些。
(46)能够同时注意几件事物。
(47)当我烦闷的时候,别人很难使我高兴起来。
(48)爱看情节起伏跌宕、激动人心的小说。
(49)对工作抱有认真严谨、始终一贯的态度。
(50)和周围的人总相处不好。
(51)喜欢复习学过的知识,重复做能熟练做的工作。
(52)希望做变化大、花样多的工作。
(53)小时候会背的诗歌,我似乎比别人记得清楚。
(54)别人说我“出语伤人”,可我并不觉得这样。
(55)在体育活动中,常因反应慢而落后。
(56)反应敏捷、头脑机智。
(57)喜欢有条理而不甚麻烦的工作。
(58)兴奋的事情常使我失眠。

(59)老师讲新概念时，常常听不懂，但是弄懂了以后就很难忘记。

(60)假如工作枯燥无味，马上就会情绪低落。

记分：

胆汁质型得分：第2、6、9、14、17、21、27、31、36、38、42、48、50、54、58题的得分之和。

多血质型得分：第4、8、11、16、19、23、25、29、34、40、44、46、52、56、60题的得分之和。

黏液质型得分：第1、7、10、13、18、22、26、30、33、39、43、45、49、55、57题的得分之和。

抑郁质型得分：第3、5、12、15、20、24、28、32、35、37、41、47、51、53、59题的得分之和。

确定气质类型的标准：

(1)如果某类气质得分明显高于其他三种，且均高出4分以上，则可确定自己为该类气质。如果该类气质得分超过20分，则为典型；如果该类得分在10～20分，则为一般型。

(2)两种气质类型得分接近，其差异低于3分，而且又明显比其他两种气质类型高出4分以上，则可确定其为这两种气质的混合型。

(3)三种气质得分均高于第四种，而且得分接近，则为三种气质的混合型，如多血—胆汁—黏液质混合型、黏液—多血—抑郁质混合型。

胆汁质类型的特点：精力充沛、情绪发生快而强、言语动作急速而难于控制、热情、显得直爽或胆大、易怒、急躁等。

多血质类型的特点：活泼好动、敏感、情绪发生快而多变、注意和兴趣容易转移、思维和言语动作敏捷、善于交际、亲切、有生气，但也往往表现出轻率、不真挚等特点。

黏液质类型的特点：安静、沉稳、情绪发生慢而弱、言语动作和思维比较迟缓、注意稳定、显得庄重、坚忍，但也往往表现出执拗、淡漠的特点。

抑郁质类型的特点：柔弱易倦、情绪发生慢而强、体验深沉、言行迟缓无力、胆小、忸怩，善于觉察到别人不易觉察到的细小事物，容易变得孤僻。

第十章 不识庐山真面目，只缘身在此山中
——大学生常见心理障碍

我那颗忐忑不安的心越跳越快，我不敢往下想了。

我恐惧地畏缩着，周围的一切仿佛都要把我吞噬掉，迎面是无尽的黑暗。

心理定律

扁鹊的医术

魏文王问名医扁鹊："你们家兄弟三人，都精于医术，到底哪一位最好呢？"

扁鹊答："长兄最好，中兄次之，我最差。"

文王再问："那为什么你最出名呢？"

扁鹊答："长兄治病，是治病于病情发作之前。由于一般人不知道他事先能铲除病因，所以他的名气无法传出去。中兄治病，是治病于病情初起时。一般人以为他只能治轻微的小病，所以他的名气只及本乡里。而我是治病于病情严重之时。一般人看到我在经脉上穿针放血、在皮肤上敷药等大手术，以为我的医术高明，名气因此响遍全国。"

心得：事后控制不如事中控制，事中控制不如事前，可正如心理疾病一样，治病不如防病。

第一节 认识精神疾病

人的精神和人的躯体一样，可以保持正常状态，也可能出现异常、障碍和疾病。这里将介绍常见精神疾病症状的识别和大学生常见精神疾病及其防治。

一、精神疾病的症状及其识别

精神疾病是指以感觉、知觉、记忆、思维、情感、意志等精神活动异常为主要特征的一类疾病。精神疾病的发病原因较为复杂，包括生理因素、心理因素和社会环境因素。据资料显示，大学生中精神疾病的发生率呈上升趋势，因病退学或休学的学生中，精神

疾病占一第位。因此,早期发现和预防精神疾病是高校心理健康教育的重要工作之一。

精神疾病主要包括精神分裂症、神经症、人格障碍等。精神疾病通常表现为精神症状。常见精神症状包括感知觉障碍、思维障碍、注意障碍、记忆障碍、情绪障碍、意志行为障碍和意识障碍等,其中以感知觉障碍和思维障碍为主。

1. 感觉障碍

感觉是指客观刺激作用于感觉器官所产生的对事物个别属性的反映,如颜色、形状等。它是知觉的基础。如果感觉体验与外界客观事物或事实不相符,则称为感觉障碍。

(1)感觉过敏。感觉过敏者会感觉阳光特别耀眼,风吹的声音特别刺耳,会觉得对别人来说很普通的气味异常浓郁而刺鼻,皮肤的触觉和痛觉非常敏感,甚至衣服或被单触到身体时也感到难以忍受。

(2)感觉减退。感觉减退可形象地表达为:食而无味,听而无音,视而无色,甚至感觉消失。感觉消失常常见于癔症。当然,正常人处在瞌睡状态、抑郁状态、催眠状态时也会发生感觉减退。

(3)感觉倒错。感觉倒错者对外界刺激产生与正常人不同性质或相反的异常感觉,如对冷的感觉为热,用棉球轻擦皮肤时,患者产生麻木感或疼痛感等。感觉倒错也多见于癔症。

2. 知觉障碍

知觉是某事物的不同属性在脑中进行综合,并结合以往经验所形成的整体印象。如果知觉体验与外界客观事物或事实不相符,则称为知觉障碍。

(1)错觉。错觉是歪曲的知觉,也就是把实际存在的事物歪曲地感知为与实际完全不相符合的事物。例如,把挂在衣架上的大衣看成是躲在门后的人,把一个装在天花板上的圆形灯罩看成是悬挂着的人头等。正常人也有错觉,如“杯弓蛇影”“草木皆兵”等,但一般来说,正常人一旦察觉是错觉或知道产生错觉的原因,就可以纠正这种错觉并使其消失。临床上以错听和错视最为多见。

(2)幻觉。幻觉即虚幻的知觉,是在客观现实中并不存在某种事物的情况下,病人却感知到它的存在。幻觉是一种最常见而且重要的精神病性症状,常与妄想合并存在。

按不同的感官,幻觉可分为幻听、幻视、幻嗅、幻味、幻触和内脏性幻觉。

①幻听。幻听在临床上最常见。幻听的内容多种多样,声音常常比较清晰,能清楚地辨别男或女、熟识或陌生,以及能明确地指出声音的所在地。幻听可分为命令式幻听、评论式幻听、机能式幻听等。

②幻视。幻视也是一种比较常见的幻觉,患者常常能看到凶恶的鬼怪、猛兽,或者明明窗外没有人,却看到有人在窗外。

③幻嗅。幻嗅表现为患者能闻到别人闻不到的气味,而且往往是一些类似腐烂食品、烧焦食品、粪便等很难闻的气味。在精神分裂症病人中,幻嗅往往与其他的幻觉和妄想结合在一起。

④幻味。幻味表现为患者尝到食物内有某种特殊的怪味,因而拒食。它常继于被害妄想,主要见于精神分裂症。

⑤幻触。幻触表现为患者感到皮肤或黏膜上有某种异常的感觉，如虫爬感、针刺感等。幻触可见于精神分裂症或器质性精神病。

⑥内脏性幻觉。内脏性幻觉是患者对躯体内部某一部位或某一脏器的一种异常的体验，如感觉到某一内脏在扭转、断裂、穿孔或有昆虫在胃内游走等。

3. 感知综合障碍

感知综合障碍是指患者能感知客观事物，但对某些个别属性，如大小、形状、颜色、距离、空间、位置等产生错误的感知，多见于癫痫、精分症。感知综合障碍主要包括视物变形症、非真实感和窥镜症。

(1)视物变形症。视物变形症是指患者感到某个外界事物的形象、大小、颜色及体积等出现了变化。例如，患者看到其父亲的脸变得很长，眼睛变得很小，脸色像死人那样难看，非常恐惧。视物变形症中较为典型的是视物显大症和视物显小症，如患者看到家里养的小猫像老虎那样大，而成人的个头比七八岁小孩还矮小。

(2)非真实感。非真实感是指患者感到周围的事物和环境发生了变化，变得不真实。视物如隔层帷幔，周围的房屋、树木等像是纸板糊成的，人物像是油画中的肖像般没有生机。

(3)窥镜症。患者认为自己的面孔或体形存在严重缺陷和变形，认为自己的模样变丑了，因而一日之内多次窥镜，故称为窥镜症。

4. 思维障碍

思维是人脑对客观事物间接概括的反映，是人类认识活动的最高形式。思维障碍分为思维形式障碍和思维内容障碍两种。

(1)思维形式障碍。

①思维奔逸。它是指患者联想的速度加快、数量增多、内容丰富生动。患者自述其脑子反应快、反应灵敏，并且说话主题会随境转移、音联意联，多见于躁狂症。

②思维迟缓。思维迟缓又称思维抑制，是指患者联想的速度减慢、数量减少和联想困难。患者有强烈的“脑子变得迟钝了”的感觉，多见于抑郁症。

③思维贫乏。它是指患者联想数量减少、概念与词汇贫乏。患者叙述“脑子空虚，没有什么可想的，也没有什么可说的”，常见于精神分裂症、器质性精神障碍及精神发育迟滞。

④思维松弛或思维散漫。它是指患者思维的目的性、连贯性和逻辑性方面的障碍，主要表现为患者答非所问，对问题叙述缺乏逻辑关系，使人感到交流困难，严重者会发展为破裂性思维。比如，“现在是九千九百年”“2002年上午3点上街”，可见于精神分裂症早期。

⑤破裂性思维。它表现为患者思维联想过程破裂，谈话内容缺乏内在意义上的连贯性和逻辑性，常见于精神分裂症。

⑥思维中断。思维中断者会在无任何原因的情况下，思维过程在短暂时间内突然中断，常常表现为言语突然停顿，且不受患者意愿的支配，多见于精神分裂症。

⑦思维插入和思维剥夺。患者在思考过程中，突然出现与主题无关的意外联系，并

认为这种思想是别人强加给他的，不受其意志支配，因此称为思维插入。若患者在思考过程中认为自己的一些思想被外界的力量掠夺了，则称为思维剥夺。两者多见于精神分裂症。

⑧思维云集。思维云集又叫强制性思维，是指患者不愿想的东西全到脑子里来了，且内容杂乱多变，突然出现，又突然消失，多见于精神分裂症。

⑨病理性象征性思维。病理性象征性思维是患者用无关的、不被共同理解的具体概念来代表抽象概念，别人无法理解其思维，只有患者自己能解释。例如，某高校一位大三女生是精神分裂症病人，有一次看到道路上的汽车疾驶而过时，她往车下钻去，问她为什么这样做时，她说她投错胎了，要重新投胎。

⑩逻辑倒错性思维。它是指患者的推理十分荒谬、离奇古怪、不可理解。例如，“因为电脑感染了病毒，所以我要死了”，可见于精神分裂症。

思维形式障碍还包括思维不连贯、病理性赘述、语词新作等。

(2)思维内容障碍。

①关系妄想。患者坚信周围环境中的一些与他不相关的现象均与他有关。比如，他认为旁人之间的谈话是在议论他，别人吐痰是在针对他。

②被害妄想。患者毫无根据地坚信别人在迫害他及其家人，且迫害的方式多种多样，被跟踪、被诽谤、被隔离、被下毒等。

③影响妄想。影响妄想，又称控制感。患者坚信自己的心理活动与行为受到外界特殊东西的干扰与控制，如无线电、光波、某种射线等。患者体验有强烈的被动性和不自主性，此症状为精神分裂症的特征性症状。

④嫉妒妄想。患者坚信自己的配偶或恋人对自己不忠，与其他异性有不正当的关系。为此，患者跟踪、监视配偶，拆阅别人写给配偶或恋人的信件，检查配偶的衣物等。

⑤夸大妄想。患者坚信自己有非凡的才能、至高无上的权力、大量的财富或是名人的后裔等。夸大妄想可见于躁狂症、精神分裂症及某些器质性精神病。

⑥钟情妄想。患者坚信自己受到某一异性或许多异性的爱恋，即使遭到对方的拒绝，仍认为这是在考验他，反复纠缠不休。

⑦罪恶妄想。患者坚信自己犯有严重的错误，认为自己做错了事、说错了话，对不起别人，应该受到惩罚，甚至罪大恶极、死有余辜，因而患者采用各种方式来赎罪，常会表现出自杀、自伤、严重拒食、吃树叶、努力干活改造自己等自虐现象。

⑧疑病妄想。患者坚信自己患了某种严重的躯体疾病，因而到处求医，即使患者反复找医生看病，重复做各种检查也不能消除疑心。

⑨被洞悉感。被洞悉感，又称为内心被洞悉或思维被揭露。患者坚信自己的思想未经过言语或其他方式表达出来就已经被别人知道了，甚至人尽皆知，闹得满城风雨。

除了以上常出现的精神症状外，还有注意障碍(如注意增强、注意减弱)、记忆障碍(如记忆增强、记忆减退、遗忘症、错构、虚构)、情绪障碍、意志行为障碍、意识障碍等。

心理小贴士

如何快速辨别精神异常表现

（1）性格改变。性格变得与平时不一样了，如表现孤僻、不愿见人、常常发呆、独自发笑、悲观厌世、对人冷漠、对事物的兴趣降低、整天疑神疑鬼、情绪多变、对他人怀有敌意、无故发脾气或者紧张恐惧、长期回避社交和工作等。

（2）行为异常。行为变化明显或者变得让人不可理解，如长时间照镜子、整天不洗脸和不梳头、工作能力下降、睡眠日夜颠倒、走路爱靠墙根、穿着打扮怪异、不愿做家务、对人和事纠缠不清、整日卧床不起、好管闲事、无故摔或者砸毁物品、收藏杂物和脏东西等。

（3）言语异常。说话的方式方法变得不正常，如自己和自己说话，无故大吵大闹，满口脏话，与实际不存在的人对骂；爱说的人变得不爱说了或者不爱说的人变得爱说了；说的话或者深奥难懂，或者不符合逻辑，或者前言不搭后语；爱提一些“耳朵为什么不会吃饭”之类荒唐的问题；说背后有人议论自己，窗外有人说自己的坏话，广播电视节目是专门针对自己的等。

总之，如果一个人现在与过去相比，像是变了一个人，且与他人相比明显与众不同，那他就可能患上了精神疾病，必须到专科医院进行诊治，否则会导致症状恶化，从而增加治疗难度。

二、精神分裂症及其防治

精神分裂症通常是一种持续、慢性的严重精神疾病，以基本个性改变，思维、情感和行为的分裂，精神活动与环境的不协调为主要特征。其主要影响人的心智功能，包括思考能力及对现实世界的感知能力，进而影响人的行为及情感。临床上表现为思维、情感、行为等多方面障碍及精神活动不协调。患者一般意识清楚、智能尚好，但对自己的表现缺乏自知力。

精神分裂症病因未明，隐匿起病，发病率在精神病中居首位，发病年龄多为青壮年。

1. 精神分裂症的临床类型

（1）偏执型精神分裂症。偏执型精神分裂症较为多见。它是指一组以系统妄想为主要症状，而病因未明的精神障碍，若有幻觉则历时短暂且不突出。在不涉妄想的情况下，无明显的其他心理异常。此类型者多为30岁以后发病。他们的妄想内容较固定，有一定现实性，主要表现为被害、嫉妒、夸大、疑病或钟情等。

（2）青春型精神分裂症。青春型精神分裂症也较为多见，其起病多在15～25岁的青春期，起病较急，病情发展较快。其临床表现主要是思维、情感和行为障碍：思维破裂，情感喜怒无常，行为幼稚、愚蠢、零乱，精神症状丰富易变。此类型患者生活难以自理，预后较差。

（3）紧张型精神分裂症。紧张型精神分裂症较为少见，起病较急，多在青壮年期发病。其临床表现主要是紧张性木僵，病人不吃、不动、不说话，但意识仍然清醒。有时会从木僵状态突然转变为难以遏制的兴奋躁动，严重时可昼夜不停，行为暴烈。此类型可自行缓解，治疗效果也较为理想。

(4)单纯型精神分裂症。单纯型精神分裂症较为少见,起病隐袭,发展缓慢,多在青少年期发病。其临床表现以思维贫乏、情感淡漠或意志减退等症状为主,且无妄想、幻觉等。此类型患者的社会功能严重受损,趋向精神衰退,病程至少为2年,且预后最差,以痴呆状态为最终表现。

2. 精神分裂症的治疗要点

精神分裂症的病因和发病机理尚不清楚,通常认为与人体的特征、遗传、年龄、素质、环境及其在母体内受到的损伤等因素有关。精神分裂症的治疗以药物治疗为主,心理治疗为辅,同时需改善社会环境和病人的心境。

(1)积极的药物治疗。要采取积极的药物治疗措施,药物治疗可缓解病人症状,改善接触,促进精神康复。

(2)康复治疗。在药物治疗等各种治疗的同时,配合康复治疗,包括音乐治疗、体育治疗等,治疗效果会更明显。

(3)心理治疗。在疾病的不同阶段配合适当的心理治疗,这在疾病缓解期及恢复期是最为重要的。发挥患者在治疗中的主观能动性,增强其战胜疾病的信心,帮助患者提高其对疾病的认识,巩固疗效。对有精神缺损和精神衰退的患者,要训练其劳动能力及生活能力。

(4)院外治疗及护理。对临床治愈或出现基本缓解的患者要加强院外治疗及护理,病人要长期服用维持药量的抗精神病药物,家庭要为患者安排丰富的疗养生活,如读报、下棋、打扑克、听音乐、画画、锻炼等活动,督促患者参加集体活动。另外,可根据患者的兴趣爱好规定其每天完成一定任务,使患者生活规律,这有利于病情的康复。

(5)营造和谐友爱的环境。由于精神分裂症的发生和复发多与周围环境中的不良刺激有关,因此,营造一个友爱的环境是非常重要的。对于曾经出现过精神症状的人,应尤其注意关心、爱护和尊重,避免其受到不良的精神刺激。

(6)远离抑郁。抑郁情绪的人具有精力减退、联想困难、反应迟钝、食欲减退等症状。长此以往,会导致其身体机能减退、大脑功能紊乱,可能引发精神分裂症。因此,远离抑郁需要我们有宽广的心胸和积极向上的生活方式,客观的心态看待生活中的得失与喜忧,远离沉重的思想负担,带着一颗轻松的心情去生活和工作。

第二节　大学生常见的神经症及防治

神经症又称神经官能症,神经症是一种主要表现为焦虑抑郁、恐惧、强迫疑病症状,或神经衰弱症状的精神障碍。该障碍有一定人格基础,其病常受心理、社会(环境)因素影响。症状没有可证实的器质性病变为基础,与病人的现实处境不相称,但病人对存在的症状感到痛苦和无能为力,社会功能相对良好,自知力完整或基本完整。大学生常见的神经症包括焦虑症、抑郁症、恐惧症、强迫症、疑病症等。

一、神经症的诊断

神经症有一定人格基础，患病常受心理社会（环境）因素影响。症状没有可证实的器质性病变作为基础，与病人的现实处境不相称，但病人对存在的症状感到痛苦和无能为力，自知力完整或基本完整，病程多迁延。各种神经症性症状或其组合可见于感染、中毒、内脏、内分泌或代谢和脑器质性疾病，称神经症样综合征。

对于神经症的标准可根据病症分为四个。

（1）症状标准。至少有下列一项即为有神经症：①恐惧；②强迫症状；③惊恐发作；④焦虑；⑤躯体形式症状；⑥躯体化症状；⑦疑病症状；⑧神经衰弱症状。

（2）严重标准。社会功能受损或无法摆脱的精神痛苦，促使其主动求医。

（3）病程标准。符合症状标准至少已3个月，惊恐障碍另有规定。

（4）排除标准。排除器质性精神障碍、精神活性物质与非成瘾物质所致精神障碍、各种精神病性障碍，如精神分裂症、偏执性精神病及心境障碍等。

二、大学生神经症的类型

1. 焦虑症

焦虑症是一种以焦虑情绪为主的神经症，主要特征是发作性或持续性的情绪焦虑、神经紧张，包括惊恐性障碍和广泛性焦虑障碍。惊恐性障碍即惊恐发作，表现为突发性的紧张性忧虑、害怕或恐惧，常伴有即将大祸临头的感觉。广泛性焦虑障碍则表现为持续的紧张不安，并趋向慢性过程。焦虑症除了呈现持续性或发作性惊恐状态外，同时伴有多种躯体症状。

正常人也有焦虑情绪，但焦虑症与正常焦虑情绪反应不同：第一，它是无缘无故的、没有明确对象和内容的焦急、紧张和恐惧；第二，它是指向未来，似乎某些威胁即将来临，病人自己说不出究竟存在何种威胁或危险；第三，它持续时间很长，如不进行积极有效的治疗，则会越来越严重。

焦虑症会严重危害大学生的身心健康，如果长期处于焦虑状态，甚至会出现许多身心疾病，因此必须及时给予治疗。焦虑症以心理治疗为主，需要及时给予适当的药物辅助治疗。

（1）放松疗法。通过一些训练教会患者进行自我放松。此方法需与脱敏疗法结合使用，效果很好。在进行放松治疗前，先让患者将产生焦虑的情境从弱到强排列，然后在心理医生的帮助下，从弱到强进行放松治疗，要反复进行直到曾经任何可以使患者产生焦虑的情境都不再使他感到焦虑为止。

（2）支持疗法。自信心不足是焦虑症的根本，因此，让患者建立自信心是治疗焦虑症的关键。应该让患者树立信心，正确认识自己，相信自己有处理各种问题的能力。

（3）分析治疗。有些焦虑是由于患者将经历过的情绪体验和欲望压抑到潜意识中去的结果。因此心理医生必须帮助患者分析焦虑产生的更深层次的原因，把导致焦虑的真正原因找出，才能达到治疗目的。

(4)综合治疗。治疗焦虑症还可以通过转移注意力、体育运动等方法进行综合治疗。

2. 抑郁症

抑郁症是以情绪低落且持续两周以上为主要症状的情感性精神障碍，并伴有相应的思维与行为改变，严重者可出现幻觉、妄想等精神型症状，但没有任何可证实的器质性病变。

如果一个人在两周或更长时间内以心境低落为主，同时至少存在下述四个症状，且社会功能受损，给本人造成痛苦或不良后果，可诊断为抑郁症。

(1)兴趣丧失，无愉快感。

(2)精力减退或有疲乏感。

(3)精神运动性迟滞或激越。

(4)自我评价过低、自责，或有内疚感。

(5)联想困难或自觉思考能力下降。

(6)反复出现想死的念头或有自杀、自伤行为。

(7)有睡眠障碍，如失眠、早醒或睡眠过多。

(8)食欲降低或体重明显减轻。

(9)性欲减退。

大学生抑郁症患者最常用的词有郁闷、悲伤、沮丧、不幸、绝望、无用、自责、羞愧和没有价值，而悲伤和自责是最明显的情绪特征。患者往往把自己笼罩在消极想法中，认为自己无能，什么事情都做不好，做什么都不成功，以悲观、绝望的态度看待未来，对日常的学习、工作和社交活动失去动机和兴趣，他们也常常自责，严重者甚至厌世、轻生。

抑郁症的形成与遗传因素有着密切的关系。调查发现，抑郁症患者的亲属发病率明显高于其他群体的发病率。抑郁症还具有一定的生物化学基础，一般认为抑郁症与生物胺活性物质变化有密切关系；还有研究表明，抑郁症患者的生长激素水平、血浆皮质醇含量与正常人群相比明显不同。同时，不同类型的抑郁症患者表现出不同的性格特征，如急性抑郁症患者在患病前多表现出绝望、违拗，或是被动的攻击性人格；慢性抑郁症患者在患病前多表现出无能、被动、依赖和孤独的性格特点。此外，重大的生活事件、童年不幸的遭遇、缺乏社会支持等因素都可能在原有遗传素质的基础上，促使抑郁症这类情感性障碍的发生。

研究表明，抑郁症的终生患病率为6%～10%，约15%的人一生中曾有过一次抑郁体验。它不但影响人的工作、生活，造成经济损失，而且约有15%的患者因此自杀而结束生命，给许多家庭带来无尽的痛苦。

完整的抑郁症治疗过程包括急性期治疗、缓解期治疗和康复期治疗三个方面。治疗的主要手段是药物治疗，而心理治疗也是不可缺少的。有研究报道，经过正确的治疗，半数抑郁症患者半年内可康复，3/4的患者可在两年内康复，近90%的抑郁症患者可能用一种或多种治疗干预，完全可以重新找回自信，回归社会。

在抑郁症的治疗中，需注意以下几点。

(1)及早识别。患者及家属应学会识别抑郁复发的先兆,从而及早进行治疗。与其他疾病一样,早期诊断使发作的严重性大大减轻,有利于抑郁症的治疗。

(2)同“病耻感”做斗争。抑郁也是一种躯体疾病,病人的神经内分泌和中枢神经递质已经发生了功能异常,因此对待抑郁症要像对待其他躯体疾病一样,需要服药甚至接受住院治疗。

(3)不要抱侥幸心理。对待抑郁症的治疗不要抱侥幸心理,要坚持科学地治疗。维持治疗对以下情况者极为重要:既往多次发作者、有严重的遗传/家族史者、曾有过因停止治疗而复发者。要知道,抗抑郁药剂、维持治疗都可以预防抑郁症复发。

(4)坚定信心。抑郁症在治疗过程中可能会复发,患者有时感觉自己的状况很糟糕。但是要让患者意识到,抑郁的治疗是个螺旋上升的过程,每次的治疗都会使患者的人格得到修复和加强。

(5)提供精神支持。作为抑郁症患者的家人和朋友,不要责怪他们装病或者懒惰,要帮助他们及时获得规范进行诊断和治疗,并鼓励他们参加曾经喜欢的活动,为他们提供精神支持,包括理解、耐心、爱心和鼓励,使他们相信经过一段时间的治疗自己的病情会得到改善。

预防抑郁症的要诀有三点。

(1)善于营造快乐心情。作为大学生,我们应学会正确对待人和事。“人比人,气死人”,不要拿自己的生活与别人相比,要学会体验生活中的美好时光,停止后悔,因为那是昨天或过去的事,给自己建立一个功劳簿,增加自信。此外,要尽量拓宽自己兴趣的范围,经常与精力旺盛而又充满希望的人交朋友。

(2)注意与人沟通,把你的感受说给别人听。无论是老师、同学,还是家人、朋友,他们的关心都有赖于我们的回应。也许谈论与疾病有关的内容会有些为难,但他们是我们能够信赖的人,主动与之交流,可以得到他们的支持,而且他们还能够给我们一些很好的建议,与我们一起共渡难关。

(3)培养有规律的生活习惯,学习一些放松技巧。保证充分睡眠可以使我们更有活力和信心,从而使压力减轻;定期的运动锻炼,如散步、慢跑、游泳等可以舒缓压力,增加活力,改善睡眠和放松心情;选择健康的食物,可以使我们保持最佳的感觉,如多食蔬菜水果及低脂食物等,应避免食糖类、油炸及高脂饮食。

案例分析

“致命”的抑郁症

芳芳是一个出生于南方某普通农家的女孩,她还有一个大她两岁的姐姐。在父母眼中,芳芳各方面都不如姐姐,所以姐姐经常得到父母的表扬。父母还经常拿芳芳和一些比她成绩好的同学相比,并因此而责备她。从小到大,芳芳一直都活在自卑之中。后来,芳芳考上了某工程学院,并且在学校认识了男友小吴。之后,芳芳大学顺利毕业并被某水电施工局录用,而她的男友小吴却到了外省某单位上班。与男友的远隔千里让芳芳感到十分郁闷,身边几乎没有一个可以讲知心话的人,芳芳只能用日记记下自己的痛苦。在日记中,芳芳描述了自己几个月的状态:四肢无力,整晚失眠,感觉做什么事情都好累，甚至有时感到世界一片黑暗，没有了继续生活的信心。后来的某一天，刚参加工作5个月的芳芳在单位宿舍里结束了自己年轻的生命，也给亲人留下了无尽的悲痛。

点评：这是严重抑郁症的一个典型案例。抑郁症是大学生常见的一种精神疾病。它的突出特点就是心境悲观、自身感觉不良、自责自罪、态度冷淡、兴趣减低。有些患者还伴有失眠、不思饮食、体重减轻、性欲下降等特点。应该高度关注的一点是，抑郁症是最易导致自杀意念或自杀行为发生的一种心理疾病。据调查研究表明，80%以上的抑郁症患者有过自杀的想法或行为，而现实中身边人却经常把抑郁症看成短暂的心情不好或性格问题，这就导致了因为患上抑郁症而自杀的悲剧时有发生。所以，大学生有必要学习一些关于抑郁症的知识，从而及早地甄别、预防和治疗。

3. 恐惧症

恐惧症是指在正常情况下患者对某一特定的物体、人际交往或情境，产生异乎寻常的、让人难以理解的强烈恐惧或紧张不安的内心体验。这种恐惧感与引起恐惧的情境通常极不相称，患者也明知自己的恐惧不切实际，但仍不能自我控制。常见的恐惧症有社交恐惧、旷野恐惧和动物恐惧等。

社交恐惧症是常见的一类恐惧症，它的特点是有强迫性的恐惧情绪。患者表现为在公共场合出现情绪紧张、脸红、不敢正视别人的视线，担心自己的面部表情难看或行为不得体，因此不想与人接触，回避一切与人的交往活动。

对于大学生中常见的社交恐惧症，可以采取以下方法进行治疗。

(1)消除自卑心理，树立自信心。患有社交恐惧症的人往往很在意别人对自己的观察与评价，经常考虑别人对自己的看法。所以，大学生应对自己有一个正确的评价，过于自信和盲目自卑都是没有必要的。

(2)改善自己的性格。内向、胆怯是社交恐惧症患者的特点。患有社交恐惧症的大学生应当鼓励自己多与别人，特别是与陌生人交往，多参加集体活动，在活动中多接触他人，在与他人的交往中慢慢消除羞怯及恐惧感。

(3)系统脱敏疗法。该疗法的原理是让患者将自己恐惧的人或者情境按照强弱进行排列，在心理医生的指导下进行训练，直到患者对其不再有恐惧感为止。比如，让患者先与自己的家人接触，然后与朋友接触，再与一般熟人接触，最后与陌生人接触，从而一步步地脱离恐惧。同时，在这个过程中，家人及朋友应及时对患者进行肯定和鼓励。

(4)学习人际交往的艺术。可以让患者本人学会如何与人交往，学习一些人际交往的知识、技巧和艺术，学习一些心理学、社会学的知识，这些对处理好人际关系很重要。

(5)药物治疗。顽固性的恐惧症患者应在专业心理医生的指导下辅以药物治疗。

4. 强迫症

强迫症是以强迫症状为特征的神经症，其特点是有意识的自我强迫和反强迫并存，两者之间强烈的冲突使病人感到焦虑和痛苦。虽然患者能够清醒地认识到这些观念、情绪、意向或行为都是毫无意义的和没有必要的,但无法控制和摆脱它。

从广泛的意义区分强迫症的症状,可将其主要分为强迫观念、强迫意向、强迫情绪及强迫行为或动作。依据临床表现,可以将强迫症患者主要分为洗涤者、反复检查者和强迫观念者。

(1)洗涤者。这类患者特别怕脏,过分爱清洁,有洁癖,要反复洗手、洗衣服以及洗家里任何一件东西,更有甚者常常会因为洗涤过多而导致手部糜烂,但仍不肯罢休。

(2)反复检查者。这类患者总是担心门没关好、电灯会漏电、水龙头会滴水、煤气会泄漏等情况出现,因而经常反复检查。比如,一些学生会反复检查自己的作业做好了没有。

(3)强迫观念者。这类患者会经常想一些荒谬的问题,诸如"人为什么有两条腿""是先有鸡还是先有蛋""人为什么要死"等毫无意义的问题。这类患者对很小的事情都要反复思考,明知毫无必要,但是却无法控制,因此深感痛苦。

强迫症的治疗以心理治疗为主,并配以药物治疗。例如,患者要冷静分析自己的人格特点和发病原因,包括童年有无产生强迫症的心理创伤等。如果找出原因了,就应树立必胜的信心,尽力克服心理上的诱因,以消除焦虑情绪。同时,认真配合医生,找出心理因素,进行系统的心理治疗或药物治疗。另外,行为疗法的疗效也较好,如厌恶疗法、操作性行为改造疗法,但是不管采用何种疗法,关键是患者要坚持治疗。

平时,大学生应注意心理卫生,努力学习对付各种压力的方法和技巧,增强自信,不回避困难,培养敢于承受艰苦和挫折的心理品质,这才是预防的关键。

5. 疑病症

疑病症指对自身感觉或征象做出不切实际的病态解释,致使整个身心被由此产生的疑虑、烦恼和恐惧所占据的一种神经症。它以对自身健康的过分关心和持难以消除的成见为特点。例如,通常患者极为焦虑,反复陈述躯体症状,不断要求医学检查,无视反复检查的阴性结果,不相信医生的诊断而又去找其他医生。

疑病症患者常常不自觉地从家庭或周围寻求其对自己的注意、关心和同情,也会将这些作为满足自己某些欲望的手段。疑病症的实质是一种潜在的不安全感及内心的矛盾、冲突和困扰。患者对健康的过分关注往往是对现实生活的转移和逃避,他们常常把一切挫折、失败都归结于"病",以此减少个人心理上的压力、内疚和自责,避免对自己能力的怀疑和否认,以求心安理得。可见,疑病症实际上是自我心理防御机制作用的结果。

对确诊为疑病症的患者,应以心理治疗为主,结合其他疗法,这样才能有效地促使其恢复健康,消除疑病观念。其中,提高患者的认知水平,让患者掌握对抗疑病症的科学方法是至关重要的治疗措施。疑病症还需要配合药物治疗,通过药物治疗可以消除患者身心的不适症状,增强患者的自信心,加速其康复时间,不少患者在心理治疗和药物的配合下得以康复。

第三节　大学生心理咨询

一、心理咨询与心理治疗

1. 心理咨询概述

心理咨询是心理咨询师协助求助者解决各类心理问题的过程。

(1)心理咨询是由心理咨询师通过语言和非语言交流的方式，给来访者(咨询对象)以帮助、启发和教育，使来访者的认识、情感-和态度有所变化，从而更好地适应环境、健全人格，保持身心健康。

(2)心理咨询不同于一般的访谈与聊天。在心理咨询的过程中，经过专业训练的心理咨询师会以一颗热诚的心，与咨询对象建立良好的人际关系，运用专业的心理学知识和技巧，发现咨询对象的问题及根源，开发其潜能，激发其自主性，最终达到上述目的。

(3)心理咨询的对象主要是正常人，着重于处理正常人在现实生活中的适应性和发展性问题。其中，解决发展性的问题是咨询的特色，诸如人际关系问题、职业选择问题、教育问题、婚姻家庭问题等。由于寻求心理咨询的人总是在自觉存在心理困扰的时候才来寻访，但这不等于其患有神经症或精神病。那些一直觉得应该咨询而又不敢跨进心理咨询大门的人，多数是怕别人说自己有神经症或精神病。其实，这完全是一种误解。

(4)心理咨询的形式包括个体心理咨询、团体心理咨询、书信心理咨询、电话心理咨询、网络心理咨询等。

(5)心理咨询常用的方法和技能除了心理诊断技能以外，还包括建立关系、确定目标、制定方案、实施咨询和评估效果等方面的技能。在咨询过程中，咨询师将采用何种理论技术要视具体情况而定。心理咨询所依据的理论和使用的方法均来自心理学的基础研究。例如，基础心理学的需要—动机理论、情绪理论、心理测量学理论等是许多具体咨询策略方法和技术的基础。

2. 心理咨询与心理治疗的异同

心理治疗是心理治疗师对求助者的心理与行为问题进行矫治的过程。心理治疗一般分为一般性心理治疗和特殊心理治疗。一般性心理治疗又称支持性心理治疗，是一种较简单又常用于临床治疗的方法。该方法通过精神上的保证、解释、鼓励、教育、暗示等方式，给来访者以精神支持，减轻来访者的焦虑、抑郁、退缩等负性情绪，增强患者的防御功能，促使来访者更快、更好地适应环境，利用各种条件最大限度地、积极地配合治疗。特殊心理治疗是指基于特殊的理论学说，应用特殊的操作技术及适应对象的心理治疗方法，包括精神分析疗法、行为治疗、认知疗法、生物反馈治疗、催眠暗示疗法、森田疗法等。

心理咨询和心理治疗是运用心理学方法在双方良好的互动关系中帮助人的心理学分支。在帮助什么人、由谁来帮助、怎样帮助、达到什么目标等方面，心理咨询与心理治疗是本质相同的实践活动，但传统上各自有所侧重和分工。

(1)帮助的对象不同。一般认为，心理治疗的对象主要是有较重心理障碍的人，在临床和医疗情境中开展的工作并不是一般意义上的心理保健。而心理咨询来访者的心理问题相对较轻,不涉及严重的人格障碍,可在非医疗的情境中展开。

(2)适用范围不同。心理治疗的适应范围是性心理变态、神经症人格障碍等神经性心身疾病以及处在缓解期的某些精神病等,从事心理治疗的多是临床心理学家(通常称心理医生)、精神科大夫等。而心理咨询着重处理的是正常人在适应和发展方面的障碍,从事心理咨询的是咨询心理学家、社会工作者等。

(3)帮助的特点不同。心理治疗主要是"医治",以克服、消除各种精神症状和心身症状为主,且心理治疗用时较长,治疗从几次到几十次不等,甚至次数更多,时间更长。心理咨询主要是教育性的,以帮助来访者澄清认识、做出决策为主,其用时较短,一般咨询次数为一次至几次。

二、大学生心理咨询工作的特点与原则

1. 大学生心理咨询的特点

大学生是社会的特殊群体,故高校心理咨询工作特点有其特殊性。

(1)以发展性咨询为主。学校是培养人、塑造人的场所,学校的性质、培养目标、教育对象的特点,决定了学校心理咨询的内容应以教育的、发展的咨询内容为核心,以发展性咨询为主,而不是以障碍性咨询为主。

(2)高校心理咨询具有专业性。高校心理咨询师由经过专业培训、具有专业资格的人员来承担。心理咨询具有可操作性,要采取各种心理干预措施,帮助大学生解决心理困扰;心理咨询具有服务性,重点在于心理帮助与引导。咨询师与来访学生一起制定咨询目标,并运用心理咨询的理论、技巧与方法,帮助来访学生改变不适宜的认知与行为。咨询过程中,心理咨询师要做到真诚接纳和共情,建立平等、信任、尊重的咨询关系。

(3)来访者多是自觉自愿来寻求帮助的。大学生是文化层次较高的群体,他们中了解心理咨询的人较多,也了解心理咨询的重要性,因此他们多是自觉自愿来咨询的,主要是因学习、人际关系、求职择业的适应不良而寻求帮助。

(4)对少数有严重心理障碍的大学生应及时给予心理援助。学校心理咨询工作需建立心理危机干预机制,做到心理问题早发现、早干预、早治疗。针对大学生在心理、学习和社会适应方面存在的严重障碍或不正常状态,应进行些心理治疗,重症患者则应转介到有关医疗机构进行治疗。

(5)需要建立完善的心理支持系统。大学生心理咨询工作的正常开展和良好效果的取得,需要学校、家庭及社会各方面的支持和配合。例如,除了学校的专门心理咨询机构以外,各学院(系部)还应设有二级心理辅导站或朋辈心理辅导员,并对大学生开展心理辅导活动。

2. 大学生心理咨询的原则

对于心理咨询,大学生可能产生这样或那样的想法,甚至存在认识上的误区。通过了解心理咨询应遵循的基本原则,可以消除他们的许多困惑,使他们了解什么是心理咨

询，心理咨询能为他们做些什么。大学生心理咨询应遵循的基本原则包括尊重原则、保密性原则、时限性原则、助人原则、发展原则、中立原则和预防为主原则等。

（1）尊重原则。咨询师会尊重每个来访学生的人格及其独特性。咨询师会认真、耐心地倾听来访者的诉说，并给以适当的应答，表明一种尊重的态度和平等的关系，让来访者获得足够的安全感和心理上的安慰。

（2）保密性原则。心理咨询师会为来访者保密，不必担心咨询师会将咨询的内容透露给其他人。如果咨询师需要打破保密性原则（如有自杀和伤人危险），会尽可能地提前与来访者商量，征得来访者的同意，从而采取相关的措施，并将有关保密信息的暴露程度限制在最低范围之内。

（3）时限性原则。心理咨询时间一般规定在五十分钟左右，原则上不能随意延长咨询的时间。时限性原则可以促使来访者认识到现实规则，使来访者能够有效地利用咨询时间。心理咨询不能一次性解决问题，它需要一个过程，来访者应耐心实施心理咨询师的指导计划，并且有充分的时间来体验和感悟它，并为下一次咨询目标做好准备工作。

（4）助人原则。心理问题是压力和危机，但同时也是一次学习和成长的机会。心理咨询师帮助来访者想清楚问题之所在，分析问题的原因，找出问题发生的根源以及自己和来访者的特点之间的关系。心理咨询师不会为来访者做出决定，而是帮助来访者发掘自己的力量、寻找自身的资源，自己解决问题，从而让来访者成长为真正想成为的人。

（5）发展原则。心理咨询主要是协助来访学生进行自我探索、自我解决问题和成长。不仅要解决学生的心理困扰，更要注重学生个人的长远发展和潜能挖掘，不会因一次咨询就把来访者看死了。

（6）中立原则。有的大学生会担心咨询师批评自己或者看不起自己，但这种担心大可不必。其实，心理咨询师会保持客观中立的立场去感同身受来访者的心理，去理解来访者，接纳来访者。因为只有这样才可能帮助来访者找到自己心理问题的真正原因和解决问题的方法。

（7）预防为主原则。重视心理健康知识的宣传普及工作，提高大学生整体心理健康意识和水平，使得大学生积极关注自己的心理健康，当有了心理问题时懂得用科学方法去调适，并正确地选择心理求助。

心理小贴士

你有权重新选择今天

过去，是令你恐惧的一场噩梦，还是令你自豪的一份荣耀？对于“在此”的心理健康状况着实影响很大。临床上有一个不难发现的事实：一方面，神经症患者总是纠缠在过去的阴影之中不能自拔，如抱怨幼年时家庭父母的教育不佳，对高考失误等事件后悔莫及，因过去的“坏习惯”抱憾终生，对以前的仇人痛恨不已，对自己的某次选择、失足和懦弱的行为自责内疚，诸如此类，不一而足。另一方面，神经症患者总是爱做白日梦，他们或沉浸在未来虚幻的梦境之中，自我陶醉，自我满足；或杞人忧天，忧心忡忡，自卑自怜。

精神分析学派认为，对过去创伤的执着或固执，对被压抑或剥夺的“力比多”(Libido，即性力，弗洛伊德认为，力比多是一种本能，是一种力量，是人的心理现象发生的驱动力)的执着是患神经症的重要病因。对精神病的研究表明，好幻想和妄想正是精神分裂症等精神病患者逃避现实刺激、满足力不从心的现实需求的一种防御机制。由此看来，一个人的精神陷于过去，或沉浸未来的话，那么可能表明他与环境的协调方面已经出毛病了。回忆，尤其是强迫式的回忆就像一团乱麻，使人思维不清，方向难辨；就像一块沼泽地，你越挣扎就越陷越深；就像一个黑洞，将吞没人的整个精神能量。

任何一种深度心理治疗的方法大都会对来访者的过去做一个系统的梳理、分析和总结，这样做的目的除了要让当事人了解到目前的问题与过去的某种联系，增进对心理问题的顿悟之外，还要让当事人明白，纠缠在过去是毫无意义的，关键还是在于立足今天，重新做出某种新的选择与改变某种不恰当的行为。摆脱过去，包括不为过去的阴影所笼罩，或不满足于、不沉浸于过去的荣耀之中，立足现实，关注今天，是心理健康者的重要人格特征。存在主义心理学劝告我们，我们是向死而生的存在，我们只有很有限的时间去选择，人不能做过去的俘虏和牺牲品，每一个人都是独一无二的“我”，没有谁能代替我们去死。一个人既不能选择出身，也无法改变过去。不管过去如何，我们只确切地拥有今天，我们有权重新选择今天的生活态度和生活方式。

思考与学习

(1)精神病与神经症的区别？

(2)大学生常见的神经症有哪些？

(3)简述大学生心理咨询工作的原则？

心理训练营

学会放松自己的身体

放松训练有助于降低焦虑水平，帮助我们应对环境压力，对抗焦虑。你不妨尝试一下。

1. 呼吸法

这是一种普遍适用的、快速的放松法，使你进入精神放松状态，以调节紧张状态，提高学习效率，具体的要点如下：

(1)通过鼻子吸气，让你的胃部鼓起来，这意味着你用全肺呼吸。尽量使上胸活动最少，缓慢地吸气。

(2)屏住呼吸2～3秒钟。

(3)缓慢、均匀地将气从鼻子完全呼出。呼气时，让你的双肩和下颚下垂，使你的双手和双臂感到放松。

2. 渐进性肌肉放松

渐进性肌肉放松是通过全身主要肌肉收缩和放松的反复交替训练，使人体验到紧张和放松的不同感觉，从而更好地认识紧张反应，并对此进行放松，最后达到身心放松的目的。

这种放松训练最基本的动作是：紧张你的肌肉，注意这种紧张的感觉。保持这种紧张感3～5秒钟，然后放松10～15秒，最后体验放松时肌肉的感觉。

(1)足部：把脚趾向后伸，收紧足部的肌肉，然后放松。

(2)腿部：伸直你的腿，跷起脚趾指向你的脸；然后放松，弯起你的腿。

(3)腹部：向里、向上收紧腹部肌肉，然后放松。

(4)背部：拱起背部，然后放松。

(5)肩与脖子：尽可能耸起你的双肩(向上、向内)，头部向后压，然后放松。

(6)手臂：伸出双臂、双手，绷紧手臂肌肉，然后放松，弯起手臂。

(7)脸部：紧张前额和脸颊。皱起前额，皱起眉头，咬紧牙关，然后放松。

(8)全身：紧张全身肌肉(足、腿、腹部、背部、肩颈部、手臂和脸)。保持全身紧张几分钟，然后放松。

做完后，若仍感到紧张，可重复一次。如果仅一部分身体还感到紧张，可重复此部分的练习。当你完成这一练习，且感到放松时，应休息一小会儿时间，放松你的心理。可想象一些让你最感舒适、宁静的情境。此时要注意呼吸节奏缓慢，从鼻子深深地吸气，慢慢地呼出来。持续1～2分钟后，睁开双眼。起身时，动作要缓慢、轻柔。

3. 简单放松术

简单放松术比前一种方法更为简短，你能够轻松地达到放松状态。

首先，想象出一个让你心情平静和放松的事物，如能让你放松的声音或语句(如听大海的浪涛声，或默念“放松、放松……”)，或是优美的特殊东西(也许是一幅你喜欢的画)，或是能让你平静的情境(如乡下某个幽静的地方，或海滨沙滩)。

练习时，做到以下几点有助于加强放松效果。

(1)闭上眼睛，以一个舒适的姿势坐着，想象你的身体逐渐变得发沉和放松。

(2)用鼻子吸气，并把注意力集中于你的吸气过程。呼气时，注意心理感受，且呼吸时要自然放松。

(3)不要担心自己能否掌握这方法，按照自己的节奏让自己紧张和放松。

(4)练习持续的时间就是你能感到放松的时间。这一过程有的需要2分钟，有的需要20分钟，结束练习的判断标准是你感到放松了。当你完成练习后闭上眼睛静静地坐一会儿，然后睁开双眼，慢慢地站起来。

心理小测试

大学生人格问卷

指导语：以下问题是为了解你的健康状况并为了增进您的身心健康而设计的调查。请你按题号的顺序阅读，在最近一年中你常常感觉到或体验到的项目上画“○”。

为了使你顺利完成大学学业,身心健康地去迎接新生活,请你真实选择。

(1)食欲不振。

(2)恶心、胃口难受、肚子痛。

(3)容易拉肚子或便秘。

(4)关注心悸和脉搏。

(5)身体健康状况良好。

(6)牢骚和不满多。

(7)父母期望过高。

(8)自己的过去和家庭是不幸的。

(9)过于担心将来的事情。

(10)不想见人。

(11)觉得自己不是自己。

(12)缺乏热情和积极性。

(13)悲观。

(14)思想不集中。

(15)情绪起伏过大。

(16)常常失眠。

(17)头痛。

(18)脖子、肩膀酸痛。

(19)胸痛憋闷。

(20)总是朝气蓬勃。

(21)气量小。

(22)爱操心。

(23)焦躁不安。

(24)容易动怒。

(25)想轻生。

(26)对任何事都没兴趣。

(27)记忆力减退。

(28)缺乏耐性。

(29)缺乏决断能力。

(30)过于依赖别人。

(31)为脸红而苦恼。

(32)口吃、声音发颤。

(33)身体忽冷忽热。

(34)常常注意排尿和性器官。

(35)心情开朗。

(36)莫明其妙地不安。

(37)一个人独处时感到不安。

(38)缺乏自信心。
(39)办事畏首畏尾。
(40)容易被人误解。
(41)不相信别人。
(42)过于猜疑。
(43)厌恶交往。
(44)感到自卑。
(45)杞人忧天。
(46)身体倦乏。
(47)一着急就出冷汗。
(48)站起来就头晕。
(49)有过昏迷或抽风的现象。
(50)人缘好，受欢迎。
(51)过于拘泥。
(52)对任何事情不反复确认就不放心。
(53)对脏很在乎。
(54)摆脱不了毫无意义的想法。
(55)觉得自己有怪气味。
(56)觉得别人在自己背后说坏话。
(57)总注意周围的人。
(58)在乎别人的视线。
(59)觉得别人轻视自己。
(60)情绪易被破坏。
(61)至今，你感到自身健康方面有问题吗?
(62)至今，你曾觉得自己心理卫生方面有问题吗?
(63)至今，你曾接受过心理咨询与治疗吗?
(64)你在健康或心理方面有想咨询的问题吗?

UPI的计分方法：

UPI测验完成后，需要计算的只有一个指标，即总分。UPI问卷共64个问题，其中有4个测伪题(第5、20、35、50题)。UPI采用是非式选择，肯定选择记1分，否定选择记0分，UPI总分的计算规则是将除测伪题以外的其他60个题的得分求总和。所以，UPI的总分最高为60分，最低为0分。

UPI的筛选标准：

(1)满足下列条件之一者应归为第一类。

①UPI总分在25分(包括25分)以上者。

②第25题做肯定选择者。

③辅助题中至少有两题做肯定选择者。

④明确提出咨询要求者(由于此条选择人数较多，有时不用)。

此类为可能有明显心理问题的学生，应尽快对其进行咨询。

(2)满足下列条件之一者应归为第二类。

①UPI总分在20分至25分(包括20分，不包括25分)之间者。

②第8、16、26题中有一题做肯定选择者。

③辅助题中只有一题做肯定选择者。

(3)不属于第一类和第二类者应归为第三类。

UPI结果分析：

第一类学生中通过进一步的诊断被认为确有心理卫生问题的学生称为A类学生，该类学生需要进行持续的心理咨询。没有严重心理卫生问题的学生称为B类学生，该类学生可作为咨询机构今后关注的对象。没有任何心理卫生问题的学生称为C类学生。

关于A、B、C三类如何判定，主要是根据咨询员的经验。下面的特征可供诊断时参考。

A类：各类神经症(恐怖症、强迫症、焦虑症、严重的神经衰弱等)，有精神分裂症倾向、悲观厌世、心理矛盾冲突激烈，明显影响正常的生活、学习者，这类学生可立即预约下次咨询时间，每周或隔周面谈一次，直至症状减轻。

B类：存在一般心理问题，如人际关系不协调、新环境不适应等。这类学生有种种烦恼，但仍能够维持正常的学习和生活。对他们提供帮助的同时请他们在有问题时随时咨询。

其余为C类，对他们通过面谈可以起到预防的作用。他们的症状暂时不明显或已经解决，但是需要提醒他们，在其以后出现相关不良症状后，要知道向咨询机构寻求帮助。

参 考 文 献

[1]白羽. 改变心力——团体心理巡礼与潜能激发[M]. 杭州:浙江文艺出版社,2006.
[2]孔令智,汪新建,周晓虹. 社会心理学新编[M]. 沈阳:辽宁人民出版社,1987.
[3]周家华,王金凤. 大学生心理健康教育[M]. 第3版. 北京:清华大学出版社,2010.
[4]黄丽. 校园成长列车——献给大学新生的心灵礼物[M]. 杭州:浙江科学技术出版社,2009.
[5]钱铭怡. 变态心理学[M]. 北京:北京大学出版社,2006.
[6]樊富珉,张天舒. 自杀及其预防与干预研究[M]. 北京:清华大学出版社,2009.
[7]樊富珉,王建中. 当代大学生心理健康教程[M]. 武汉:武汉大学出版社,2006.
[8]郭丽. 心扉轻启(大学生人际交往心理个案解析)[M]. 广州:华南理工大学出版社,1999.
[9]聂振伟. 大学心理[M]. 北京:中国人民大学出版社,2009.
[10]樊富珉. 团体心理咨询[M]. 北京:高等教育出版社,2005.
[11]夏小林,李晓军,李光. 大学生心理健康[M]. 杭州:浙江大学出版社,2011.
[12]曾天德. 大学生健康人格塑造导论[M]. 北京:中国社会科学出版社,2008.
[13]于永华. 培养大学生职业能力的理论与实践探索[J]. 高校教育管理,2012,6(1).
[14]贺军成. 世界十国性教育面面观[J]. 教书育人,2009(11).
[15]张秀梅,魏建培,刘兴顺. 大学生自我意识的培养[J]. 山东省青年管理干部学院学报,2003(4).
[16]陈迪明. 高校学生自杀与危机干预研究[D]. 武汉:华中师范大学,2006.
[17]段俊华,黄世燕. 你不可不知的88个心理定律[M]. 北京:中国经济出版社,2010.
[18]陈刚,刘曼曼. 大学生心理健康“微”教程[M]. 北京:电子工业出版社,2015.
[19]杨兢,周婧. 大学生心理健康导读[M]. 北京:首都师范大学出版社,2012.
[20]孟娟,周华忠. 自助与成长——大学生心理健康教育[M]. 北京:国家行政学院出版社,2014.
[21]高校教材编委会. 大学生心理健康教育导论[M]. 沈阳:辽宁大学出版社,2007.
[22]葛明贵,王军,施玉琴. 大学生心理健康教育[M]. 北京:教育科学出版社,2014.
[23]丛媛,张远. 大学生性心理健康教育[M]. 武汉:武汉大学出版社,2015.